价值互联网
超越区块链的经济变革

蔡剑 著

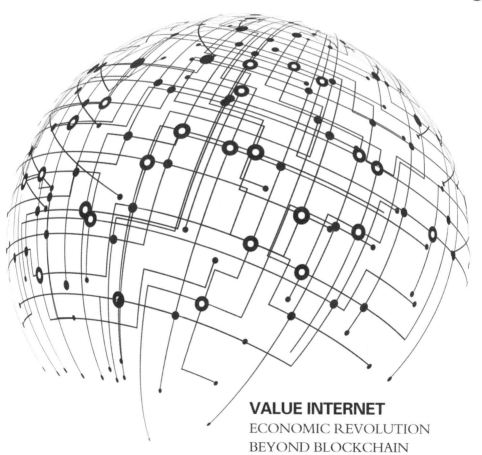

VALUE INTERNET
ECONOMIC REVOLUTION
BEYOND BLOCKCHAIN

清华大学出版社
北京

内 容 简 介

全球经济体系在新冠肺炎疫情爆发之后发生了深层次的改变，新的价值互联网产业开始迸发。本书开创性地发现价值互联网形成的科学规律和原理，揭示出全球经济面临的巨大危机以及互联网和区块链对金融领域产生强烈冲击的深层次动因。作者从丰富的实践出发，深入剖析网络智能科技与普及数字货币对数字经济产业的变革作用，设计未来产业创新和经济体系重构的方法和思路，开辟以价值互联网实现科技、医疗、教育等领域改革的有效路径。书中的理念，可启发人们从完整维度思考数字化时代的经济和科技哲学。书中的大量国内外实践案例，能帮助人们在实践中运用价值互联网的方法和技术。

本书讨论的是互联网与数字经济的核心内容——价值创新过程。它主要适用于经济管理和金融投资领域的专业人士阅读，也可作为数字经济时代创新创业者的决策参考和行动指南，还可供金融学、互联网、经济学、管理学、社会学、计算机科学、政治学等学科的师生参考。

本书封面贴有清华大学出版社防伪标签，无标签者不得销售。

版权所有，侵权必究。举报：010-62782989，beiqinquan@tup.tsinghua.edu.cn。

图书在版编目（CIP）数据

价值互联网：超越区块链的经济变革 / 蔡剑著. —北京：清华大学出版社，2021.5
（新时代·科技新物种）
ISBN 978-7-302-56572-7

Ⅰ.①价… Ⅱ.①蔡… Ⅲ.①区块链技术－研究 Ⅳ.①F713.361.3

中国版本图书馆CIP数据核字(2020)第187101号

责任编辑：	刘　洋
封面设计：	徐　超
版式设计：	方加青
责任校对：	王凤芝
责任印制：	沈　露

出版发行： 清华大学出版社
　　　　网　　址： http://www.tup.com.cn，http://www.wqbook.com
　　　　地　　址： 北京清华大学学研大厦A座　　　　　**邮　　编：** 100084
　　　　社 总 机： 010-62770175　　　　　　　　　　　　**邮　　购：** 010-83470235
　　　　投稿与读者服务： 010-62776969，c-service@tup.tsinghua.edu.cn
　　　　质 量 反 馈： 010-62772015，zhiliang@tup.tsinghua.edu.cn

印 装 者： 三河市国英印务有限公司
经　　销： 全国新华书店
开　　本： 170 mm×240 mm　　　　**印　　张：** 13.25　　　　**字　　数：** 217千字
版　　次： 2021年5月第1版　　　　**印　　次：** 2021年5月第1次印刷
定　　价： 69.00元

产品编号：088230-01

致谢 | Acknowledgements

感念老师，启发了我们的真心。
感谢同学，提升了我们的认知。
感恩家人，丰富了我们的人生。

序言 | Foreword

协同创新引领信息系统革命

人类的文明史就是信息系统的发展史，信息系统是推动人类社会发展的重要引擎，为人类文明进步提供了不竭动力。信息系统相互连接形成了覆盖全球的互联网。对互联网信息系统的研究已涉及人类对世界的根本认识，互联网信息系统成了一个含义相当深刻的概念。从哲学上来看，信息可以分为本体论信息和认识论信息，即客观世界中的事物和主体认识的事物的信息属性及其变化状态。认识论信息反映出人们的思维与价值，这些信息又反作用于人们的思维与价值。

互联网信息系统极大地促进了世界经济和社会系统的发展。尤其在全球医疗危机与经济危机并发的时期，互联网信息系统在抗击疫情、精准扶贫、激发需求、产业转型等领域产生了重要的价值。区块链、人工智能、量子计算等科技正在重构未来的互联网信息体系，创造出前所未有的经济社会价值。

目前的信息系统主流形态是基于电磁场思想和麦克斯韦理论的电子信息技术，信息技术可以帮助人采集、传输、存储、机械处理和运用信息。而帮助增强人类大脑进行智能处理的思维机器，像人一样能思考的系统是当前和未来的重要发展方向。人类未来的发展方向是量子构成的综合信息系统。随着人们对微观世界的认识不断深入，将有可能引发信息系统革命。这场新的信息系统革命会推动世界经济的发展并提升人类命运共同体的文明程度。

科学的起点就是历史的起点。信息系统科学涵盖从原子结构中的信息，到生物DNA中的信息，再到大脑神经中的信息，一直到机器中的信息，最终到人和机器融合。从数据到信息，到知识，再到认知，仍有很大的发展空间。随着信息系统逐步逼近香农定理、摩尔定律的极限，新的信息系统理论还未创造出来，企业都感到迷茫，找不到方向。国际顶尖大学和科技巨头都在寻求理论突破和技术突破，以抓住新一次产业创新爆发的机遇。中国互联网信息产业，未来要往产业体系布局的方向发展，综合电子、量子、粒子信息系统，融合思维科学与认知科学，建立信息系统理论体系、技术体系、产品体系和标准体系，促使产业体系形成强大生产力和竞争力，全方位引领科技创新。

新一轮互联网信息系统革命与产业创新升级需要新思想和新方法。蔡剑教授创作的《价值互联网》一书正当其时。这本书揭示了全球经济危机与互联网科技变革的关键矛盾，阐明了互联网和数字经济的关键问题，例如：互联网系统在数字经济中的作用机制是什么？区块链和人工智能科技如何改变未来经济？如何找到以新一代互联网技术实现产业创新的路径？解决这些问题能够帮助读者获得未来互联网信息系统与产业创新体系重构的方法和思路。

这本书给我一个非常深刻的印象是，它所涉及的领域极为广阔。未来正在被由诸多不确定因素所构成的复杂系统推动着演进，从过去单一学科认知去解释经济系统变革，难免管窥蠡测。这本书浓缩了经济和科技领域业界丰富的实践经验以及学界的深刻理解，贯穿全书的整体系统理念从多维度发人深思。我与蔡剑教授结缘于在北京大学光华管理学院学习研讨协同创新，后来经常就哲学与互联网信息系统问题深入探讨。蔡剑教授在北京大学指导众多产业的企业家和各领域的创新人才，归国之前曾在硅谷SUN公司负责互联网技术标准研发。这本书提出的思想源于作者在多年经济管理研究和创新工程实践中的真实体悟，这些理论方法还在发展与不断完善中。

价值互联网是一个新兴的跨界领域。持续探索和发现互联网信息系统的发展规律，实现科学理论和基础技术的突破，进而从根本上提升我国网络信息体系建设水平是一项意义重大的工作。这不但需要采用跨学科研究方法，而且需要各领域协同创新，方能解决产业创新的关键问题。国家量子信息工程产业创新中心是面向未来解决量子信息系统领域重大问题的协同创新平台。国家量子信息工程产业创新中心不仅是科技协同创新平台，也是创新人才培育基地。坚持以科学探究发现问题，以辩证思维分析问题，以实际行动解决问题，不但能够推进量子科技和互联网信息系统的产业创新水平，而且造就出更多杰出的科学家、企业家、工程师、经济学家、管理学家、哲学家。

总之，价值互联网的产生和这本书的面世是一个重要的标志，将进一步提升我们认识未来经济发展和科技创新的水平，加强跨界协同创新合作，促进中国甚至世界的产业创新升级。

中国工程院院士　陆　军
2020 年 9 月 21 日

前言 | Preface

本书是我在从事管理研究和互联网创新实践的过程中，尝试构造有效创新方法和理论模型的探索结果。因为我在实践中发现，在这个领域，过去的经济学概念和管理模型很难对现实中的经济行为和系统演化进行实事求是的深入阐述。所谓阐述互联网引发的经济变革，是为科学地分析经济问题和有效地开展创新管理奠定基础。在我读过的各类关于互联网经济的作品中，能透彻地揭示价值经济和互联网科技关系真正本质的寥寥无几，至于能提出令人信服的、系统解决当下经济危机的建议的就更少了。

从我与许多学界和业界的同人讨论书中研究的问题时大家的反应来看，不仅是经济管理学界人士，许多不同专业的朋友和对经济社会关心的人士也都存在疑问。面对经济危机失控、资本欺诈频发、区块链迷信、互联网失信、文化迷失、管理失灵等问题，传统经济管理的理论、方法和工具却无能为力，这种态势导致了大家对经济学科和管理学科产生质疑。一种思想和理论之所以能够被接受，之所以具有科学权威性，原因在于其对现象的剖析和对问题的解决。如果实践检验发现了与理论模型和体系解释相矛盾的事实，那理论提出者就应该纠正其理论和方法，并且反思其思维误区，而不是去维护或者去修补已经被证伪的理论。在尝试运用经济管理理论和工具解决经济危机问题之前，首先必须能够用文字精准地描述经济与互联网存在的关键问题。

我在这本书中试图透过现象剖析经济系统与互联网系统之间的复杂演化关系。这些结论尚不构成一种经济学或互联网科学理论，因为这些预测和模型需要接受更多实践的检验和证伪。但是我希望通过这些分析可引发大家的反思。

价值互联网（Value Internet, VI）是以人为本的价值共享网络，是以人机协同为形态的智能系统网络，也是以数字产权为载体的价值流通网络。价值互联网系统是人类社会网络系统进化的最高形式。价值互联网的主体是人，人的价值在生命存续的时间中创造，在互动服务网络中实现。人们对价值互联网的认识尚在初始阶段，对其研究涉及经济学、管理学、金融学、信息科学、心理学、工程学和哲学等多个领域。特别是在全球医疗危机、经济危机和信任危机并发时期，研究分析重大问题的深层次关系会给人们宝贵的教训和启示。

这本书分为三大篇：第一篇分析全球经济出现的巨大危机和认识关键问题，特别关注互联网和区块链对金融领域产生的冲击以及深层次的原因；第二篇探究价值互联网形成的科学原理及其对企业管理与经济系统的改变，分析科学与哲学的思想演进对经济和科技的深远影响；第三篇讨论价值互联网实现产业创新和经济体系重构的方法和思路，以国内外的实际案例分析如何将价值互联网的方法和技术用于科技、医疗和教育改革。

我希望本书能对三类人发挥作用：第一类是经济管理工作者和金融投资者，他们可以在本书中找到理解和分析新经济和企业价值的可行方法，以及可能解决经济危机问题和企业价值危机问题的思路；第二类是经济管理研究者，他们可以从不同的思维层级上研究经济系统和互联网科技，找到新的跨学科研究路径；第三类是研究生和大学生们，他们可以通过对真实经济问题以及前沿技术进行更专业的研究来弥补自己所掌握的课堂知识的不足。

这是一本反思经济体系和展望互联网未来的书。我在这本书中提出的不少观点，其产生的时间可以回溯到 2008 年我在北京大学创办创新研究院的时候，但经过在实践中检验和教学科研中不断地深刻反思，直到 2020 年所有这些想法和见解才逐渐整理就绪，形成了一个关于互联网价值经济特性的分析框架。经深入研究后我又对其做了一些调整。尽管书中的观点和结论是经过认真思考的，但是片面与错误在所难免。对来自各方的批评和指正，我要致以诚挚的感谢。

蔡　剑
2020 年于北京大学

目录 | Contents

第一篇

失控的世界秩序

2　第1章　经济"灯塔"开始熄灭

2　华尔街为何恐惧
4　失败的医改和失落的教育
12　美元霸权崩溃警告

17　第2章　传统货币加快"败退"

17　破产的不只是印钞厂
19　谁在遏制硅谷的"货币野心"
22　区块链并非拯救经济的万灵药

27　第3章　金权财富危机重重

27　突然消失的人口红利
31　货币幻觉点燃经济危机
35　金融科技加入货币战争

38　**第 4 章　数字经济陷落鸿沟**

38　　激烈的数字资产权利之争
41　　互联网"独角兽"吞噬"僵尸"粉
44　　数字鸿沟加剧社会分裂

第二篇

价值互联网兴起

48　**第 5 章　科学的跨界革命**

48　　宇宙整体论引发量子革命
56　　智能计算与脑科学突破
61　　价值相对论发现"货币锚"

73　**第 6 章　从信息互联网到价值互联网**

73　　互联网的发展
77　　将区块链改造成信任网
83　　人人都是互联网"价值银行"

89　**第 7 章　重新定义企业价值**

89　　企业数字化的普及
92　　创造真实的网络价值
99　　数字经济时代的企业价值管理

103　**第 8 章　价值互联网的新规则**

103　　价值互联网的治理
109　　衡量数字产权的价值
116　　跨越国界的数字经济法

第三篇

产业创新大迸发

124　第 9 章　协同智能升级社会认知

124　人能突破认知的局限
129　人机协同的人工智能
134　生活在 H2O 社会

138　第 10 章　价值互联网再造产业

138　科技产业的价值释放
144　医疗健康产业的价值变革
151　文化教育的价值提升

157　第 11 章　健康的超级资本市场

157　预防互联网金融腐败症
164　规范数字资产证券化
171　价值互联网整合超级资本市场

176　第 12 章　重构价值经济体系

176　高效能价值聚变模式
181　建设开放价值聚变创新组织
183　从商品经济到价值经济

188　结语　开创价值经济文明

第一篇

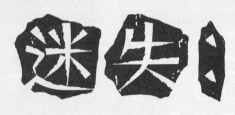

失控的世界秩序

　　得道者多助，失道者寡助。寡助之至，亲戚畔之；多助之至，天下顺之。以天下之所顺，攻亲戚之所畔，故君子有不战，战必胜矣。

　　——孟子

第1章 经济"灯塔"开始熄灭

○ 华尔街为何恐惧

一场全球范围内的经济衰退正在发生,很少人能准确预料到今天世界的乱象。人们日益加深的惊恐和慌乱本身就是经济衰退的主要动因。大多数人只有在越来越多的失败迹象来到眼前时,才意识到经济崩溃的来临,然而已经错失了逃离的机会。少数的先知即使在危机爆发之前已经意识到风暴的来临,然而他们吹响的哨声却被互联网上的喧嚣嘈杂声遮住了。在一波又一波突如其来的大动荡中,众人所仰望和坚信的价值观显得如此脆弱和渺小。

21世纪第一个庚子年开始之际,作为全球经济"灯塔"的美国资本市场几次遭遇熔断熄灭。金融市场在2020年3月的表现可谓"史无前例,惊天动地",10天时间内,美股4次熔断。3月9日,标普500指数一度暴跌7%,这触发了第一层熔断机制,暂停交易15分钟。3月12日开盘后,美国三大股指继续下挫,又一次触发熔断机制,暂停交易。美联储3月15日突然退出空前的"降息至零+量化宽松"提振政策之后,3月16日美国股市以熔断"意想不到"地响应了政策。北京时间3月19日0时56分,标普500指数大跌7%,触发熔断机制,为该月以来美股第四次、史上第五次熔断。这距离美股历史上第一次真正的熔断已经时隔23年,那还是1997年10月27日,道琼斯工业指数暴跌7.18%,第一次出现熔断。

这次金融危机中标普500指数跌幅达20%的速度之快,10倍于过去金融危机中的跌速。2020年新型冠状病毒肺炎(简称

"新冠肺炎")疫情引发金融危机仅用了16天,而1987年的股灾被引爆用了87天,2000年的互联网泡沫破灭历时244天,2008年金融海啸被引发历时188天。在此次美股以近乎自由落体的速度跌落时,从股票、公司债券、黄金、石油到比特币,几乎所有类别的投资标的都遭到抛售。似乎大部分人在疫情面前突然惊醒了:金钱买不来生命健康,如果失去生命健康,账户中的投资还有什么价值?大规模疯狂的抛售,让许多投资者在一个月的时间内失去了几年的投资回报,而更多退休者发现投资股票的养老基金已经消失过半。

就在我写这本书的时候,新冠肺炎疫情加剧蔓延:短短48小时内,美国确诊病例就翻了一番,突破2.5万人。就在3月21日,全世界有35个国家大约9亿人口被要求待在家里,其中有6亿人被政府下达封城命令禁止外出。硅谷各大科技公司要求员工在家办公。美国最大的航空公司股价跌去70%,一家在线视频会议公司股价却逆势上涨了一倍。美国国会加班讨论通过进一步的经济救助计划,该救助计划拟投入的资金额相当于美国国内生产总值的(GDP)10%,即超过2万亿美元。拟议中的法案为航空公司提供500亿美元,为货运航空公司提供85亿美元,为其他"陷入困境的企业"提供1 500亿美元①。对于经济衰退的担忧日益升温,华尔街投行、机构纷纷预测美国经济将进入衰退期。高盛预测美国二季度经济萎缩24%,摩根大通一位经济学家警告客户说预计失业率将从3月的3.5%上升到20%,这意味着1/5的美国人将很快失去工作。

这不禁让人联想起1929年的经济危机,在1929—1933年,美国有近11 000家银行倒闭,货币供应量下降了30%以上。美国的失业率由危机爆发前夕的3.2%升至25%以上,直到20世纪40年代初,它才回到以前的低点。道琼斯指数经过25年的时间才重回1929年顶峰时的水平②。这场经济危机不但让美国1/4的人失业,而且那些仍然有工作的人工资也大幅下降了。许多人曾经以为实现了美国梦,但大多数人却成为无家可归的流浪汉,或搬到市郊的棚户区。美国国内生产总值减少了一半,成千上万的农民和其他失业工人从东部来到西部的加利福尼亚寻找工作。

美国经济持续10年的金融牛市为何突然以坠地方式终结?其短期外因是中东石油价格的大跌和新冠肺炎疫情的加剧,而长期内因则是世界范围内的经济

---

① https://www.bloomberg.com/news/articles/2020-05-02/coronavirus-airline-bailouts-a-guide-to-85-billion-in-state-aid.
② https://www.jstor.org/stable/2120559.

秩序的失控以及美国国民医疗健康体系的紊乱。虽然华尔街和美联储的决策者认为降息行动能够帮助美国经济在危机中保持强劲，但是这些政策未能针对美国医疗健康系统真正的"病因"对症施治。面对就业增速下滑、薪资增长停滞、病毒和应对措施在超过预期的时间内拖累经济活动的现状，美国政府的"政策药箱"中已经没有多少"药品"可继续动用以保持经济强劲。美国政府还能否像前几次金融危机中那样通过适当使用金融工具和政策行动以在危急关头支撑经济，成为未知数。

华尔街真正恐惧的并不单是一场传染疾病风暴，而是资本世界可能已经失去对抗经济风浪的"货币锚"。一个国家要获得稳定的经济环境，必须要有一个调整其货币发行的参照基准。如果将全球经济比作由无数商品服务流动形成的汪洋大海，那么"货币锚"就是深海最底下的"定海神针"。任何一次交易只要发生，参与的各方都会比较获得的价值和付出的代价。"货币锚"就是世界公认的价值计量标准。"货币锚"对于经济世界的意义，要比空间的"米"和时间的"秒"对物质世界的意义还要重要。如果全球经济的"货币锚"失去了，那么必将引起资本主义大厦基础的动摇，这对社会造成的破坏面与产生的破坏力，可能世界大战也达不到。

○ 失败的医改和失落的教育

人们观察到的经济危机和金融海啸还只是"大海"表层的动荡。2020年经济危机之所以来势异常迅猛，是因为"深海"处的"货币锚"在疫情突发之前已经移动，从根本上破坏了那些对金融稳定和经济发展影响最大的部分。

世界现有主要经济体当中，大部分家庭的主要花费是医疗保险、教育学费和住房贷款。如果2008年的金融危机的"病因"是多年累积的房地产次贷，那么2020年的世界范围内的经济危机的"病因"就是多年来医疗体系和教育体系改革失败的积累。截至2020年9月22日，美国感染新冠病毒人数超过700万，死亡病例超过20万。全球近30亿人曾为控制疫情被禁止外出，大量生产和贸易活动被迫停止。人类经济仿佛从古典经济学诞生后的自由分工与交换模式一下子退化到中世纪以邻为壑的欧洲城堡经济模式。

医疗和教育关系每个人和每个家庭的根本命运，然而其价值是最难以衡量的。纵观历史，一个经济体的振兴起于医疗和教育，其混乱也始于医疗和教育。在过去 40 年，美国的医疗体系和高等教育体系曾经一直是中国学习的榜样，然而这次危机实际暴露出了其更深层次的价值危机。"前车覆，后车戒"，我们必须认真考察美国医疗和教育存在的现实问题和其背后的动因。

医疗健康成本的增长速度，无论在美国还是在中国，都远远超过经济发展的增长速度，这是一个事实。美国在 2010 年时，奥巴马政府提出了"每个人可以承担得起的医疗"的议案，在当时引起共和党的极大反对，所以当时投票据说是勉强多了一票通过这个议案。这个议案获得很多选民支持，这跟他能连任很有关系。然而，在这个议案推出之后，实际上美国医疗成本不降反增，最后不得不放弃。医改的初衷是要实现让老百姓、让公众看得起病，然而看病人数增加以后，政府实际上在花纳税人自己的钱。

在医改之后，美国公立政府机构和私立民间企业在医疗方面的花费都在增加，而不是在减少，增加后，其额度已经从 10% 的 GDP 提升至接近 20% 的 GDP。美国 2018 年开始就有 18%～19% 的 GDP 花在医疗健康方面。2020 年，受到疫情影响，美国第二、三季度 GDP 增速有可能下降至零，而医疗健康花费会至少增加 2% 以上。这意味着 2020 年美国医疗健康的花费占 GDP 比例达到超过 20% 的历史新高，而中国的这一比例是 6.5%（见图 1-1）。这对于特朗普执政的美国政府来说是非常可怕的事情。

许多人对上一次金融危机记忆犹新。当时最先破产的公司包括全球最大的公司通用汽车。因为通用汽车与福特汽车、克莱斯勒汽车一样一直给予员工极好的终身退休金与高额度医疗给付，在退休员工人数越来越多、高利润休旅车与卡车因油价高涨而销售衰退的情况之下，2004 年，穆迪公司将通用的债券等级评为只比垃圾债券高一级。2008 年，通用汽车员工约 26 万人，退休在家领取终身退休福利与高额医疗给付的员工却多达 50 万人。通用汽车一直为工作满 30 年的退休员工给付终身退休金与高额度医疗费用，这给企业自身造成大约 250 亿美金的债务。

研究数据显示，即使没有新冠肺炎疫情的冲击，医疗卫生成本也可能在几年内拖垮美国财政。美国医疗系统和金融系统同时出现前所未有的问题，这蕴含着难以想象的危机。

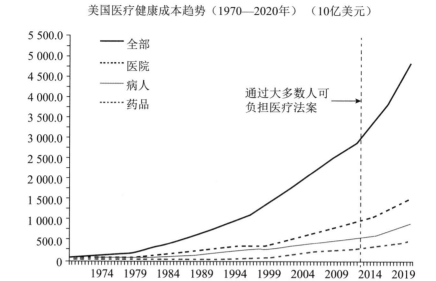

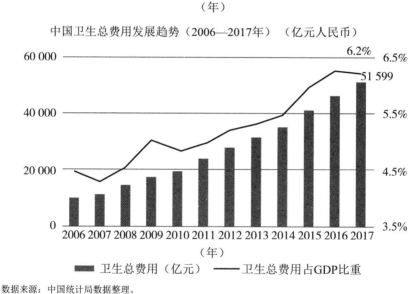

数据来源：中国统计局数据整理。

图 1-1　美国 1970—2020 年医疗开销趋势对比中国 2006—2017 年卫生总费用发展趋势

美国医疗开销最大的是私营的企业和医院，因为美国为医疗埋单的主要是商业保险，而商业保险是企业购买的。比如我在硅谷工作的时候，高科技公司员工的医疗靠的是比较好的由 PPO、HMO 这类公司提供的商业保险，而不是靠公共医保和社保。因此医疗改革之后，私营企业在医疗费用方面的投入不但没有降低，反而在持续增加。奥巴马医疗改革之后，美国政府的医疗开销又快速增加，占到 GDP 的 8%，私企的医疗开销占到 GDP 的 9%，二者总和占 GDP 的比例为17%，受到疫情影响，这项比例在未来5年都在GDP的20%以上（见图1-2）。

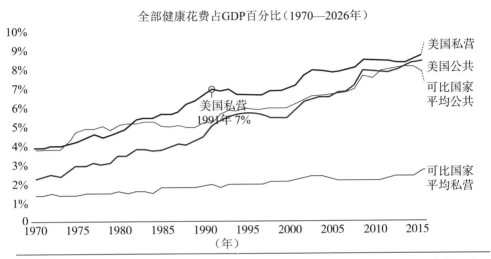

图1-2 美国医疗费用高速增长和军费开支占GDP比例不断下降

拿这个数据来解读美国特朗普政府的决策，更容易理解为什么美国在各个地方撤军。美国近年向日本、韩国频繁提要求，要求埋单其驻军费用。美国现在军费开销占 GDP 的 3.1%，医疗经费是军费的 5 倍到 6 倍（见图 1-2）。美国最大量的费用花在哪里了？不是投入在打对外战争上，而是花了对内的医疗战上。这个体系当中出现了结构化问题。在历史上，自从"二战"以后，美国的军费开支占 GDP 的比例就不断下降，到了今天，军费实际上已经不是美国主要的开销，但医疗经费却会失控，这可能拖垮美国财政。

事实证明，美国的医疗体系并不是世界一流的。欧洲甚至是西方世界也没有公认美国医疗体系是一流的。在 2019 年 9 月，美国就已经爆发了一场严重的流感疫情，已导致至少 1.2 万人丧生。与中国抗击疫情的做法不同，美国政府并没有为居民开启流感治疗的免费通道。换句话说，接种流感疫苗的钱、感染之后就医的钱，美国政府均不报销。从美国劳工统计局公布的 2019 年物价指数来看，2019 年美国医疗保健的价格上涨了 4.6%、医院服务价格上涨了 3.0%、医生服务价格也上涨了 1.4%，可以看出这一年美国人民在医疗服务上花费不少。且根据劳工统计局数据，受到流感影响，美国 2019 年第四季度制造业的劳动生产率下降了 1.2%，产量下降了 1.0%。从汤森路透的数据来看，美国制造业占美国经济活动总量的 11%，但受流感影响，不少分析师认为，美国制造业可能在一段时间内继续疲软。然而在此背景下，美国总统特朗普于 2020 年 2 月 10 日发布了一份财政预算，认为 2020 年美国 GDP 增长率将超 3%，这引发美国经济学家一片哗然。因为此前，经济学家们普遍预测美国经济增长率将放缓至 1.8%。

自 2010 年开始，每年都会有 900 万～4 500 万美国人感染流感，死亡人数也在 1.2 万～6.1 万。与以往不同的是，2019 年的流感可以算得上是美国 10 年来最严重的一场流感。导致美国流感死亡人数高居不下的一个直接原因就是美国并未找出合适的疫苗；另一个深层原因是昂贵的医疗成本和不均衡的医疗服务效率让大部分病人望而却步。因此，民主党总统候选人桑德斯提出效仿欧洲实行全民福利制度的口号，吸引了众多选票。美国人认同"美国是发达国家里唯一没有全面医保的，这是个耻辱"的观念。

美国医疗服务价格贵。私立诊所的医生收入是来自病人的花费，造成个体医生有很强的盈利动机，从而使高价过度检查和高价治疗成为比较普遍的现象。占美国社会主流的中产阶层，其商业保险费用的大部分是由受雇的企业支付。高科技公司为了吸引人才就要为员工买好的商业医疗保险。医院购置昂贵的设备，依靠使用这些昂贵的医疗设备来给病人检测，然后让商业医保公司报销。

例如，美国做核磁共振检查的价格是其他经合组织国家的平均价格的两倍。医疗机构和高科技公司相互连动，将医疗费用越推越高。美国商业医保支付的医疗服务和普通医疗服务差别非常大。公司为其购买了商业医疗健康保险的员工，他和家人就有一位指定的家庭医生，家庭医生专业水准高，服务态度也很好。没有商业医保的家庭会被许多高端医院拒之门外。由于美国小诊所缺护理人员，所以引进不少移民，其医疗护理的品质和态度存在问题，导致病人对治疗效果和治疗的效率不满意。另外，私立医院的医生和护士有随时辞职和罢工的权利。这也是美国政府在大规模疫情到来时不敢承诺全面收治病人的原因。

造成美国医疗体系这些"症状"的"病因"是什么？

首先是患者方面的原因。医疗效果实际上在很大程度上是受患者影响的。因为西方医学和美国民众不太重视健康养生和预防，加上不健康的生活习惯，导致他们的慢性病、心脏病、糖尿病等多发，70%的病人死亡实际上是由慢性病导致的。大量的美国民众仍喜欢吃快餐，乱用药，甚至毒品泛滥。尽管美国在医疗健康方面的花费巨大，但是其反映健康医疗效果的居民平均健康水平和平均预期寿命与中国差别不太大。

其次是盲目的医疗花费。一方面，美国大量的患者缺乏医学健康知识；另一方面，美国的医疗产业有着强大的营销体系。医药营销活动费用进入医药企业成本，转化为高价医药和设备，推高了医疗成本。

另外是过度医疗。美国人在人生中最后一年的医疗费用是其一生中最高的一年。住ICU病房、不必要的手术、反复的治疗等，这些对病人几乎没什么价值的过度医疗存在泛滥现象。

不健康习惯、盲目花费和过度医疗，造成美国医疗成本不断增高。从医疗机构方面看，一个原因是流程管理成本高。在过去，许多私人诊所和医院是没有信息化监控手段的，保险公司通过医保病案文字来了解情况，检查这个医生和诊所是不是进行了治疗，是不是过度治疗。保险公司大部分的人工成本花在审核这些相关案子的环节上，因为这需要很多的经验，成本相当高。现在有了智能AI机器人来审核，使此前因管理混乱造成的极大浪费概率得以降低。但是基于大数据的AI依然是事后监督，仍没有完全解决之前的时间和资源浪费。

在医疗市场方面，产业整合出现了副作用。医疗系统中的一部分也是商业系统，美国医疗系统一多半采用的是商业支付。市场化的机构和企业不断兼并重组，从而产生了垄断。制药企业每年斥资2.4亿美元雇用1 399位说客。这个说客数量是国会议员数量的 2.5 倍，也就是说，医药公司给每个国会议员配了 2.5 个人去说服这些议员。在关键药物、医疗治疗的方法和医疗器材领域，都出现了寡头垄断。垄断以后，这些医药企业就具备定价权，使产业当中替代性的疗法、药品难以进入市场。而且，医药专利保护对垄断的形成起到了尤为重要的作用，美国法律对医药专利的保护期是 20 年。美国的医药产业模式成为大量资金投入研发，获得医药专利，然后高价大量进入市场进行垄断的模式。

从医院和医生管理方面来看，医疗机构更加重视经济收入而轻视治疗效果。美国的医生也不都是圣贤，他们比中国的医生更多受到利益的驱使。尽管美国的大学也不断地去开导，教育学生有爱心和道德感。但是医生毕竟是人，他们也需要经营，而且医生是特殊群体。在美国，医生和律师是高收入群体，他们中的很多人靠家庭和自己贷款交昂贵的学费，花费 10 年、20 年的时间，追求高收入是合乎情理的。

医疗体系存在的问题都不是仅靠增加金融资本投入就能够在短期解决的，这些问题恰恰是美国医疗体系过度商业化和金融资本化之后的副作用。 2020 年的美股大跌和突发严重疫情会暴露更多医疗体系的问题。在医疗健康花费占经济 20% 的美国社会，这次股市熔断才刚打开了更严重的医疗危机的大门。美国经济就像一位体虚、身体机能失衡的患者又感染了急症，如果治理失当、决策失误，那么它对全球经济的打击不亚于一场全面战争。

40 年的时间里，美国大学学费涨了 11 倍，医疗花费涨了 6 倍，远超食品、汽车、能源价格涨幅（见图 1-3）。美国的大学教育成本包括家庭和政府的捐款（以学生贷款、助学金和其他援助的形式），这些整体计算每年每名学生的支出约为 30 000 美元，几乎是普通发达国家的 2 倍。教育支出过高，但是获得的价值却依然广受诟病。美国在学生福利服务（例如住房，膳食，保健和交通）上的支出排名世界第一，经合组织（OECD）将其归类为"辅助服务"。美国纳税人和家庭在每名学生身上为这些服务支出的费用大约是 3 370 美元，是发达国家平均水平的 3 倍以上。

美国的高等教育体系由三个不同系统构成：公立大学，非营利性私人机构，营利性大学。迄今为止，其中最大的系统是公立系统，包括两年制社区学院和四年制学院。美国 1/4 的大学生在这个公立系统中上学，它的费用来自州和地方补贴以及学生的学费和一些联邦资助。

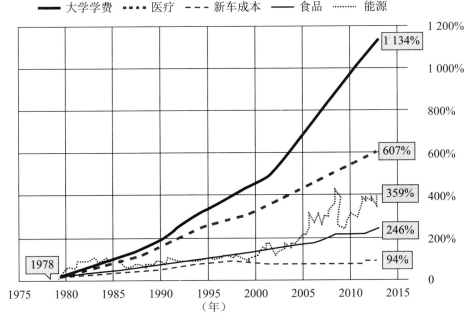

数据来源：美国劳工部消费价格指数

图1-3 美国大学学费、医疗费用、购车费用、食品花费、能源费用价格上涨率对比

许多州的立法机构在人均高等教育上的花费越来越少。因为在医疗费用不断增加的时期内，国会迫使政府部门平衡预算。公立学校的开销受到限制。大学弥补开支的最简单方法是将成本转移给学生，并寻找更富有的学生。大学运营模式更向企业经营的模式倾斜，大规模招收支付高额学费的国际学生。美国许多大学雇用大批筹款人、招生人员、律师、体育教练，对他们的支出甚至超过对教员的支出。大多数大学的全球排名都非常重视教师发表的科研论文，强调低的师生比例和精英教育。在家境殷实的学生的争夺战中，这些大学的科研论文排名成为大学的招牌，这也让明星教授跟大学要求更多的研究经费和更高的薪酬。

与英国和欧洲的许多大学不同，尽管学费昂贵，但是美国并没有控制大学学费的组织和机构。私立的精英学校和名牌大学事实上形成了价格垄断。医疗机构尚且受到医疗保险公司的价格制约，然而宣称非营利机构的大学，其学费上涨却不受约束。

尽管大部分国际大学的排名榜单被美国的媒体控制，但是调查反映，具有大学学历的美国人比仅完成高中学历的人收入高75%，也就是说，还有1/4的大学毕业生的收入不比普通高中毕业生的收入高。如果考虑额外花四年的时间和高昂的贷款投入，那么这意味着大部分美国人的大学教育投资回报不高。营利性大学中有 2/3 的学生在获得学位前就辍学了，这意味着许多人将花费数年的时间来偿还他们无力偿还的债务，而且根据美国法律，这笔债务也无法通过破产减免。

在现有的政治经济体系框架下，美国经济社会保持持续运转有两条路可以走，要么自己控制住政府医疗和教育花费比例，要么在国际上举债，让世界埋单。政治决策者如果选择第一条道路，那么他不但面临改革风险，而且得罪选民，所以他只有第二条道路可以走。然而，美元体系的信用能够永远支撑其巨额的债务吗？

○ 美元霸权崩溃警告

美国经济仍然能够运行，原因在于其军事武力霸权和媒体宣传打造了美国经济不可能衰败的认知，其效果是让许多国家和人民继续购买美国债券和接受美元。美元霸权曾是美元体系利用美元信用就能够解决一切世界问题的最根本支撑。美元霸权是"世界经济最重要的问题"之一。2020 年的经济危机和疫情危机的双重叠加风暴，无疑对美元霸权支撑下的经济体系提出了重大的质疑。

美元霸权是"二战"之后的政治经济格局形成的[①]。在第二次世界大战结束之前和之后，当盟国建立布雷顿森林体系时，美国确实真正开始建立起霸权。随后，美国设法进一步积累了金融、政治和军事力量，使它在世界经济秩序中取得了裁判的地位。20 世纪 70 年代初，在日本、西欧崛起的同时，美国经济实力相对削弱，无力承担稳定美元汇率的责任，贸易保护主义抬头，美国相继两次宣布美元贬值。各国纷纷放弃本国货币与美元的固定汇率，采取浮动汇率制。以美元为中心的国际货币体系开始瓦解。1971 年 7 月第七次美元危机爆发，尼克松政府宣布实行"新经济政策"，停止履行外国政府或中央银行可用美元向美国兑换黄金的义务，这是美元霸权崩溃的开始。

被誉为"美元总统"的艾伦·格林斯潘最大的成功是维持了脱离金本位的美元的霸权。虽然他认为金本位制不切实际，但仍然相信金本位制的理论。黄金、

---

① 出自（美）本·斯泰尔. 布雷顿森林货币战：美元如何统治世界. 北京：机械工业出版社，2014.

白银等是不需要第三方信用担保的主要货币。黄金很特别，在两千多年的时间里，黄金几乎毫无疑问地被接受为履行义务的付款方式。德国在第二次世界大战的最后阶段无法进口任何商品，除非它用黄金支付。中国开始将其四万亿美元外汇储备的一部分转换为黄金，这是美元多元化的一部分。无论人民币是否可以兑换成黄金，它在当今的法定货币体系中、在浮动的国际金融体系中都可能具有出乎意料的优势。美国作为世界上最大的货币黄金的持有者，拥有三千多亿美元的黄金储备，如果中国试图购买足够的金条以取代美国，那将是一场赌博。但是就损失的利息和存储成本而言，犯错的代价不算什么。

美联储成立时，美元仍采取金本位制。它的建立主要是为了应对1907年的恐慌，因为它是最后的贷款人。金价标准在1933年被放弃，因为它似乎压低了总体价格水平并抑制了经济从大萧条中复苏。更重要的是，黄金的限制性削弱了新政福利国家要求的财政灵活性。有些人将萧条归咎于黄金，但问题不在于黄金的可兑换性，而在于人们对其的定价。

随后是通胀，美国1933—2008年个人消费品价格上涨了13倍以上。然后，各新政福利国家中央银行扮演着控制货币供应的角色，而不是控制商品价格的角色；其目标是保持通货膨胀率下降，而不是保持价格水平不变。随着各国福利新政的实行，挑战开始出现。价值观、文化、思想和哲学决定国家实行什么样的经济政策。在互联网泡沫破灭之后，各新政福利国家的中央银行已经失去了对错误资金的控制。换句话说，美联储和其他各新政福利国家中央银行都将短期利率固定为联邦基金利率，而不是10年期债券的实际利率。在债券市场上出现大量的国际套利现象。结果是自2008年金融海啸后，联邦基金利率的目标利率就维持在0～0.25%。直到2008年金融危机爆发，美联储才认真检讨整套的金融和货币政策。

稳定的货币供给可以消除造成企业系统重大失灵的宏观波动，这就是货币主义政策的本质。金融系统的前提是促进社会的储蓄向生产性资本资产的转移，这将提高人民的生活水平。美国经济曾经之所以成功，关键在于能够允许和容忍"创造性破坏"——这种特质得益于一个移民国家推行的创业精神，以及一部呼吁限制联邦政府影响力的宪法。然而，美元资本的力量俨然垄断了财富的创造，大量资本涌向华尔街的投机市场。美国的企业家精神和创造性正在朝着错误的方向发展，社会流动性正变得更差，新公司的创建率下降至20世纪80年代以来的最低水平，合并与并购导致主要经济部门的竞争力下降了3/4。

2019年中国经济按照实际购买力计算的GDP已经超过美国，美元的国际货币地位进一步跌落。[1] 美国不会轻易放弃美元霸权，现今的美元在全球经济中仍扮演着重要角色，美元被用来表示所有新兴市场外债，全球股票计价和政府外汇储备的近2/3以美元表示。生产总值占全球GDP 70%的国家，使用美元作为主要国际货币，而所有国家中有1/3直接将自己的法定货币拴在美元上。

美元霸权之所以能存在，至少有三个"神话"支撑：第一，美国的军事力量能够维持全球主要经济地区对美元的承认；第二，美元经济体不会出现大规模和持续的经济萧条；第三，国际上没有替代性的货币体系。"二战"之后，世界各国中只有美国具备维持这三个条件的价值特权。然而这一特权已经被美国过分透支滥用了。

维持美元霸权的第一个"神话"是美国的军事力量能够持久地独霸世界。但是在财政赤字和债务风险之下，美国只有不断缩减军费开支以应对。美国军费支出在过去一直下降，军费占GDP的比例从1944年的35.5%减少到2019年的3.1%。随着国际能源和石油价格降至历史低位，美国在世界范围内维持其军事力量的预期回报越来越小，而国会对总统宣战权力的限制越来越多。2020年之后，美国在债务和疫情双重危机中很难加大军费预算投入。

美国债务增长过快已经对美元信用产生了巨大影响[2]。1989—2019年，美国的债务增加了800%以上（见图1-4）。在2019年12月，国家债务约为23.2万亿美元，约占GDP的106%。考虑到社保基金、家庭、企业等，美国总债务负担已达到GDP的20倍左右，也就是政府财政收入的60倍。在这种情况下，面对着巨大压力的不只有作为最终贷款人的美联储，还有全球被美元经济所绑定的所有美元债权人。

债务和财政赤字就像经济的兴奋剂，在短期内，经济和选民将从政府赤字支出中受益，因为它推动了经济增长，保持了经济稳定。联邦政府为国防设备、医疗保健和建筑物的建造支付费用，并与私营公司签约，后者随后雇用了新员工。然后，这些新员工将政府补贴的工资用在生活保障和消费上，从而促进了经济增长。

---

[1] 国际货币基金组织IMF，全球经济展望报告，2018. https://www.imf.org/en/Publications/WEO/Issues/2018/09/24/world-economic-outlook-october-2018.

[2] https://www.cnbc.com/2019/09/09/real-us-debt-levels-could-be-a-shocking-2000percent-of-gdp-report-suggests.html.

美国债务：1989—2019年
2019年9月，美国债务22.7万亿美元，其中2/3由公众持有，1/3由政府间接持有

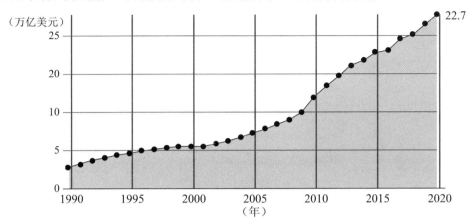

图 1-4　美国联邦政府债从 1989—2019 年的增加

世界上并不存在无尽的信用，即使是最强的国家亦是如此。美国的债务危机并不遥远。美国国会自己预测在不到 40 年的时间里，社会保障信托基金将不足以支付承诺给 20 世纪 40 年代婴儿潮时期出生的那一代的退休金。一旦其他国家不再购买美国国债，在经济增长乏力的情况下，美国只有提高税率。然而，美国最富有的一批人，其资产大量投资在股市和对冲基金当中。在过去 10 年的牛市当中，中产阶级的退休基金也大部分委托给了股权投资基金。2020 年，连续的股市熔断，反映了连锁放大的债务危机。

以美元为基础的国际金融体系的特征是周期性的危机。2008 年的全球债务危机和 20 世纪 90 年代中期的亚洲金融危机都归因于美国金融体系的漏洞和治理监管不力。2020 年的经济危机，又一次暴露了医疗和教育问题以及美元债务的巨大风险。各国渴望避免这些危机，很可能会导致定居点的货币多样化趋势逐渐发展。

维持美元霸权的第二个"神话"是西方的法制可以保障持久的社会富裕和公平。一个重要的理论是芝加哥大学的诺奖获得者、经济学家科斯的交易成本理论。他宣称，市场产权的自由交易可以降低交易成本、解决社会冲突，而无需政府和民众的干预。但是另一位诺奖获得者、经济学家诺斯研究了美国的数据后发现，美国交易成本（包括金融、法律、会计等行业的产出）占 GDP 的比例，100 年来翻了一番，从 1870 年的不到 25% 增加到 1970 年的大于 50%。换言之，美国目前 GDP 的一半以上，或非传统的所谓服务业的产值，主要源于交易成本，

即带来这些产值的是经济活动的摩擦力，而非有用功。交易成本中最大的一项，是美国社会热衷于打官司所带来的成本，尤其是打医疗官司的成本。

维持美元霸权的第三个"神话"是世界上没有多国承认的、能替代美元的国际货币。随着中国开放金融市场，其股票和债券越来越多地被纳入国际投资体系，人民币在国际上的使用率正在稳定增长。人民币国际化在稳步推进，中国的金融机构鼓励国际企业和海外机构持有人民币计价的债券和股票，并鼓励外国以人民币进行交易。同时，随着互联网和5G网络的普及，移动支付和数字货币已经开始形成跨越国界的交易网络，这对于传统的以美元为基础的布雷顿森林体系产生了冲击。

国际货币基金组织（IMF）公布的2019年数据显示，第二季度，美元在全球外汇储备中的占比降至2013年年底以来的最低，日元占比升至近20年来最高，已分配外汇储备中人民币的占比升至1.97%，这是IMF自2016年第四季度开始报告人民币在央行资产中的占比以来的最高水平。各国为减少对美元的依赖而采取的暂行措施表明，它们正在预见到后美国时代的到来。既然美国被认为是一个越来越善变的对手和不可预测的盟友，这种趋势势必会加强。

如果全球经济融合的趋势不被打断，欧元、日元、人民币都可能在10年之内作为主流货币，与美元处于平等地位。在可预期的将来，全球金融机构将逐步摆脱对美元的单一依赖，而拥有多种货币来解决国际贸易结算问题，各国中央银行凭借外汇储备以及通过债券发行来筹集资金。

2020年一场突如其来的经济危机，不但向民众暴露出医疗体系和金融体系的系统问题，而且提出了对美元霸权崩溃的最后警告。2020年的医疗危机和经济危机演变为美元价值危机，全球经济所依赖的"货币锚"被美国丢失。经济危机解决失当，美国出现大规模债务违约，超长期国债无人问津，终将导致美元霸权彻底崩溃。

第 2 章　传统货币加快"败退"

○ 破产的不只是印钞厂

在人类历史上，货币需求来自自由的市场，而货币供应却是高度集权化的。货币的发行权一直是最高权力在经济中的化身。这种权力的竞争和淘汰从来就没有停止过。从实物到贝壳，从贝壳到金银，从金银到纸币，每一次货币的更替，势必伴随着激烈的革命和血腥的斗争。与纸币、硬币、黄金等实物货币需要借助物质媒介传递不同，电子支付和数字货币打破了交易的时空限制。今天的世界正处在传统货币和数字货币更替的关口，传统货币加快"败退"，数字货币却吹响了冲锋号。

世界最大印钞厂英国德拉鲁公司，在 2020 年面临破产，该公司股价从 2019 年 3 月至 2020 年 3 月跌了近 90%。德拉鲁公司是一个集防伪印刷、造纸与现金处理于一体的英国上市公司。自从 1860 年开始为英国中央银行——英格兰银行（Bank of England）印刷钞票以来，德拉鲁公司已经为 140 个国家和地区印刷当地的钞票。作为全球最大的商业印刷公司，德拉鲁还为 40 个国家印制护照，并设计了目前全球流通的钞票中 36% 的钞票的图案。然而，2018 年德拉鲁公司失去了印制脱欧之后的英国的新版蓝色护照的合同。此外，委内瑞拉中央银行在 2018 年没有支付印刷服务费用后，德拉鲁公司冲销了 1 800 万英镑坏账。该公司如果在 2020 年破产倒闭，将意味着这家二百多年的印钞企业关闭，那么 140 个国家和地区的政府将被迫寻找其他印刷厂商。

德拉鲁公司濒临破产，反映出实物货币加快了退却的脚步，其背后的传统经济将要被数字经济替代。德拉鲁公司创办于1813年，最初的业务是印刷报纸和扑克牌，1855年开始为英国政府印邮票，1860年起开始印刷钞票。该公司与中国的货币历史颇有渊源，曾经在1931年为当时的中国银行发行过仅限于天津本地使用的5元纸币。直到1996年还在为渣打银行、汇丰银行印制港币。然而近几年，德国和法国的同行都扩大了生产，这导致印钞行业产能过剩，各印钞厂竞相压价。德拉鲁公司越来越难靠削减固定成本和挤压供应商来维持营业利润。支付习惯的急速改变，对印钞公司带来的冲击是显而易见的。2019年公布的半年报显示，德拉鲁公司的主营业务——印钞的营收下降了29.5%，这直接导致该公司上半年的净利润下降了87.1%。

货币在持续演变，货币技术的创新改变了人们的交易行为和习惯，进而形成了新的货币认知和接受度。特别是近5年，随着互联网支付和数字货币在全球的兴起，人们对实物纸币和金属货币的依赖快速降低。一些国家开始了"无现金化"运动。从2014年开始，丹麦中央银行决定停止印刷纸币，取而代之的是电子支付。韩国央行则宣布，将努力减少硬币的流通，目标是到2020年让硬币彻底退出流通。与此同时，中国已经成为全球最大的非现金支付经济体，并迅速将移动支付习惯传播到全世界。《2018年中国移动支付境外旅游市场发展与趋势白皮书》显示，2018年中国出境游客使用移动支付的交易额占总交易额的32%，首次超过了现金支付所占比例（30%），与最主流的银行卡支付只有6%的差距。

中国已经超过美国成为全球非现金支付最发达的国家。中国人民银行日前发布的数据显示[①]，2019年全国银行共办理非现金支付业务3 310.19亿笔，金额3 779.49万亿元，是同年GDP的38倍。截至2019年年末，全国人均持有银行卡6.03张，同比增长10.4%。2019年中国的银行卡交易3 219.89亿笔，金额886.39万亿元，同比分别增长53.07%和2.82%。中国的银行共处理电子支付业务2 233.88亿笔，金额2 607.04万亿元。其中，移动支付业务1 014.31亿笔，金额347.11万亿元，同比分别增长67.57%和25.13%。此外，2019年非银行支付机构发生网络支付业务7 199.98亿笔，金额249.88万亿元，同比分别增长35.69%和20.1%。

互联网支付和数字货币的渗透不但使印钞厂的倒闭加快了，而且对以传统

---

① http://www.gov.cn/shuju/2020-03/18/content_5492759.htm.

货币为主要流通媒介的金融机构、金融组织甚至是中央银行体系都产生了巨大冲击。传统的银行账户，如现金、支票、信用卡、记账卡、借记卡等，不管其使用条款如何不同，它们都有潜在的昂贵的服务成本与交易成本。第一，银行卡和相关账户以单一主权货币计价，这涉及汇率风险，特别是在美元汇率震荡的时候；第二，清算系统受地域限制，这往往牵涉监管的复杂性和成本，制约跨境清算；第三，昂贵的跨境银行交易的信息费用。过去跨境汇款银行要收取三笔费用，分别为汇款手续费、电报费和钞转汇（人民币换成相应的外币的汇率差）的费用，且国际汇款需要3～5天的时间才能到目的地银行。

国际银行间结算的系统是SWIFT，即环球同业银行金融电讯协会，成立于1973年，是国际银行同业间的国际合作组织。不同国家的银行通过SWIFT系统完成银行间的资金清算、支票清算、证券交易信息清算等业务。世界上200多个国家的超过1万家金融机构使用SWIFT系统。美国政府已将SWIFT系统用作对不同经济体施加压力的一种手段。该系统是美国国家安全局经常监视的目标，被用于收集有关全球金融活动的大量数据，甚至当资产在外国之间流动时，美国可以利用它来拦截和扣押这些资产。

打破SWIFT的垄断和监控的高手已经行动了。早在2013年，Ripple公司就开发了Ripple支付协议，利用去中心化的支付清算协议挑战SWIFT协议。瑞波币是Ripple系统中的基础货币，确认交易只需要5秒，且由Ripple网络自动进行汇率换算。它的分布式外汇交易无须中间人或者兑换所就能完成，任何人都可以在它的网络上下单，没有网络费用，没有最低数额限制。

俄罗斯于2014年建立了自己的SWIFT替代品——SPFS（金融信息传输系统）。俄罗斯央行在2019年将其SPFS转为区块链系统，以绕过SWIFT。包括俄罗斯和印度在内的多国的银行，都已加入中国的人民币跨境支付系统（CIPS）。虽然SWIFT还会存在，但是其所代表的美元货币霸权已经不再。同一时期，以Facebook为代表的硅谷高科技公司正在向全球数字货币的高地发起冲锋。

谁在遏制硅谷的"货币野心"

传统货币的败退为互联网支付和数字货币提供了广阔的市场。然而，一场新的数字货币的竞争早已开始，而且这场货币霸权继承者竞争更加惨烈。参与这场竞争的不但有各国法定货币这些"名门正派"，更有互联网爆发式增长的数字货币这些"江湖帮派"。

数字货币是多种在互联网流通的数字化的价值通用凭证，通常由开发者发行和管理，被特定虚拟社区的成员所接受和使用。数字货币交易成本低，交易速度快，且具有高度的匿名性，其发行数量可严格限制。欧洲银行业管理局将虚拟货币定义为：价值的数字化表示，不由央行或当局发行，也不与法定货币挂钩，但由于被公众所接受，所以可作为支付手段，也可以电子形式转移、存储或交易。中国央行政策禁止各金融、支付机构开展比特币等加密数字货币相关服务，禁止数字货币发行及融资活动，但对于以个人数字资产参与买卖的行为不加禁止，个人享有自由买卖数字资产的权利，风险自担。

虽然众多央行都对数字货币感兴趣，但还没有一家央行真正推出数字货币。国家清算银行2018年的调查报告显示，全球63家央行中有70%参与过央行数字货币研发的相关工作，但只有五家银行最终将该项目移至研究阶段。中国人民银行2014年就开始对数字货币进行研发，但一直没有正式推出。除了技术原因外，更主要的是政治原因。

数字货币必须依托网络技术来实现，而硅谷的互联网企业天生有创造数字货币的技术基因，且经过了几代的进化。最早的有基于电子邮件的互联网支付平台Paypal，后来出现创造了应用商店和手机支付的苹果，再后来有最新推出区块链加密数字货币"天秤座（Libra）"的Facebook。Facebook右手紧握全球28亿用户的庞大社交网络，左手拉紧28个不同业务领域的联盟成员，大有让全球消费者使用Libra数字货币的无限广阔应用场景之势头。Libra的发起联盟阵容强大，既有最大的信用卡公司Visa、Master，也有Paypal、Ebay等支付和交易平台公司。

2019年Libra项目在美国国会遭到了严厉批评。让人惊讶的是，国会议员竟如此恐惧硅谷的创新成果——互联网数字加密货币。一位加州议员甚至表示，其潜在危险可能比2001年9月11日的恐怖袭击更为严重。的确，美国国会了解Libra的前辈比特币通常被用来帮助贩毒者、人口贩子、恐怖分子和逃税者逃避监管。Facebook Libra项目的负责人只好表示，在监管机构批准之前，Facebook不会启动该项目。就在这次听证会之前不久，美国联邦贸易委员会就数据隐私惯例对Facebook罚款50亿美元，司法部也对该公司开展反垄断调查。

面对华盛顿和华尔街设置的重重障碍，曾经的硅谷创新先锋Facebook不得不宣布暂停 Libra 项目。Libra 曾经的显赫合作伙伴 Visa、Mastercard、Paypal 等，也纷纷退出联盟。Facebook 创始人马克·扎克伯格的人设从社交网络创新领域的"罗宾汉"变成了挑战美元中心地位的"堂吉诃德"。

美联储一定会不遗余力地遏制互联网平台企业与商业金融机构们打造全球加密数字货币的野心。美国政府对 Libra 的遏制和限制力度远超对市场上已经流通多年的比特币和以太币的监管。他们之所以这么做，不是因为担心 Libra 可能成为又一个互联网洗钱工具，而是因为来自硅谷的 Libra 已经触碰到"货币锚"并影响到了美元霸权。

虽然 Libra 声称要规避了数字货币的核心风险，即发行主体的信用问题和币值的稳定性问题，力争做到在监管合规、审计透明等方面更符合法律要求，但是这却有可能将长期形成的美元债务风险暴露于巨大的不确定中。Libra 号称是基于国际汇率的稳定币，由储备资产以一篮子货币（包括美元、欧元和英镑）支持。Libra 一旦凭借其技术优势和众多的互联网粉丝形成了更稳定的价值资信，就会引发一波全球美元兑换风潮，即使兑换交易额很难和现有美元债务量相比，但其产生的连锁反应也可能成为压垮美元债务的最后一根稻草。

有建立大一统互联网数字货币野心的不止 Facebook 一家。就在 Libra 项目搁浅后不久，非营利组织 Celo 基金会成立了"繁荣联盟"（Alliance For Prosperity）。该联盟集合了 50 多家各路人马，其中主要是加密货币或区块链机构，也包括了一些非营利组织，如格莱敏基金会、美慈、直接给钱等知名慈善机构，以及 GSMA（全球移动通讯协会）等，其模式堪与 Libra 协会相比。

围绕美元霸权的传统金融联盟内部也出现了分裂。英国央行行长马克·卡尼公开表示对数字货币取代美元抱着支持态度，他认为数字货币可能会削弱美元对全球贸易的主导影响并挑战美元作为全球储备货币的地位。这就像 100 年前英镑对国际货币市场的统治结束之际，美元已经占据主导地位，这意味着它是世界经济可持续复苏的障碍。由许多国家支持的新数字货币将在不确定的时期释放政府目前积蓄的美元资金。政府为了防止美国经济的波动而储备美元，近来这种趋势加剧了，导致借贷成本大幅上升。各国为了预防美国经济波动风险，不得不又储备大量美元。如果以数字货币结算的贸易份额增加，那么美国经济危机的冲击通过固定汇率在国际上产生的潜在溢出效应将减少，各国之间的贸易波动将变得不那么同步而得到缓和。

真正希望消灭硅谷数字货币的是华尔街和美联储的实际控制人，他们绝不会让美元霸权从自己手上丢失。2020年2月，美国财长表示将很快发布加密货币和数字支付新法规，联储委员认为数字美元有助于美国在全球贸易中继续保持优势。美联储委员会的提名人朱迪·谢尔顿也在2月13日举行的参议院听证会上表示，美国需要金融科技创新才能保持领先地位，而数字化可能有助于维持美元在全球贸易中的优势。虽然美元如今是处于全球主导地位的储备货币，但不能止步不前，一些竞争对手正在寻求美元替代方案，因此美国必须走在前面，以确保美元的地位。美元霸权联盟一直没有停止借助区块链来改良其金融服务。美国财政部金融犯罪执法网络正在制定规则，以提高透明度，并防止将加密货币用作"秘密银行账户"和洗钱。传统金融机构在区块链推进方面也不遗余力。摩根大通正在商讨将其区块链部门 Quorum 与以太坊开发商 ConsenSys 合并。SWIFT 的全球支付创新计划（GPI）正在通过银行合作，以提高交易速度和提高透明度来解决用户痛点。

但是，区块链真的是拯救地位衰落的美元的良药吗？

○ 区块链并非拯救经济的万灵药

每一次经济危机来临和泡沫破灭之时，下一次的创新已经开始酝酿。区块链作为一种商业技术就产生于2008年的金融危机期间，而近几年它已经成为最火的"网红"科技之一。众所周知，实现比特币等知名数字货币的基础技术是区块链。美元数字化和人民币数字化的研究都将区块链作为关键技术。然而，区块链并非拯救全球经济危机的万灵药，它充其量只是一种"手术器材"。

显而易见，区块链被认为是潜在的数字经济和金融科技规则的改变者。高科技公司和新创企业激进地投入到区块链开发之中，从金融服务、医疗保健到艺术行业等各行各业都投资了大量的区块链项目，开发了包括数字货币、钻石防伪、土地注册、法律合约等五花八门的应用。仅2017年一年，各国用于区块链初创公司的风险投资就超过10亿美元。大公司也不遗余力地占据区块链技术高地，IBM 已投资超过2亿美元用于物联网的基于区块链的数据共享解决方案，Google 自2016年以来一直在与区块链合作，每年约有17亿美元用于实验。2019年中国平安表示未来将在区块链、人工智能等技术领域投资220亿美元。

但是，如果我们考虑到10年间企业投入区块链项目的大量金钱和时间，那么就会发现，在现实中，区块链技术解决的实际问题相当有限，投资与回报不成正比。许多区块链项目仍处于构想阶段，而不少开发出的技术原型也缺乏被市场和客户广泛接受的商业模式。

区块链的最大价值还不是其加密技术，而是数字经济中的去中心化的交易跟踪和验证协议。比特币令人惊讶的价格飞涨和暴跌给区块链技术做了最低成本的软广告。随着比特币在全球流行，大部分外行网民将"好的货币验证技术"和"好的货币"混淆了，他们误以为比特币是比黄金还安全的避险货币。

比特币作为一种数字货币，其功用和稳定性是非常差的。货币主要有四种用途：一可作为商品和服务的购买现金，二可作为未来需求的储备，三可作为递延付款，四可作为记账单位。这些用途是货币作为交换媒介的基本功能，而货币作为记账单位的价值稳定性是其所有用途中最可取的。然而，比特币基本上没有记账单位的价值稳定性。

从创立之初开始，比特币与美元的兑换价格10年时间波动最高超过1万倍。2020年，美股熔断，经济危机袭来，比特币价格跌幅比道琼斯指数大不少。比特币作为加密数字货币，能够抵御金融风险的神话变成了玩笑。很多比特币的使用者不知道，比特币的设计就根本没有"货币锚"，其价值飘忽在众人的货币幻觉之中，甚至所谓的"中本聪"本人也可能想不到比特币价格会有如此大幅的上涨和波动。

区块链技术依然是一项昂贵且复杂的、处在发展初级阶段的技术。它之所以能在加密数字货币领域兴起，主要是因为互联网不受监管以及计算机和内存成本的大幅下跌。虽然区块链号称是去中心化的，其实它的核心算法与规则以及初始的数字货币奖励都控制在神秘的创始人手上。

区块链技术因比特币而广为传播。2008年11月，代号"中本聪（Satoshi Nakamoto）"的作者在电邮列表中发布了介绍"去中心化的点对点电子现金系统"（称为"比特币"）的白皮书，提出了区块链实现一种电子现金交易。每一笔交易的跟踪和验证由分散的点对点协议提供。计算网络上的单个"矿工"使用工作量证明机制，"挖出"电子现金以获得奖励，然后通过网络中的分散节点对其进行验证。

事实上，比特币白皮书发布之初并未立即引起金融界的关注，只在加密技术计算机工程师这个很小的圈子中流传。从比特币区块链中发现的记录显示，在发布白皮书3个月之后，2009年1月3日，这位号称"中本聪"的开发者才开采了第一个电子现金区块,并获得了 50 枚比特币的奖励。比特币的第一个接受者是哈尔·芬尼(Hal Finney),他于 2009 年 1 月 12 日在世界上第一笔比特币交易中从"中本聪"那里获得了 10 枚比特币。

比特币诞生时,区块链技术已经经历了 20 年的演化。其实早在 1991 年,斯图尔特·哈伯(Stuart Haber)和 W. 斯科特·斯托尼塔(W. Scott Stornetta)便提出了区块链技术的想法,为数字文档打上了时间戳,因此不会被篡改,从而提供了一种实用的加密保护解决方案。1992 年,将多个文档收集到一个区块中来提高效率的技术得以发明。但是,这项技术没有得到使用,并且在 2004 年,即比特币诞生前的 4 年,该专利失效。

2004 年,计算机科学家兼密码活动家 Hal Finney(Harold Thomas Finney II)推出了一个名为"可重复使用工作量证明(RPoW)"的系统。该系统通过接收基于不可篡改的哈希现金(Hashcash)的工作量证明令牌来工作,并相应地创建了 RSA 签名的令牌,然后可以将其在人与人之间进行转移。RPoW 通过将令牌的所有权保留在受信任的服务器上来解决虚假重复支付问题,该服务器旨在使所有网络用户可以实时验证其正确性和完整性。

2009 年,比特币软件是 Hashcash 和 RPoW 技术进行了集成和开放的结果,它通过发放数字奖励通证来鼓励更多的服务器加入记账和交易验证工作。随着比特币服务器节点在全球传播,志愿者服务器被超过 10 万个"挖矿"节点计算机代替了。比特币在 2008 年设计算法时确定存在的最大币总数为 2 100 万,其中的 87% 已经被开采,2020 年,待开采比特币大约 270 万枚。估计"中本聪"至少拥有大约 30 万到 90 万枚比特币。由于"挖矿"和交易的需求者数量大大超过限定的比特币数量,因此比特币实际上出现了严重的通货紧缩。

数字货币圈内部出现了分裂,逐利者纷纷效仿推出新的数字货币。2013 年,《比特币杂志》的程序员兼联合创始人 Vitalik Buterin 表示,比特币需要一种脚本语言来构建去中心化的应用程序。由于未能在社区中达成协议,Vitalik 开始另立门户,开发基于区块链的新分布式计算平台以太坊(Ethereum),该平台具有脚本功能,也就是智能合约。

智能合约是在以太坊区块链上部署和执行的程序或脚本,例如,如果满足某些条件,它们可以用于交易。智能合约以特定的编程语言编写并编译成字节码,然后可以读取和执行分散以太坊虚拟机(EVM)。开发人员还能够创建和发布在以太坊区块链中运行的应用程序。这些应用程序通常被称为 DApp(去中心化应用程序），并且在以太坊区块链中已经运行了上千个DApp，包括在社交媒体平台、赌博平台和金融交易所应用的程序。以太坊的加密货币称为"以太币"，尽管其生成改良了共识算法，但是其源代码显示，以太币和它的先辈比特币一样，其区块链算法是RPoW，依然无法设定"货币锚"。

随着比特币和以太币等数字货币吸引了大量关注和投资，传统金融业无法忽视区块链的影响力。从2012年到2015年，瑞士银行、中国平安等金融业龙头企业纷纷投入资源，研发区块链技术和应用。许多公司建立了创新实验室，聘请了区块链方面的专家，并投资了相关的初创企业和合资企业。人们认为区块链技术可以用于简化流程。银行和其他机构将贸易融资、衍生工具净额结算和处理以及合规等活动视为主要应用场景，纷纷推出各种公共链、联盟链和私有链。

保险公司看到了区块链技术合约存证和保证交易效率等机会。各国政府和公共服务部门也开展研究，如何利用区块链技术更新其庞大的网络，创建更透明和更易于访问的公共记录。汽车厂商设想将智能合约置于区块链之上，以实现租赁和租赁协议的自动化。还有企业发现，利用区块链技术可实现会计、合同、法律、版权等部分所有权现代化，并可提高数据管理和供应链的效率。

2016年，市场上区块链的前景似乎一片光明。对区块链的风险投资猛增，监管机构对它似乎比以前更加开放而放松管制。到2017年，许多金融业人士意识到，区块链技术要么太不成熟，还没有为企业级应用做好准备，要么是画蛇添足。企业区块链需要建设公共账本的专用网络进行信息共享，这需要公司之间的合作，还需要完成繁重的工作来实现数据标准化和系统对接。很少有公司愿意领导一种有益于整个行业的公用事业的开发却看不到自身利益的项目。此外，许多银行已因更广泛的数字化转型而分身乏力。因此，除了云计算解决方案之外，区块链技术并没有带来实质的回报。企业客户对其效果反映欠佳，个人客户除了将其用于炒币之外并没有实质性的应用。曾经被追捧的区块链风险投资项目很难继续获得B轮、C轮投资。对该行业的数十亿美元投资已经沉没。2018年，比特币价格大跌，区块链技术的热潮不再，行业进入了冰冷的低谷。

区块链是一种好的互联网技术，但好的技术如果被错用，可能更会导致货币大量超发，引起通货膨胀，或者货币发行不足，引起通货紧缩。区块链已经对经济系统和企业商业模式产生了巨大的影响，人们突然发现，传统的基于贵金属、纸币和票据的交易方式接近消失了。自发区块链与数字货币出现之后，不少经济学家开始感到茫然，因为没有预料到未来每一个公司、每一个社群、甚至每一个人都可以发行自己的数字货币，这一流通体系中的价格形成机制将会非常复杂，过去的很多模型也就不好解释金融现象了。

其实，如果整个经济范式和金融规则不能改变，那么一个更加安全的账本或者更加新潮的数字资产对企业的帮助也就非常有限。要真正找到"货币锚"，现有区块链技术和数字资产协议就必须有脱胎换骨的创新。

第 3 章 金权财富危机重重

○ 突然消失的人口红利

面对重大的医疗健康危机,当人们必须在生命和财富之间作出抉择的时候,才突然发现创造财富的人已经少了很多。经济危机论者长期以来一直在警告,工业化国家和后工业化国家的人口老龄化是"定时炸弹"。老龄化意味着工作并为经济增长做出贡献的人更少,而领取养老金并需要医疗保健的人更多。在过去,发达国家先进入老龄化阶段,而发展中国家相对拥有人口红利。

过去40年,美国对商品的巨大消费需求和中国拥有丰富劳动力的比较优势形成全球最大的优势互补,产生了"中国价格"和"美国资本"合作增值的经济格局。然而,随着中国和亚太区域国家的生育率急速下降,在10年的时间里,人口红利突然消失了,这对中美两国甚至是全球的经济都产生了难以估量的影响。

如果你看到世界人口年增长率趋势图,对股票指数的反转和经济完全恢复还抱有希望,那恭喜你通过了超级乐观者测试。根据联合国统计和预测,世界人口增长率从1950年到2100年预计将降低90%以上(见图3-1)。2018年,全球65岁以上的人口数量首次超过5岁以下的儿童。年龄在80岁或以上的人数预计将增加两倍,从2019年的1.43亿增加到2050年的4.26亿。根据《世界人口展望:2019年修订本》①的数据,到2050年,全球1/6的人将超过65岁(16%),2019年的比例为1/10

① https://www.un.org/en/sections/issues-depth/ageing/.

（9%）。到 2050 年，居住在欧洲和北美的人口中将有 1/4 的人年龄在 65 岁以上。在许多国家中，预期寿命的延长和出生率的下降正在推高人口的平均年龄。在日本，年龄中位数从 1952 年的 26 岁上升到今天的 46 岁。

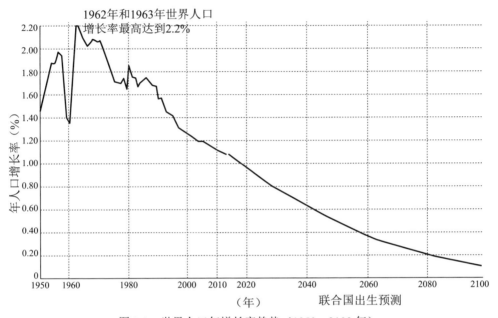

图 3-1　世界人口年增长率趋势（1950—2100 年）

在中国，同期的数字已从 24 上升至 37，预计到 2050 年将达到 48。2050 年，印度将取代中国成为世界上人口最多的国家，人口年龄中位数比中国年轻 10 岁以上（见图 3-2）。这意味着，未来 30 年，世界上人口红利最大的国家是印度，而不是中国。

经济增长速度越快，人口结构的转变也越快。第二次世界大战之后，日本和亚洲四小龙经济的快速增长同样也带来了快速的人口转变。伴随经济增长的是其平均出生率的急剧下降，导致了其年龄分布的急剧变化。相比之下，美国经历了持续但较慢的经济增长，因此其人口转变也较慢。不过，值得注意的是，美国的平均死亡率已经开始随着平均年龄的增长而回升，例如，受教育程度较低的美国白人中年死亡率在上升。经济增长最快的国家也经历了更加突然的人口转变，因此可能遭受强烈的老龄化影响，这需要通过延长寿命来抵消。一个国家工作人口中接受高等教育者比例能够反映其经济发展模式。2018 年，

25～64岁人口中受过高等教育的比例，中国是17%，加拿大和俄罗斯达到54%，美国和英国分别有44%和42%。日本和韩国分别为48%和45%。

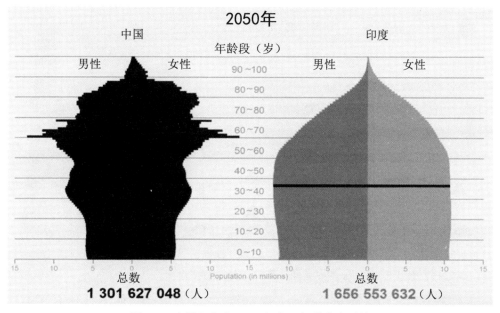

图3-2　中国和印度2050年人口年龄分布对比

人口老龄化对经济的影响是降低生产力，使政府增加对健康事业相关的支出。随着各国工业化的发展，它们经历了从较高出生率到较低出生率的"人口转变"。这种转变意味着老年人群的规模将扩大，并且平均总死亡率将上升，因为老年人的死亡率更高。如果人们过着更长寿、更高效的生活，那么他们对经济可以比前几代人做出更大的、终生的贡献。如果人们的健康不如从前，工作效能更低，那么高龄社会意味着经济的衰退。

在全球范围内，2004—2017年，用于劳动力的支出在GDP中所占的比例大幅下降，从54%降至51%，在欧洲、中亚和美洲，这种下降最为明显。报告表示，这超出了人们先前的估计。世界经济论坛一项新研究显示，到2050年，全球六大养老金储蓄国（美国、英国、日本、荷兰、加拿大和澳大利亚）面临的养老金缺口高达224万亿美元。如果加上中国和印度两个人口超级大国，养老金总缺口预计达到400万亿美元，相当于目前全球经济总量的5倍（见图3-3）。

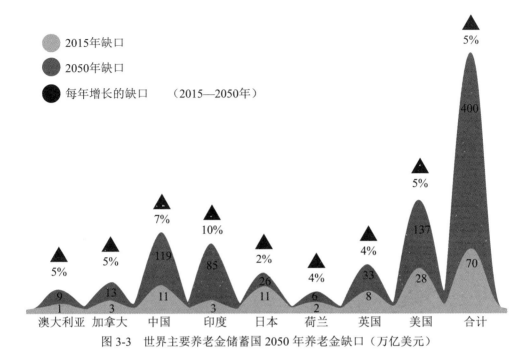

图 3-3　世界主要养老金储蓄国 2050 年养老金缺口（万亿美元）

经济发展《2018 年出生统计（确定版）》数据显示，韩国 2018 年的合计生育率仅为 0.98，新生儿数达 1970 年来最低值。韩国成为世界上首个，也是唯一一个出生率进入"零时代"的国家，情况比同样被低生育率困扰的日本还严重，日本 2018 年生育率为 1.42。韩国 0.98 这个数据意味着什么呢？就是平均一名女子终生生产不足 1 名子女。而一般情况下，一个国家如果想要保持人口稳定，那么总生育率就需要维持在 2.1 左右。2018 年，韩国人口预计将由目前的 5 200 万小幅增长到 5 223 万，此后将不断减少。韩国出生率低有多方面原因，包括年轻人结婚率下降，经济压力大，子女教育成本高，女性独立意识增强，等等。如果这种趋势不改变，那么到 2067 年韩国将超越日本，成为世界上老龄化最严重的国家，届时，65 岁以上老人将占其全国总人口的几乎一半。韩国国家立法机关研究后甚至提出警告说，韩国人将在 2750 年自然灭绝。韩国领导人认识到人口危机不仅影响国家经济发展，还会动摇韩国根基，如果再不行动，将对国家造成"无法弥补"的损害。韩国政府正在多管齐下，大力促进国民的生育积极性。

虽然许多国家都在努力应对低生育率和人口老龄化问题，但这些问题在中国更加紧迫。中国 2019 年新出生的婴儿数降至近 60 年来的最低水平，使一场正在逼近的人口危机加剧。2019年中国约有1 460万婴儿出生。这比前一年下降了近4%。2020年，受到疫情的影响，中国的结婚率和出生率估计更低。尽管2016年政府结束了独生子女政策，允许一对夫妇生两个孩子，但是政策的改变未能推动新生儿数量的持续增长。

出生率下降对中国的经济和劳动力储备有重要影响。如果出生率继续下降，同时预期寿命却在延长的话，那么中国未来将没有数量足够的年轻人来支撑经济、供养老年人。中国现有的社会保障体系和医疗健康体系尚未覆盖全部家庭，大多数老年人主要依赖家庭来支付医疗、退休后的生活费。未来许多本是独生子女的夫妇要在没有兄弟姐妹分担的情况下承担照顾双方的父母以及祖父母的责任。这将给中国资金不足的养老金体系、过度拥挤的医院以及企业带来更大压力。如果出生率下降趋势不改变，劳动生产效率没有显著提高，那么中国的社保基金在20年之内有耗尽的风险。

中国人口中受过高等教育的女性人数在不断上升，她们大多认为婚姻不是获得经济保障的必要条件。对于中国的年轻夫妇来说，由于生活成本的增加，以及需要把更多的时间和精力放在工作上，因此他们很多人不愿承担生养孩子的负担。年轻的独生子女们的生育态度也发生了转变，他们更珍视自己的精神生活和爱好，不愿意消耗太多的精力在养育孩子上。

人口红利的消失，意味着全球经济格局将经历一场剧变。如果不能从产业结构、贸易均衡、社会福利等方方面面作出正确的调整和改革，那么经济就会陷入停滞甚至危机的境地。生命健康危机和世界经济危机叠加，对人类财富创造力的伤害，堪比回到农耕的时代。未来经济的持续发展，取决于人们能否获得更长寿、更健康生活，还取决于出生率的提升。然而人口出生率和经济增长率已经成了一对矛盾。这一矛盾将长期存在，从而从根本上影响未来的社会经济。**21世纪，全球经济变革面临的最大的挑战是如何以比人口红利消失速度更快的速度来创造价值。**

○ 货币幻觉点燃经济危机

经济危机的修复正如疾病的治疗一样是一个相对漫长的过程，"病来如山倒，病去如抽丝"。点燃经济危机的常常是人们的意识里普遍存在的货币幻觉，消除经济危机却需要漫长的、踏踏实实的行动。经济危机将货币幻觉引发的非理性繁荣拉回萧条的现实之中。金权财富治理下的社会本身就是一个矛盾体，一边是货币幻觉吸引人们不断投资和消费，一边是货币幻觉惊醒的时候引发失控混乱。公司伪造财报、虚增资产、虚假宣传屡屡得逞：一方面是因为美国股市和中国股市近几年监管漏洞频出、惩戒处罚过轻；另一方面是因为这些公司利用了投资人和股民普遍存在的货币幻觉。

什么是货币幻觉？它是指人们以为获得和占有货币就获得了价值这种与真实不符的感觉。不但社会中的消费者和投资者普遍有货币幻觉，就连那些在象牙塔中的经济金融学教授也有许多承认自己很难完全抵御货币幻觉，尤其是当大家都沉浸在货币幻觉中的时候。货币幻觉来源于每个人几乎从幼儿时期就开始形成的价值心理环境。从记事开始，小孩子就知道那"神奇的纸和金属片"能够换回自己喜爱的美食和玩具，他们也经常听到爸爸妈妈解释不陪自己玩是在辛苦地"挣钱"。渐渐地，"钱"就成了每个家庭成员心目当中至高无上的神灵，这一意识在社会中不断被各种客观事实强化。

一类早认识"钱"的孩子，可能嘲笑和拒绝另一类较小的、不喜欢"钱"的孩子。这种孩子之间的嘲笑和拒绝，可是一种自发的经济学教育。许多孩子长大了，习惯性地将价值媒介当成价值本身。除了少之又少的真正的哲学家，社会中的大部分人在大部分时间里都难免沉浸在货币幻觉中。账户里多挖了好几枚比特币，仿佛自己很有财富；书房里摆满了书，仿佛自己有了很多学问；名片上印满了头衔，仿佛自己有了很高的地位。马克思在其《资本论》中也提到过这种幻觉：价值交易在人们面前采取了物与物的关系的虚幻形式，就像在宗教世界的幻境中，人脑的产物表现为赋有生命的、彼此发生关系并同人发生关系的独立存在的东西，在商品世界里，人手的产物也是这样的。

认为数字货币自身拥有价值的幻觉也是一种货币幻觉，不过"致幻剂"不是"大麻"，而是所谓的金融高科技。比特币是一种价格波动很大的价值媒介，而且作为"流通市价（Currency）"，它是非常差的一种媒介。"Currency"被翻译成"货币"，"Bitcoin"被翻译成"比特币"，让人感觉它是如金属般物质的客观存在，这本身就是由翻译者的货币幻觉导致的。比特币的形式是一串密码，其本质近似于网络赌场的电子筹码，用其作为交换媒介是不受法律保护的。

货币幻觉的另一个特点是人容易将一个好的造币技术和一个好的货币等同起来。区块链是一种好的加密货币技术，或者说是一个好的"验钞机"，但好的"验钞机"如果被错用了地方，那么可能会让更多的超发货币流通，从而引起通货膨胀。津巴布韦货币的最大面值为100万亿，最后只能换3个鸡蛋。但津巴布韦元和美元都是纸币。所以好的货币的一个前提条件是要有稳定的币值，货币使用者当然不希望每天出门公交车票价格涨50%，如果有，那它肯定不是好的货币，而是经济危机。同样的，商店的日用品每天跌价50%，众人会等着明天更低，这也是经济危机。

比特币价格为什么快速增长？这是连续闭环作用形成的结果。在赌客心理作用下，它实现了病毒化的传播。更多的"赌客"被吸引进来，"赌场"平台赚了很多钱，这时候"筹码"不够用，限制了很多"赌客"涌进"赌场"，很多人会因此产生幻觉，认为"筹码"本身升值就挣钱了，其实"筹码"离开"赌场"之后是一文不值的。这个时候，"赌客"们产生了幻觉，出现了兑换市场，"筹码"被兑换成其他的法定货币，于是出现大量的偷盗"筹码"现象，等等。政府发现很多违法行为就会叫停。政府叫停以后，"赌客"们一哄而散。不光是比特币有这种情况，荷兰的郁金香炒作，通胀时期人们抢购大米和油盐酱醋，等等，都有这样的情况（见图3-4）。投资过程中应警惕这样的现象。

如果不能根据市场的价格增加货币供应量，那么这种货币就是很差的货币，它会引起通货紧缩，被人囤货。当被锁定的代币快速进场交易之后，目前持有该货币的那些用户可能一夜之间经历币值大跌。而且，政府监管措施的出台，有可能会让首次货币发行（ICO）所发的代币一夕之间被打回原形,成为庞氏骗局。

货币的增值并不是因为其本身增值，货币是价值媒介，媒介本身没有价值，是因为相信的人多了，它才实现了增值。网络传播效应会放大货币幻觉，而危机到来时，陷入挤兑和萧条的速度也会更快。货币的社会知名度就像荷兰的郁金香，是通过口碑传播出去的。我们说这种传播途径是一个网络，还不完全是网络，而是一传十、十传百的病毒式的传播。基本上，很多公司，很多股票，很多投资品，当80%的人都认定它有异乎寻常价值的时候，也就意味着它开始准备崩盘了。区块链是这样，比特币是这样，乐视股票也是这样，荷兰郁金香也曾经是这样的。任何事物只要它能够进入到一个网络化的传播场景当中，都会有这样一种情形产生出来，这叫货币幻觉的破灭。

通过一个故事，我们可以形象地理解这个过程。一个小镇上的一个赌场发明了一种高科技老虎机，赌客买一个筹码塞进去就能试试运气。这种老虎机的"奥妙"是只要有一台老虎机掉出筹码，其他的老虎机也跟着掉几个。第一天，从这个赌场出来的人都宣称自己挣了 10 倍。第二天，从这个赌场出来的人都宣称自己挣了百倍。消息不胫而走，进赌场的人排起长队。小镇上一个月建起来上百家赌场，制作筹码和维修老虎机的作坊有上千家。镇上也开始出现用筹码支付的酒馆和酒店。突然有一天，一位喝醉的酒徒夜里大骂酒馆老板不收筹码，镇上很多人听到了，不少人发现家里大多数东西都被变卖换成了筹码。第二天，人们照常一早到赌场门口排队，要抢占运气最好的老虎机。可是，镇上的赌场都没开门，于是人们赶紧叫来了警察……

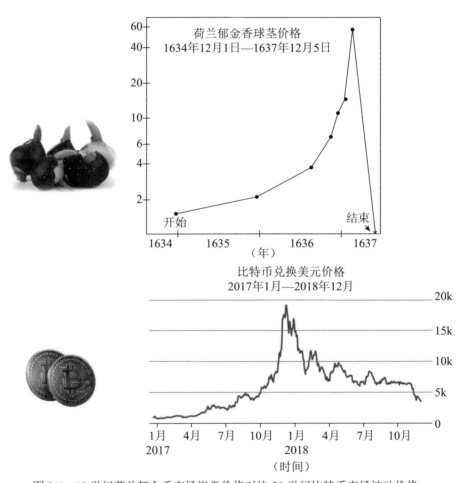

图 3-4　18 世纪荷兰郁金香市场崩盘价格对比 21 世纪比特币市场波动价格

货币幻觉破灭会使人们对金融机构产生信任危机，金融信任危机会引发经济危机，经济危机导致严重的失业危机，失业危机又会导致政治危机。在金权财富社会，普遍存在的货币幻觉是这种危机环滚动的原生推动力。一代人从懵懂冲动到理性成熟要 10 年时间，伴随着的是货币幻觉的形成和破灭。美国经济每 10 年左右就有一次金融危机，进而引发全球的经济危机，这绝对不是巧合。

○ 金融科技加入货币战争

美元霸权和传统金融退却，互联网金融科技崛起。互联网金融科技层出不穷的创新，特别是跨越国界的巨大的数字资产的金融化，把经济学过去长期使用的货币概念颠覆掉了。过去的货币战争是在不同国家和其背后的金融体系之间进行的。现如今，越来越多的金融科技企业加入货币战争，亚马逊、Facebook 和 Google 等技术巨头已经开始对华尔街银行构成严重威胁。腾讯、阿里、京东等互联网企业纷纷在金融市场攻城掠地。同时，五花八门的互联网金融和数字货币也在运动作战。金融市场进入一个群雄并起的战国时代。

世界上主要国家的货币体系大都是以法定货币流通为中心，在中央银行、商业银行、保险公司等金融机构的管理下运转的。金融机构与科技企业原先是井水不犯河水的，但互联网将两者的边界模糊了。科技巨头开始涉足消费金融领域后，它们也需要处理关键和复杂的金融业务。数字化技术推动金融服务领域的创新，数字技术和货币之间也有着紧密的关系。硬币和银行票据等有形货币形式快速退到金融市场幕后，在线支付系统、储值卡和基于移动设备的支付服务最终极有可能让任何形式的有形货币都消失。

就像蓬勃发展的电子商务颠覆传统商务模式一样，在线支付系统及其支持技术将取代实体银行卡和信用卡。商家不可避免地将改变或采用这样的交易方式。这种去银行中介化的交易方式，大大降低了买卖双方交易结算和货币化的成本。互联网公司作为中介，给买家和卖家提供统一的在线账户收发资金，互联网科技公司实际上扮演了商业银行和投资银行的角色。在线转账渠道在自有系统中储存资金使交易活动即时完成，无需向传统支付和清算系统的外部代理或账户追索，它并非由银行或信用卡收费，而是由结算代理方提前获得现金。

互联网企业拥有庞大的客户群、大数据、云计算技术以及易于使用的应用程序，因此在以金融科技来扩展其金融服务能力方面具有明显优势，比如，阿里巴巴和腾讯都已经凭借其支付能力进入了金融服务领域。2019 年第三季度，蚂蚁金服税前利润为 58.88 亿元，2019 年前三季度，蚂蚁金服的税前利润合计

116.06 亿元。腾讯的微众银行高速成长，预计 2021 年净利润将达到 126 亿元，2023 年净利润将达到 240 亿元，其估值有望在 5 年后达到万亿。美国最大的电子商务公司亚马逊已经在其平台上将其金融服务扩展到 20 000 多个商家（主要是中小型企业），每年为这些企业提供了数十亿美元的贷款。Apple Card 是由美国苹果公司与高盛合作发行的网络银行信用卡，主要用于 iPhone 上的 Apple Pay。该信用卡在 2019 年 8 月 20 日于美国正式启用。谷歌拥有类似的在线系统 Google Pay，通过它，客户可以在应用商店中购买商品或在安卓设备上付款。Facebook 也在开发一种使用加密货币通过 Whats App 进行付款的方法。日本最大的单一在线零售市场乐天可在其成千上万个虚拟商店和真实商店中提供可用的电子货币。乐天还向数百万客户提供信用卡和抵押等服务。支付领域的区块链公司 Ripple 正在越来越多地与非银行支付提供商合作。区块链和数字货币公司也在推出金融产品。相对监管严格的银行业来说，非银行支付业务更适合于区块链技术的应用。

金融服务加快数字化，云计算完全改变了银行业的形态。云计算 2018 年的销售额为 1 758 亿美元，而微软的云收入在 2019 年第三季度达到了 116 亿美元。IBM 和美国银行宣布了合作开发专为银行设计的公共云系统。人工智能、机器学习和数据将在数字认证和身份认证方面得到更好的利用。基于人工智能 AI 和机器学习 ML 的身份验证解决方案，可用于检测欺诈，并防止洗钱。

银行和金融服务公司敏锐地意识到了大型科技公司带来的威胁，但是它们面临两难选择，要么失去与拥有数亿客户的技术巨头的有价值的伙伴关系，要么陷入与潜在替代者合作的囚徒困境。传统银行开始意识到自身曾经的金融垄断地位保不住了，银行依靠传统金融业务的投资回报越来越低，成本却不断攀升。2018 年，花旗银行就计划在 5 年内把投资银行部门的科技和业务人员裁去 50%，大约有 1 万人，并用人工智能算法代替他们的工作。花旗银行的管理层相信，整个集团中有 40% 的人工是可以被 AI 算法代替的。

另外，尽管金融科技公司挑战银行界的努力有一些成功的案例，但金融科技公司也意识到了自己的缺陷，包括信用品牌的公众认知度不足、资产负债表较小、获得资本的渠道有限以及不确定的监管等。监管方面的问题已经突显出来。银行和商业之间有隔离墙。美国自 1933 年《格拉斯－斯蒂格尔法案》（*Glass-Steagall Act*）颁布以来，从事商业活动的公司不能成为银行，这是因为混合型公司会向自己提供不负责任的贷款或不公平地拒绝竞争对手的贷款。全球最大的零售商沃尔玛（Walmart）近10年来一直试图建立自己的银行，但无论是试图购买一家本地银行，还是申请自己的银行牌照，都以放弃告终，并于2007年撤回了对银行牌照的申请。

大型银行过去一直是硅谷高科技公司的客户，但如今银行和高科技公司的竞争合作关系变得异常复杂。美国的法规比欧洲和亚洲更为严格，苹果公司与高盛合作发行网络银行信用卡，亚马逊与摩根大通（JP Morgan Chase）合作推出支票账户，这些合作都需要经过一系列的监管批准。中国对互联网金融的监管相对开放，允许在特定领域先行先试。中国拥有全球最多的移动互联网用户，特别是年轻一代习惯用手机管理自己的钱包。电子商务企业和互联网服务企业投资运营的互联网银行具有更低的运营成本和更高的服务效率，这对传统银行和金融机构，甚至对中央银行都形成了巨大的竞争压力。

2018年下旬，比特币来势汹汹，尽管当时的国际货币基金组织（IMF）负责人克里斯蒂娜·拉加德首次呼吁中央银行在2018年末开始认真探索数字货币，但各国央行对CBDC的兴趣只有到Facebook宣布"天秤座"项目之后才真正提高。从那时起，私人货币计划的前景使中央银行加速了对数字货币的研究与开发。泰国中央银行在2019年5月份宣布将推进自己的数字货币项目。英格兰银行（BoE）行长马克·卡尼甚至暗示，数字货币替代方案可以代替美元作为全球储备货币。自2016年以来，欧洲央行和日本银行一直合作发布协作研究报告，研究如何将分布式账本技术（DLT）整合到全球金融基础设施。英格兰银行还曾尝试过各种加密货币计划，但当时的区块链技术还不成熟。

随着数字技术日趋成熟，人工智能、近场通信和大数据管理等技术提高了内容与服务定制的精确性、验证和安全的可靠性、整体便利性以及价值转移结算的效率。传统大型银行如果不能彻底改革，从技术创新实现收益，就只能背负着"有形货币的授权监管人"这点残留的权力。持续创新的"金融科技"公司可能实质上成为"科技金融"公司，它们可以直接参与贷款、支付或保险业务，也可以开发企业软件技术，这些技术在互联网上以服务形式直接销售。当金融与科技的边界消失后，科技公司和金融机构的竞争会愈发激烈。

雄赳赳，气昂昂，穿过华尔街，无形的互联网穿透了传统银行的坚壁。工程师和键盘侠们跃跃欲试，银行家和国家机器加固了堡垒。究竟谁能赢得这场新的货币战争的胜利？

第4章 数字经济陷落鸿沟

○ 激烈的数字资产权利之争

互联网经济中很多人每天在不知不觉中丢失许多资产,只不过少有人意识到罢了。当大部分人在为互联网共享信息耕耘的时候,未来的数字领主们已经开始囤积数字资产了。

我们生活在一个数字世界中,数字资产无处不在,包括存储在智能手机上的照片,个人的社交网络内容,云计算的文档,加密数字货币,还有人们每天成千上万的互动信息,等等。数字资产在计算机系统中以任何格式存储和传播,具备数字化、可识别、有价值的属性。数字资产不仅包括个人持有的数字加密货币,还包括一切数字化的权利,例如版权、证券,以及艺术品、房产等实体资产产权。互联网上信息资源的一部分是公有开放共享的;另一部分是私有的数字资产。尽管互联网的应用日益普及,但是不同地区之间和不同社会阶层间的数字产权鸿沟正在加大,数字资产权利之争又进一步增加了经济的不确定性。

数字资产的价值本质上还是由人来判定的。一些无法重新制作的数字资产,例如世界上独一无二的发明专利,一个人一生中只有一次的事件的照片或视频,等等;它们对于特定公司或个人而言,比能重造或复制的实物资产更有价值。数字资产成为企业经营所不可或缺的关键资产。如今,企业的无形资产,如知识产权、运营数据等,成为关键资产,企业非常依赖这些数字资产来影响客户的购买行为,并借其建立品牌知名度。数字资产不仅是企业的核心创新技术的体现,也是企业产品或服务的直观表达，它使企业能够通过各种渠道和媒体与目标受众建立联系并进行营销互动。从公司商标到广告文案，数字资产都是公司品牌形象的基础。

不仅是知识产权和无形资产，实物资产也能通过区块链技术实现数字化。区块链技术可用来记录贵重物品的出处和所有权的详细信息。区块链技术还可对现实资产进行标记化，从而有效地将其转化为数字资产。它保证了珍贵艺术品或奢侈品的真实性。它还记录已识别的有形资产的所有权转移。这在防止非法贸易、减少欺诈甚至为房地产等资产的数字化所有权铺平道路方面，可以发挥巨大的作用。

互联网从诞生之时起就并未将数字资产的问题设计进去。互联网平台拥有存贮和处理用户数据的服务器，也就自然形成了对数字资产的天然占有。但是随着用户数字资产价值升高，窃取和诈骗数据、侵犯用户数字资产的现象愈演愈烈。互联网黑客组织，政府军事安全组织，甚至互联网信息服务企业，都存在侵犯用户的数字资产的问题。

2011年12月22日中国最大的计算机开发者社区CSDN公司报案称，公司服务器被入侵，核心数据泄露。北京市公安局网安总队经过侦破，于2012年2月在浙江温州将嫌疑人抓获。该嫌疑人利用CSDN网站漏洞，非法侵入服务器获取用户数据。警方表示，黑客攻击、破坏活动的趋利性日益明显，已形成制作提供黑客工具、实施攻击、盗窃账号、倒卖账号、提供交易平台等各个环节分工合作的利益链条。

2017年11月，美国五角大楼意外暴露了美国国防部的分类数据库，其中包含美国当局在全球社交媒体平台中收集到的18亿用户的个人信息。此次泄露的数据来自架在亚马逊S3云存储上的数据库。由于配置错误，导致三台S3服务器"可公开下载"，其中一台服务器数据库中包含了近18亿条来自社交媒体和论坛的帖子。据猜测，这些信息很有可能是国防部从2009年到2017年8月之间收集的。

2018年美国《纽约时报》和英国《卫报》发布报道，曝光Facebook上5 000万用户信息数据被一家名为"剑桥分析（Cambridge Analytica）"的公司泄露。"剑桥分析"公司分析数据、建立模型，以预测并影响政治活动中公众的选择。这家企业曾经受雇于美国总统唐纳德·特朗普的竞选团队和推动英国脱离欧洲联盟公民投票的"脱欧"阵营。2014年，27万Facebook用户下载了该平台上的一款个性分析测试的应用软件。该应用软件的开发者、英国剑桥大学心理学教授科根将这些用户及其Facebook好友的数据卖给"剑桥分析"公司。这些数据包括Facebook用户档案信息以及他们"点赞"的内容。此后，Facebook更改了开发者可通过此种方式获取数据的数量。但事件披露者怀利称，"剑桥分析"在"用户同意"规定收紧之前，就已获取了约5 000万用户的数据。Facebook首席执行官扎克伯格发表声明称，2015年，Facebook从《卫报》记者那里获知，科根将其应用程序所获取的用户数据共享给了"剑桥分析"。这违背了Facebook关于开发者在没有征得用户同意的情况下不得分享数据的原则。

在数字资产案件大量爆发之后，各国立法机构加快制定相关法律，对数字资产权利予以界定和法律解释，对侵犯数字资产的行为予以惩罚。

欧盟统一数据法案（GDPR）生效后，一家隐私保护组织分别代表欧盟公民向奥地利、比利时、法国、德国的当地监管机构提起申诉，控诉Google、Facebook、WhatsApp、Instagram四家公司违反GDPR的规定，请求对其发起进一步调查、确定其用户权利是否被侵犯，请求禁止其相关数据处理行为，并处以惩戒性罚金。上述公司更新了隐私政策，通过页面展示方式要求用户同意，在用户同意前不提供服务，该行为涉及未能给予数据主体对数据处理作出同意与否的自由选择权。上述更新的隐私条款并非用户接受服务前即全面告知，而是在服务中通过更新了的隐私条款强迫用户同意，因此该行为并无正当性。按照GDPR所确定的处罚原则，如果上述指控成立，则该四家公司将最高可能面临其全球营业额4%的罚款。按照上述四家公司的财报显示，罚款总数将高达76亿欧元。

2020年3月9日，美国众议院正式讨论《2020年加密货币法案》，该法案旨在确定合适的加密资产监管机构，"清晰监管"加密资产。2020年加密货币法案的目的很明确。《2020年加密货币法案》使加密货币具有"监管上的明确性"，它定义了各种类型的数字资产，规定由联邦监管机构对属于其管辖范围内的数字资产进行监管，并向公众公开创建、交易某种数字资产需要的联邦牌照、证书和注册文件。金融犯罪执法网络、商品期货交易委员会、证监会组成"联邦加密监管机构"，它们分别监管加密货币、加密商品和加密证券。这三个监管机构必须公开美国公民创建或交易虚拟资产所需的联邦牌照、证书和注册文件并保持更新，向公众公示数字资产在资产交易所注册和挂牌的信息。该法案授权美国财政部制定法规，追踪加密货币的交易以及参与交易的人。

随着公民数字资产保护意识的觉醒，人们要求通过立法来保护数字资产和监管互联网企业的呼声越来越强，数字资产权利之争愈演愈烈。

○ 互联网"独角兽"吞噬"僵尸"粉

在互联网上，用户的数字资产正在以各种方式被窃取，让人防不胜防。在市场当中典型的就是假借互联网名义的欺诈、互联网虚假浏览和在线欺诈广告。营销和财务数据造假多年来一直是行业的祸害，但在互联网普及的时候愈发严重。一方面利用监管和法律漏洞，一方面利用企业于客户及投资者的信息不对称。

就在 2020 年全球疫情最严重的时候，一家在美国上市的中国企业遭遇其史上最严重的信任危机。4 月 2 日，瑞幸咖啡发布公告，承认其在 2019 年第二季度到第四季度期间存在伪造交易行为，涉及销售额大约 22 亿元人民币。瑞幸咖啡表示，公司董事会已成立一个特别委员会，以监督内部调查。消息一出，瑞幸咖啡股价在盘前交易中急转直下，一路暴跌，单日跌幅达 83%，从上一交易日的收盘价 26.2 美元跌至仅为 4.44 美元。

就在此事件爆发之前的两个月，浑水公司（Muddy Waters Research）称收到 89 页关于瑞幸咖啡的匿名报告。该公司通过调查发现瑞幸咖啡从 2019 年第三季度开始捏造财务和运营数据，夸大门店的每日订单量、每笔订单商品数、每件商品净售价，营造出单店盈利的假象，又通过夸大广告支出、虚报除咖啡外其他商品的占比，掩盖单店亏损的事实，所以做空了瑞幸咖啡。根据报告，瑞幸咖啡平均每家门店的商品数量在 2019 年第三季度虚增 69%，第四季度虚增 88%，2019 年第三季度的广告支出则夸大了 150% 以上。当时，瑞幸咖啡公司迅速发布公告，否认浑水做空报告中的所有指控，并表示打算采取适当的措施，保护自己免受恶意指控，保护股东的利益。但很快，就有多家美国律所对瑞幸咖啡提起集体诉讼，控告瑞幸咖啡作出虚假和误导性陈述，违反美国证券法，集体诉讼的最后提交期限为 2020 年 4 月 13 日。

瑞幸咖啡事件并不是偶然的个案。2020 年，曾经市值过百亿美金的蔚来汽车面临资金链断裂的危局。蔚来汽车投入重金进行粉丝营销，包括举办大型会展，加大广告宣传，打造豪华客户体验中心，等等。蔚来汽车第一家 NIO House 于 2017 年在北京开业，占地超过 3.2 万平方英尺，位于北京地价最昂贵的区域之一。蔚来已经建立了大约 20 多个 NIO House，每个都有一个体验中心，有些还配备了用户休息室、会议室、工作空间、图书馆、开放式厨房和为客户的孩子提供露营活动。蔚来汽车及其高管面临股东在美国提起多起集体诉讼。原告指控该公司在 2018 年首次公开募股期间，利用新制造工厂的计划误导了投资者，并且没有透露政府减少电动汽车补贴带来的影响。

人骗人比人传人更可怕。用户每天只要使用互联网，就会被形形色色的广告包围，包括网络点击广告，智能手机应用程序下载，或智能电视上的广告，等等，层出不穷。2019 年全球数字广告收入公开数据超过 3 000 亿美元，这里面还没有包括数百亿美元的欺诈广告和虚假流量。一些犯罪分子设置了智能手机机架，以诱骗用户点击网络广告。然后，他们可以要求广告客户为每次下载支付佣金或推荐费。群控软件会创建许多虚拟电话和欺骗下载。英国追踪广告欺诈的公司 Machine 分析 2019 年移动 APP 公司在获得新用户上花费了 650 亿美元。对 1.5 亿次应用下载数据进行分析后，Machine 发现其中 49% 的下载是欺诈性的。在 200 个销售移动 APP 的网络中，有 90%"明知其虚假仍销售"。这意味着，被欺骗者的在线营销成本比传统广播或线下媒体成本更高。一些所谓的互联网"独角兽"正在吞噬"僵尸"粉。一些大型互联网平台公司要按总支出的一定百分比计费，因此在所有欺诈行为中也得到了 10%～15% 的比例的好处。

监管不严和处罚不利，让虚假信息和互联网欺诈层出不穷，这已经成为全球互联网行业的顽疾。北京市工商行政管理局公布的 2018 年 11 月的广告监测报告显示，中国大陆涉嫌违法的 2 670 条广告中，出自百度、京东、搜狗、360 以及爱奇艺等 APP 的广告共占 93.93%。此外，9 月的广告监测数据显示，出自百度 APP 的违法广告更居于首位，占比高达 45.74%。2019 年腾讯公司以不正当竞争为由发起诉讼，将从事群控软件设备开发销售的五家设立于深圳、厦门、武汉、烟台的公司告上法庭，该案件总标的额达 1.6 亿元。美国的互联网共享出行公司 Uber 曾对 100 多个网络广告提起诉讼，称其因为购买"不存在、不可见或欺诈性广告"而被骗取了数千万美元。Facebook 还对中国和乌克兰的涉嫌欺诈者采取了法律行动。Facebook 每年投入重金研发检测针对其平台的恶意行为，防止虚假流量和诱导广告。

在资本市场上，与虚假流量相呼应的是虚假的公司价值。对数字资产的操控形成了新的互联网价值泡沫。金融资产的价格飞涨往往是经济泡沫即将破裂的标志。虽然几家企业的丑闻不会直接导致经济衰退，但是遇到突发事件或危机，破裂的泡沫却可能触发经济的衰退。

过去，华尔街在选择投资标的的时候，往往会挑具有一定体量和流动性好的公司，而将不符合条件的公司筛选出去。这样，剩下的就是尚没有暴露出显而易见的极大问题的"独角兽"，它们会持续得到资本的青睐。经过多年的经济政策刺激，美联储和各国央行都在释放流动性，进而推高资产价格。市场被不断注水的结果就是让投资人和企业都暴露在更高的风险之下。就像人的大脑原本有风险监测机制一样，一些投资人也有监测机制，但在多年不断的经济政策刺激之下，虽然不会完全关掉，但至少被麻痹了，大家好像都忘记了风险的存在。当泡沫挤碎，全球疫情或自然灾害来袭的时候，那些深埋的"炸弹"会被不断冲刷出来并被引爆。

公司治理中存在如此明显的缺陷，一旦暴露会导致公司突然贬值。最后总要有人承担所有的损失，承担者不是经营者就是股东。如今，许多打着高科技旗号的年轻创业者的目标就是上市圈钱，这与乔布斯时代的硅谷创业者的发心完全不同。然而，如果美国股市不再信任这些"独角兽"，那创业公司将失去资本来源。它们会很难说服客户、投资人和潜在的员工与他们合作。他们的企业甚至会遭受更加严格的管制。

频发的企业诚信问题，与互联网时代资本过剩和市场缺乏高价值企业有关系，也与金融资本运作和实体服务经营脱节有关系，但更根本的原因是货币幻觉的失控和企业家精神的衰落。私募股权和风险投资中有越来越多的金融巨鳄加入，其目标是寻找大型市场，然后将资本全投到该市场中的一个创业企业中。该企业一开始会低估价值，在金融弹药支持下击垮其他竞争对手，之后通过幸存形成垄断来拉高估值获利。

如今不仅是美国的卖空公司和律师事务所，还有美国证券交易委员会，都越来越多地关注那些具有"吸引眼球的估值"、管理有问题以及缺乏透明度的高风险科技创业公司。那些被誉为"独角兽"的创业公司凭借一个故事就能轻松地筹到资金，这并不意味着他们的经营业绩更高，而实际上是由于金融市场上的投机资本实在过多。

随着互联网概念的新创企业数量高速增长，多个国家主权财富基金和中东及亚洲的国家支持的投资人都提高了对科技企业的持股比例。最大的风险投资公司之一软银，创建了一个 1 000 亿美元的科技基金和沙特阿拉伯的公共投资基金。财富 500 强公司也急于将钱扔给创新者。

软银公司投资的共享办公空间领域的独角兽企业 WeWork 于 2019 年上市失败，这一结果基本宣布了靠"赔钱吸粉"和垄断资本驱动的创业模式难以为继。

曾经估值 500 亿美金而且粉丝众多的 WeWork 公司，花费巨资在全球各大城市的商务区收购商业物业，然后重新装修，将其改造为共享办公空间，再以低价甚至是补贴的方式租赁给客户。WeWork 的策略是通过以较低的价格提供更高质量的服务来压低竞争对手的市场占有率和估值，继而垄断整个联合办公行业。

这一策略若要实现，必须吸纳巨额资本，在 WeWork 的几轮"投资"中，软银以更高的估值购买了更多的股票。表面上 WeWork 变得更有价值，因为软银表示它更有价值，并以更高的价格购买了股票。由于这些股票没有面向公开市场，因此股票的定价完全是任意的。然后，WeWork 用这笔现金压低竞争对手的价格，这样一旦它在房地产转租业务中拥有强大的市场地位之后便能够获利。

WeWork 仅在 2019 年第三季度就亏损了 12.5 亿美元，12 000 多名员工面临裁员的处境。创始人诺伊曼在 9 月辞去首席执行官一职后，同意放弃对 WeWork 的控制权，获得价值约 10 亿美元的退出补偿。

由于上市申报时需要披露企业详细的信息，投资人才意识到 WeWork 是高科技伪装下的房地产公司。尽管其客户通常从事技术工作，但这并不能使 WeWork 真正成为高科技公司。这种估值差异导致其估值出现重大扭曲，因为 WeWork 没有核心科技知识产权，自然也就无法获得高科技公司的利润率。与高科技公司 Facebook 的毛利率在 80%～90% 不同，WeWork 只有靠急速扩张的规模经济去占领毛利率通常只有 15% 的商业租赁市场。但是该公司实际上是在奢华地浪费而不是在控制成本。

这种策略实质上是"掠夺性定价"。掠夺性定价的作用只是获得资本以赢得竞争，而不是实现产品和服务的创新价值。它会导致产业界出现"假作真时真亦假"和"劣币驱逐良币"的现象。因为如果企业能以更便宜的价格伪造某种商品，那么伪造品最终将占领整个市场并驱逐真正的好商品。然而资本必定要寻求在市场中退出，所以无休止的亏损和伪造的财务报表一旦暴露在公众的放大镜下，估值游戏就难以玩下去了。

○ 数字鸿沟加剧社会分裂

尽管互联网和数字经济在不断创新和发展，但现实的情况却是世界各国在数字经济方面的差距在不断加大。引领数字经济发展的企业和数字基础设施几乎集中在美国和中国。

虽然数字经济发展迅猛，但世界上仍然有很多人还无法使用互联网，人们对数字鸿沟的担忧加剧。2020年全球智能手机用户数为35亿[1]，在全球230多个国家中，仍然有一半以上人口（41亿）没有被移动互联网服务覆盖。数字经济发展已经出现了贫富分化的情况，数字鸿沟和资本数字化让巨大财富集中在个别人、少数企业和发达国家，而将相对多的劳动人口、老年人和儿童挡在了经济体系的健康发展之外。

数字化时代，人类的工作产生了巨大变化，全世界劳动力市场的格局是"三分天下"，三者分别是蓝领、金领和红领。全球蓝领从事重复性体力工作，如简单加工，人工组装；金领从事创造性的脑力工作，如研发设计、供应链管理、金融等创造性的工作；红领是自动化和人工智能的机器，它们取代了人的工作。发展中国家凭借劳动力比较优势大量占据了蓝领密集的产业，发达国家大量占据了金领众多的产业。而人工智能、自动控制和自动化的机器人等红领，正在快速占领更多的就业市场。随着数字化的推进，不但蓝领工作岗位正在快速消失，而且其家庭成员受教育和获得数字资产的机会也变得更少了。这又进一步形成了数字鸿沟，加剧了社会分裂。

全球不平衡的数字经济增长速度正在阻碍贫困国家的经济发展。2020年到2021年，由于贸易战和全球疫情连带的经济危机的影响，发展中国家劳动者的中度或极端贫困的状况预计将会加剧，增大了2030年消除各地贫困的可持续发展目标实现的障碍。强化贸易限制和保护主义将直接或间接地对就业产生重大影响。《全球就业和社会趋势报告》表明，劳动力供求之间的错位不仅导致更多的失业现象出现，还同时导致更严重和更广泛的劳动力利用不足的问题。全球除了1.88亿人失业之外，还有1.65亿人没有薪酬足够的计薪工作，1.2亿人要么放弃积极寻找工作，要么缺乏进入劳动力市场的机会。这些全部加起来，全世界共有超过4.7亿人受到影响。目前，国际劳工组织统计的贫困劳动者（按购买力平价计算，每天收入低于3.20美元）涉及6.3亿工人，占全球工作人口的1/5[2]。由性别、年龄和地理位置界定的其他重大不平等仍然是当前劳动力市场的顽症，限制了个人机会和总体经济的增长。特别令人震惊的是，全球有2.67亿年轻人（15～24岁）未能就业，也缺乏教育或培训机会，还有更多的人忍受

---

[1] https://www.statista.com/statistics/330695/number-of-smartphone-users-worldwide/.
[2] https://news.un.org/zh/story/2020/01/1049551.

着不合标准的工作条件。

数字鸿沟在中国依然存在,据中国互联网络信息中心统计,截至2019年6月,中国互联网普及率是61.2%。在8.54亿的庞大网民队伍中,有2.25亿农村网民;截至2019年10月,中国行政村通光纤、通4G的比例双双超过98%;在线教育的用户则是2.32亿。中国有1.7亿离乡外出的农民工,随之而来的"留守儿童"的教育是很大问题。由于中国发展的不平衡,在边远贫困的地区和家庭,有一些孩子因为缺少相应的上网条件和硬件设施,而为上网课负担着不能承受之重。

数字鸿沟造成金融服务的缺失,进而产生财富的不平等。随着移动支付和非现金支付的普及,习惯现金支付的老年人因为不少场合使用现金不便甚至出现拒收现金的情况,反而享受不到数字金融的服务。金融业现金净投放数量每年大幅消减。丹麦政府甚至计划废除商店接受物理现金的法律规定,服装店、餐馆以及加油站等将逐渐进入无现金时代。而中国65岁以上的老年人口大概有1.4亿人,且人数越来越多,这些群体中的不少人没有移动支付方式或者信用卡,他们会非常不方便。

数字转型不会以相同的速度在所有国家、企业和家庭发生,这会造成机会的不平等。基础信息设施之间的差距和数字化鸿沟意味着经济发展会错过充分发挥利用人才与劳动力的时机。让每个人都能以合理的价格利用数字工具,并掌握数字世界中的生存技能,这无疑是一项巨大的挑战。然而,政府在解决数字化鸿沟与经济机会不平等方面面临着各种体制限制。

随着科技企业创新加速,数字化将渗透到人类生活的方方面面。然而在巨大的"数字金矿"的开掘过程中,我们千万不要忽视数字鸿沟造成的社会分裂。

第二篇

进化

价值互联网兴起

科学在混乱中发现秩序，商业在平凡中创造价值。

——本书作者

第 5 章　科学的跨界革命

○ 宇宙整体论引发量子革命

失控的世界秩序使人类对现存世界的认识和认识世界的方式提出了质疑。① 人类最可怕的并不是在巨大的危机中显得应对失策和经验不足，而是不知道自己不知道的是什么。经济系统运行在一个遍布全球的信息互联网上，系统的紊乱和如海啸般袭来的社会心理动荡将原有的治理结构摧毁破坏了。②

冰冻三尺非一日之寒，百年一遇的全球经济危机之所以产生，不仅是由于疫情的失控，更重要的是由于曾经一直对知识和金钱充满自信的人们突然意识到自己的认知非常有限。原有的认知和经验不断被事实所证伪，疑惑和盲目引起了群体的慌乱、冲突和破坏。经济危机带来对价值体系和生活体系无序的、慌乱中的破坏，与正常经济的创新带来的破坏有着本质上的不同。③ 因为它不但伤害了个体身心健康，感染了群体社会心理，而且在人心中制造了深刻的怀疑和恐惧。伴随着社会慌乱和经济破坏的，还有数百年间学者们费心构筑的理论大厦的动摇。人们越来越觉得试图用更复杂的理论来解释已经复杂的社会现象是行不通的，因为多个学科的理论大厦的基础已经被撼动。

面对远超乎预期的经济危机、医疗危机、环境危机和文明危机，人们意识到从各个独立学科进行盲人摸象式的研究和邯郸学步式的学习已经难以为继，自然科学、计算科学、经济学

---

① （美）托马斯·库恩. 科学革命的结构. 北京：北京大学出版社，2012.
② 同上.
③ 同上.

的认知都在经历着质疑和挑战。人们对世界的认识，对互联网的认识，对自我的认识，都正在经历前所未有的范式改变。一场新世纪科学的跨界革命正在发生。

自然科学认知正在经历重大的分野。现实的本质是什么？世界是由分开的粒子组合在一起的吗？人的意识又是什么？人们认识自然世界主要有两种思维方式：一种是宇宙原子论，将自然宇宙理解为由分开的遵循物理学规律的物质粒子组合而成；一种是宇宙整体论，将自然宇宙理解为系统有序的多维整体。西方德谟克里特唯物思想接近原子论思想。东方道家思想和佛家思想接近整体论的思想。

从牛顿发表《自然定律》并确立力学的万有引力和力学三大定律开始，原子论得以复兴流行。近四百年间，宇宙原子论就以科学的名义成为人类对自然世界主要的认识，这种理论甚至统治了整个科学界。机械唯物主义的世界观和哲学的基础主要是原子论。因为这种世界观基于人们对日常世界中熟悉物体的直观认知，很容易得出简单答案。根据这种观点，世界基本上是由物质构成的，物质本身最终被分解为不可穿透、可移动、独立但能够因果相互作用的"粒子"（这很像微小的乐高积木）。所有物质都是由粒子组成的，小粒子以永续运动的方式运动，在彼此相隔很近的距离时相互吸引，但相互挤压时会彼此排斥。物质不但形成物质，而且通过生物的神经系统决定感觉。① 包括人们的意识和思想在内的整个宇宙，都是由粒子组装成的"乐高世界"。

直至以爱因斯坦的理论为代表的相对论体系和现代量子科学的发展，以及光速恒定不变的物理实验和时间相对性的思想实验，都发现了传统牛顿力学理论和原子论的缺陷。爱因斯坦发现，质量实际上只是相对不变的，因为它的变化只能在牛顿域中被忽略。因此，爱因斯坦以前所未有的方式提出了一种全新的质量和能量概念。他还从科学层面摆脱了绝对时空的概念。然而爱因斯坦在晚年陷入了对量子不确定性的困惑中。他曾经感慨道："量子力学的确雄伟壮丽，然而内心却告诉我，它还不是那回事。这理论说了很多，却没引领我们更接近'上帝'的秘密。无论如何，我深信上帝不掷骰子。"②

近三十年，以量子物理学家和哲学家戴维·玻姆（David Bohm）为代表的整体论引发了新的量子革命，彻底打破了以前的原子论的科学范式，甚至解决

---

① （美）戴维·玻姆.整体性与隐缠序：卷展中的宇宙与意识.上海：上海科技教育出版社，2004.
② 上海交通大学钱学森研究中心.智慧的钥匙——钱学森论系统科学.上海：上海交通大学出版社，2015.

了爱因斯坦疑惑的量子不确定性的问题。人类对自然世界的认知正在发生深刻的变化。这种变化揭示出今天包括网络、经济和社会的危机与乱象的本源。

在爱因斯坦提出相对论以前，科学界被物质原子论所主导，曾尝试研究宇宙的绝对基本物质，有时会诉诸以太的概念，例如，据说光需要以太物质才能传播。但爱因斯坦认为，宇宙的实质是各个方面之间的关系而不是物质实体。爱因斯坦强迫科学界重新思考关于绝对时间和空间的普遍科学概念。

可是在玻姆之前的几百年的时间里，机械原子观点或局部观点，都受到了科学界的广泛支持。基于物质不可渗透性的纯机械接触相互作用是过去人们解释自然世界的"黄金标准"，机械唯物主义的观念因为距离人们的经验很近，所以易于被理解和接受。当遇到问题时，人们的自然本能是将其拆开并"看看它是如何工作的"。毫无疑问，这是有用的认知方法。通过理解各部分的性质以及其相互作用，就可理解整体事物。通过这种局部分解的方法，从机器到零部件，从化合物到分子成分，从生物到DNA，从公司到部门，分解还原成了普遍的认知方法和思考常识。

玻姆提醒人们，量子纠缠现象要求人们以一种崭新的方式思考，最终必须放弃分解还原的概念和机械原子论的观念。整体论的主要主张是整体先于部分，或者比部分更基础，不是部件构造了整体，而是部件从不可分割的整体派生。空间和时间实际上来自更深层次的客观现实。每一个时空元素上，整个宇宙都被创造它的秩序隐缠卷入其中。在隐缠序中，所有事物都连接在一起。任何单个元素都可以揭示有关宇宙中每个其他元素的信息。玻姆认为，"空间不是空的。它是饱满的，是通风系统，而不是真空，是一切事物，包括我们自己的存在的基础。宇宙与这片宇宙的能量之海没有分离。"[1] 用一个从高维空间到低维空间的投影来类比，每个存在的"能量粒子（量子）"是"高维"现实的投影，而不是与其他粒子一起存在于共同的三维空间中的单独粒子。由于每个纠缠的量子都是单个包含更高维整体的投影，因此量子属性相互关联也就不足为奇了。

戴维·玻姆思想的影响力远远超出了物理学范畴，并涵盖了生物学、心理学、哲学、宗教、艺术以及社会的未来。他针对许多不同问题采取创新方法的基本思想是，在可见的、有形的世界之外，存在着更深层次的、含蓄的、不可分割的整体性。[2] 玻姆对相对论思想的领悟甚至比爱因斯坦更深刻，因为他从哲学的

---

[1] （美）戴维·玻姆. 整体性与隐缠序：卷展中的宇宙与意识. 上海：上海科技教育出版社，2004.
[2] 同上。

层面提出了世界整体性，预示着世界观和哲学的观点发生了同样重大的转变。宇宙是"不可分割"的整体，整个宇宙（及其所有"粒子"，包括构成人类和其实验室、观测仪器等的"粒子"）必须被理解为一个不可分割的整体，其中对独立存在的各个部分的分析不是本质。这也揭示了量子实验当中的不确定或测不准原理，因为作为测量者的人和被测量的局部都是不可分割的整体。

整体性的世界中，不同粒子之间的关系不是物质刚体之间的三维空间关系，而是多维的有序关系。玻姆看到物质在现实的更高维度中被包裹和展开，他称这种隐含的秩序为"隐缠序"。量子科学凭借其对纠缠的发现和实验验证，复兴了普遍的整体论认识。我们并不是不生活在一个"乐高世界"中。物理性质的普通的感知，如坚硬、庞大和充满空间等，是一种三维世界的不完整体验。

从还原论和分析论的角度看世界，一切物质可被分解为分子、原子、电子、夸克。然而从整体论角度来解释，宇宙不是三维的，而至少是十维的。20 世纪 60 年代开始，物理学家们发现了很多新粒子，这些粒子需要额外的维度来解释其强作用力和弱作用力。加布里埃尔·韦尼齐亚诺（Gabriele Veneziano）创立了弦理论，将"弦"看作物质组成的最基本单元，所有的粒子如电子、光子、中微子和夸克等，都是弦的不同振动激发态，以代替经典物理学模式中的基本粒子。丘成桐[①]用数学证明宇宙不仅超出我们能看见的范围，而且很可能还有比我们熟悉的三维更多的维度，这印证了多维空间的存在。弦需要在十维度中震动：三维是空间、一维是时间，另外六维则是"紧致空间"，具有超对称性，封闭而且具有真空重力。隐藏在有限和封闭的"紧致空间"中的维度如此之精微，以至于人们目前不能通过任何可感知的物理实验来对其进行探测，只能以纯粹的数学结构来加以理解。

多维宇宙的解释与实验中的量子现象是一致的。宇宙维度分层次，下面维度相距遥远的两个事物，实际上是更高维空间中一个点的两个投影。在高维当中它们是一体的，低维空间反映出一体两面和量子纠缠。比如在三维空间中，人们容易观测到分子碰撞，而在更高维度，存在的则是光子通信和量子纠缠。比量子更高维度、更微观的空间是具有能量的整体系统。人的意识和现实不会相互割裂，也是更高维整体的一个投影。人的身体也是整体系统。人的心理活动和生理运动都是能量整体系统的运动。随着这些假说不断得到实验证明，科

[①] （美）丘成桐（Shing-Tung Yau），（美）史蒂夫·纳迪斯（Steve Nadis）等. 大宇之形. 长沙：湖南科学技术出版社，2018.

学家开始认同多维宇宙的存在。这些科学和数学的进展对人们的世界观有什么影响？最显著的就是人们必须对事物的因果关系和信息本质进行重新认识。互联网信息和计算系统与人的意识和思维在多维空间是分层连接成为一体的（见图5-1）。

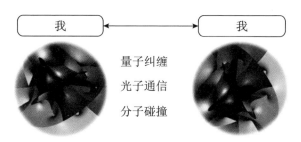

图5-1　互联网是多维度宇宙中的分层连接

以整体论的观念来看，世界上所有物质实际上都是通过信息起作用的，不仅是人的神经系统中的物质或细胞中工作的DNA物质，甚至连电子都是从空的空间中形成的，就像被更高维度的信息源所指导的那样。**信息遍布整个空间，心物相互融汇，思想、情感、信息和物质之间的尖锐分界消失了**。在平常的经历中，人会将思想和情感渗透到体内的物质运动中。同时，物质在体内的运动引起了人的情绪和思维的产生。思想也会直接影响不与人的身体接触的物质，或者直接通过信息作用于物质。如果存在世界的整个基础都被"空"包围，一切物质都从这个"空"中出来，包括我们自己，我们的大脑，我们的思想……那么信息可能会逐渐渗入"空"之中，继而物质开始出现，我们可以说物质总是根据它所拥有的任何信息而形成，因此思想过程可能会改变该信息的内容。[①]

整体论和量子科学改变了人对事物因果关系的认识，区分了主动信息与被动信息。量子纠缠和波函数的发现让科学家从根本上质疑物质的概念。在量子科学观念下，纯物质粒子并不存在，世界是一种整体关系的表达。当世界变得非物质化时，现实被视为一个整体，事物不是由其组成对象而是由整体世界来决定其因果变化的。[②]高维度对低维度的作用是"主动信息（Active Information）"，同维度之间的作用是"被动信息（Pasive Information）"。

主动信息不是局部的，而是遍及宇宙整体的。**主动信息让高维世界以最小作用的能量引导低维世界更大的能量**。例如，量子场的状态承载着有关粒子环境的信息，实际上，更高维度以主动信息通知或将这种形式转化为粒子的能量。

[①]　（美）戴维·玻姆.整体性与隐缠序：卷展中的宇宙与意识.上海：上海科技教育出版社，2004.
[②]　同上。

较高维度包含有关较低维度的信息，一旦该信息在更高层次上的含义被理解和展开，则较低维度信息被组织起来形成信息活动。因此，高维度世界是"主动信息池"。被动信息是相同维度粒子之间的互动和运动。例如：香农信息是根据发送者和接受者传递的电子比特进行量化的，每个比特都可能具有 0 和 1 两种状态，这是典型的被动信息。电子及其量子场的情况在某种程度上类似于由 GPS 定位引导的自动驾驶船。GPS 卫星信号不是在直接推动和拉动船舶，但其指令会明确有关船舶位置和所处环境的信息，然后该指令会引导船舶以更大的能量运动。而船舶内发动机和启动开关的电信号是同维度的被动信息。生物中的 DNA 也是主动信息，可指导细胞中发生的各种生物学过程。人的意识操控神经进而使身体出现反应，也是一个逆向的多维度层次间的主动信息，例如曹操肉眼看到刘备写的战书，继而心情动荡。

主动信息原理实际上开辟了一种从量子到人类主观体验来思考心与物之间关系的新方法。精神和身体之间的双向运动是多个维度的主动信息传递。原子论和还原论认为意识和现实相互割裂，而整体论认为人的愿景和现实通过主动信息联系起来。整体论是一种将心理世界与物理世界结合起来的观点，认为事实上不存在绝对的物质和精神分隔，因而物质和精神分离的二元论不攻自破。①因此，量子科学的思想与中国传统的"天人合一"与"心物一体"的思想是相通的。也就是说，"相由心生""因缘和合"的理论是有科学依据的。如果意识和现实都是整体的运动，那么主动信息和人的心理状态之间一定存在联系。人们的心理拥有主动信息所必需的内在语义，意识通过多个维度的主动信息作用于现实。

整体论和量子科学也促进了量子计算技术的发展②，并正在改写计算机历史。从整体论认知出发，物质就是信息。物理世界的所有单元，在最根本、最基础的意义上，具有非物质的来源和解释。③波函数就是量子实在与量子信息的统一。我们的自然界既是一个实在世界，又是一个信息世界，即世界是实在与信息的统一。

量子信息就是量子事态及其关联方式的显示。量子的不确定性受制于更高维度确定性的主动信息。传统计算机的基本单元是比特（bit），指的是一个体

---

① （美）戴维·玻姆. 整体性与隐缠序：卷展中的宇宙与意识. 上海：上海科技教育出版社，2004.
② Quantum Information Theory, http://www.theory.caltech.edu/people/preskill/ph229/notes/chap5.pdf.
③ 同①.

系有且仅有两个可能的状态，往往用 0 和 1 来表示。而量子计算机的基本单元是量子比特（Quantum bit，缩写为"qubit"或"qbit"），指的是一个体系可以有两个状态以及它们的任何叠加态。

在量子系统中存在"归一"性（Unitary）。尽管各种状态叠加，但是其在更高维度遵守的是对量子系统允许的变化的一种限制，我们可以简单理解它确保任何事件在整体宇宙当中不会消失，所有可能结果的概率总和都等于 1。由于是主动信息，因而量子纠缠态遵从更高维度的归一法则，主动信息由二维矩阵的酉（Unitray）变换计算得出，这与香农信息熵的一维信道有限符号出现经典概率的计算不同。

量子计算机能以归一性同时处理计算问题。对比电子计算机和量子计算机，二者之间大相径庭。电子计算机基于被动信息，以香农信息熵的单元比特表达，以半导体器件处理，以电磁波频率传递被动信息，以存储器保存被动信息，电子计算机速度达到微波电磁波频率（Ghz，十亿次/秒）级别。量子计算机基于主动信息，以归一酉表达，以量子波器件处理，以叠加态生成主动信息，以量子纠缠对存贮主动信息，量子计算机速度达到光波频率（Phz，千万亿次/秒）级别（见图 5-2）。这个速度已经接近了人的意识思维的速度。量子计算机的超级计算速度将对一个 $N=129$ 位的大数进行分解。这项分解，在 1994 年由 1 600 台电子计算机同时工作，历时 8 个月才成功完成，如果由一个具有 2 000 个 qubit 的量子计算机来进行分解，那么只要 1 秒时间即可成功完成。

2019 年，《自然》杂志报道了 Nasa 服务器上的一篇论文，该论文证明 Google 的 Sycamore 量子计算机有 54 个超导量子位量子处理器，能够仅用 3 分钟 20 秒就完成随机取样的计算操作，尽管实验中由于无法正常工作而不得不关闭其中一个量子位。在此之前，世界上最强大的超级计算机 IBM 的 Summit 如果做这个计算要花费大约一万年。由此可见，一旦实用化的量子计算机出现，那么互联网上通用的计算机 RSA 加密算法将很容易被破解，现有的密码系统的安全性也就成了问题。

尽管信息互联网已成为人们日常生活中不可或缺的一部分，但它仍然存在许多缺点，其中最重要的一点是可以拦截通信并窃取信息。但是，如果互联网获得了传输量子信息（量子位）的能力，则可以解决许多安全问题。尽管距离功能量子计算机作为通过量子通信通道连接的节点的成熟的量子互联网还有相当长一段路要走，但量子通讯的基础研究已经取得了重大突破。量子互联网最著名的应用是量子密钥分发，它使两个远程网络节点可以建立一个加密密钥，其安全性仅取决于量子力学定律。这一点是经典互联网无法实现的。而且，量子互联网还有许多其他应用带来的优势是传统网络无法实现的，包括对远程量子计算机的安全访问，更精确的时钟同步以及科学计算应用等，例如组合来自遥远望远镜的光以改善观测结果。

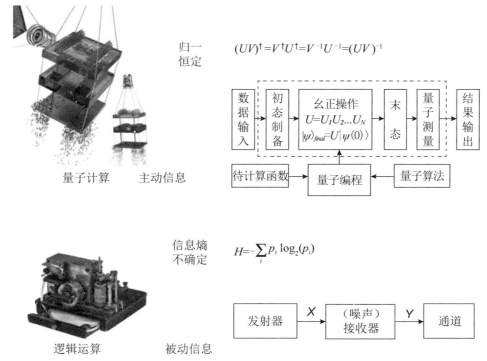

图 5-2　量子计算与逻辑运算有不同的基础原理

量子计算解决信息互联网的安全通讯问题，依靠的是不可篡改的量子密钥传输。如果两个纠缠的量子位在地理位置上是分开的（例如一个是北京的量子位，另一个是纽约的量子位），则对这两个量子位的测量将得出相同的结果，如果被窃听或者篡改则立刻会被发现。这将实现最终的秘密通信，由此产生的编码和解码消息的能力将是量子互联网最强大的功能之一。这些高级密码机制对金融和商业来说至关重要，因为量子互联网将使在线交易的私密性增强，在交易中使用的资金更可靠。量子互联网中的设备本质上不必完全是量子的，网络通信协议也不需要大型量子机器来处理。量子互联网的建设并不意味着要抛弃现有的经典互联网的光纤、数据中心和基站的当前基础架构，而是要更充分地利用现有的经典互联网,实现通信的安全可信,并让经典互联网根本无法实现的应用成为可能。

量子技术是未来互联网的基础性关键技术。量子互联网的愿景是通过实现地球上任意两点之间的量子通信来提供根本的新的互联网技术。这样的量子互联网将与我们今天拥有的经典信息互联网协同作用,连接量子信息处理器,以使更高维的智能计算得以成为现实。使量子互联网成为现实,面临着艰巨的实验挑战,在进行科研工作的同时,未来的领先科技企业必须设计和支持更简单有效的下一代互联网的协议标准。

建立和扩展量子互联网是一项艰巨的工作,需要在物理学、计算机科学和工程学方面持续而协调地努力,才能取得成功。国际科学界和产业界必须开展跨学科交流,讨论形成最有效的协议和公共标准。打造完全安全可信和超高速计算的量子互联网,的确是让人振奋的互联网发展方向。在未来十年,我们很可能会看到第一个商用多节点量子互联网的诞生。

○ 智能计算与脑科学突破

量子革命引起了计算科学的深刻变化。量子计算不但改变了计算机体系的基础结构,更为人工智能和脑科学的突破带来了新希望,这在未来将引发新一波的产业革命。在这次产业革命中,量子计算和脑科学的结合才是新一代人工智能技术的关键。

尽管人工智能 AI 在过去的十年中实现了识别大型复杂数据集中模式的能力,但它依赖的主要是计算机速度和存储量的显著提升,而不是对人类智慧原理理解的突破。电子计算机实现的人工智能系统更适合叫"智能计算机",因为它其实只是显得"智能"的计算机。由于人们的经验反射容易使人产生货币幻,也容易使人产生"机器崇拜"。所以,人在和智能计算机的交互中,可能会感觉到机器本身有智能,甚至可能产生机器超过人类的灵魂附身的错觉。

人工智能的效果在很大程度上归功于功能更强大的处理器的出现以及不断增长的机器训练数据量[①]。当前的大多数 AI 都是通过使用人工神经网络来实现的。这些网络由类似于神经元的节点层组成。输入层中的节点通过一系列数学

---

① Nature 571,S15-S17(2019)doi: 10.1038 / d41586-019-02212-4.

权重连接到隐藏层中的节点，这些权重的作用类似于神经元之间的突触。隐藏层类似地连接到输出层。

当人注视着一朵花时，视网膜收集的信息被传输到大脑的丘脑，之后信息依次通过大脑皮层的多个神经元网络区域。每个层次级别的神经网络，都会处理花图像的不同特征，于是人将图像中的特征识别为记忆中的一种花，所有这些操作都在三分之一秒内发生。人工深层学习网络以模拟神经元网络的方式运行。就像神经元一样，人工深度网络单元之间的连接强度也会改变。使用的一组连接神经元越多，路径就越强。使用的次数越少，它变得越弱。在大脑中，识别强度的变化是由于被称为"可塑性"的过程的发生而发生的。可塑性是大脑适应或响应反复刺激的能力，是学习的基础。

诸如花的识别之类的任务的输入数据可以是一组数字，这些数字描述花的图像中每个像素从白色到黑色的刻度，或者是红色、黄色，还是蓝色。系统输入数据，网络处理输入的图像（即花的图片）后，将检查其输出，如果输出有误（例如未识别到花），则将重新调整连接，以便下次更好地认出花。如果对深度学习网络进行足够数量的图像训练，则即使面对的是从未见过的图像，它也能学会识别出花。为了训练系统产生正确的答案，将该输出与输入完全匹配时的输出进行比较，并使用差值来调整节点之间的权重。这些训练数据的标注和权重调整，常常是依靠人工编程算法来实现的。为了提高识别率，深度神经网络具有许多隐藏层，还可以通过调整单元之间的连接强度来学习。

人工神经网络只是对大脑工作原理的粗略模拟，还远远达不到近似于大脑的程度。例如，算法以矩阵中的数字来模拟突触，实际上大脑是复杂的生物系统，单是大脑皮层就有千亿级别的多层神经元，而且我们对其中的电化学运动以及神经元互动过程了解甚少。神经科学家仍然不完全了解我们的大脑如何处理我们获取的所有信息或决定学习什么重要的知识。

事实上，在简单的、可能性有限的任务上，例如下围棋（有限的棋盘）或图像识别（有限分辨率），计算机深层学习网络已经可以与人类的水平相当，甚至胜过人类。然而在开放可能性的复杂任务上，AI 要能够产生人类智能，则难度要大得多。"人工智能"表面意思让人感觉似乎人工能创造出"智能"，但其实现有的计算机体系充其量是实现了对人脑的初级模拟，距离真正意义上的智能还很远。

**从量子计算和整体论的角度，可以理解为什么电子计算机很难真正实现与人类相匹配的智能。因为"电路型"计算机处理的是二进制的被动信息，系统不具备跨维度的抽象能力和综合能力。电子计算机使用的是有限符号形式系统，或者说计算机自己不会创造语言。一个形式系统的定义是包含一组特定公理集合以及符号变换规则（或者是推导规则）的演绎工具。哥德尔在1931年提出并从数学上证明了不完全性定理，即"任何一个形式系统，只要包括了简单的初等数论描述，而且是自洽的，那么它必定包含某些系统内所允许的方法既不能证明真也不能证伪的命题。"简单地讲，就是电子计算机不会意识到自己判断的对错，它只能做形式逻辑，不会辩证逻辑。

另一个原因是由于制造工艺的限制、计算机摩尔定律以及接近极限，其计算速度被限制在 Ghz 区间。1945年冯·诺依曼的论文设计了"电路型"计算机体系结构，包括中央处理器（包括控制单元、算法逻辑单元）、内存单元、输入设备和输出设备几个部分。尽管现今的电子计算机处理速度和内存容量已经远远超过当初的计算机，然而其结构依然是"电路型"计算机体系结构。中央处理器尺寸越来越小，例如，2018年IBM实验室造出了尺寸为5nm的芯片，实现了在指甲盖大小的芯片中集成300亿颗晶体管。由于晶体管密度过高，所以高频计算发热问题难以解决，其工艺已经接近低维时空物理极限（见图5-3）。

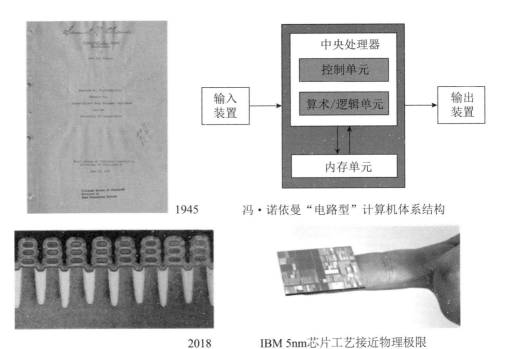

1945　　　冯·诺依曼"电路型"计算机体系结构

2018　　　IBM 5nm芯片工艺接近物理极限

图5-3　电子计算机发展到接近工艺物理极限

既然AI神经网络算法通过电子计算机模拟人脑以实现智能的方式遇到瓶颈，那么换一个角度，以电子计算机直接和人脑互动，是否可行？量子计算和脑科学的结合才是新一代人工智能技术的关键。智能计算和脑科学的结合发现了一种将人的大脑活动可视化的方法，该方法可以模拟出脑中的真实图像，实时模拟人的实时观察。这种"读心术"系统被证明是可行的。

人的大脑不但有近千亿个神经元，而且还有多维度的复杂能量系统。近年来，脑科学研究对神经元构造以及神经元之间的连接和环路关系都有了更清晰的理解。然而，受限于测量仪器的精度，人们仍然没有看清全脑的本质构造。

2016年，美国情报系统下设的情报先进研究计划署（IARPA）已为一项类似的雄心勃勃的计划投资了1亿美元。皮层网络机器智能计划（MICrONS）旨在逆向建造$1mm^3$的大脑，研究大脑进行运算活动的方式，并将研究结果更好地应用于机器学习和人工智能计算领域。各个团队将尝试绘制一只啮齿类动物$1mm^3$大脑皮层的所有神经元。这类动物大脑皮层的神经元数量不足人类大脑皮层的百万分之一。具体做法是，当啮齿类动物在进行视觉感知或是完成学习任务时，记录及测量其大脑10万个神经元的活动和连接情况，采用纳米级分辨率的成像。清华大学的研究团队已经能够测量百万级的神经元。通过观测小鼠神经元，我们可以更加清晰地理解神经元底层的工作，包括轴突、树突等神经元子细胞的工作过程。

科学家发现，小鼠脑图中的神经网络与计算机模拟宇宙中的星系演化，有着惊人的相似。宇宙整体论在微观和宏观维度揭示出了相同的演化规律（见图5-4）。通过脑电图研究大脑意识和思维过程，就像通过分析星象图去构造宇宙起源演化过程一样神奇。这启发了人们以量子系统和主动信息观念去探究意识和大脑的多维度系统。

智能科学家和神经生物学家如果真正理解了大脑如何形成、处理主动信息和被动信息，那么开发由大脑控制的设备以及开创认知障碍治疗康复的方法就成为可能。美国硅谷和俄罗斯的高科技公司已经开发出脑机接口依靠人工神经网络和一种通过无创地放置在头皮上的电极来记录脑电波的技术。虽然精度还不高，然而通过分析大脑活动，该系统成功地实时重建了接受脑电图检查的人所看到的图像。经过机器学习的训练，该算法能够将脑图信号转换为类似于人所观察到的实际图像的图像。通过收集、对比瘫痪者和健全者的大脑活动的图像，能够识别神经元中与以特定方式移动手臂的尝试相对应的脑图信号，从而可以将指令反馈给假肢，让瘫痪者用想象和意念指挥肢体行动。

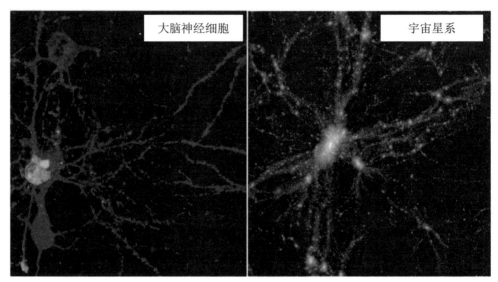

图 5-4　脑细胞神经网络图与宇宙星系模拟图惊人的相似

　　通过与斯坦福大学神经科学家卡尔·普里布拉姆（Karl Pribram）合作，玻姆参与了大脑功能完整模型的早期开发，该模型是人类认知模型，与传统公认的观念大不相同。根据量子数学原理和波型特征，大脑以类似于全息图的方式运行。玻姆研究了该理论后，发现大脑可被描述为全息存储网络，认知和记忆过程涉及大脑细纤维状树突状网中的电振荡，这与更常见的涉及轴突和突触的动作电位不同。可以用傅立叶变换方程来对其进行描述。这些大脑运行过程与全息图中的信息存储之间有相似之处，全息图也使用数学傅立叶变换。在全息图中，具有足够大小的全息图的任何部分都包含整个的存储信息。在这个理论中，在树状网络上类似地分布了一个长期存储器，因此树状网络的每个部分都包含整个网络上存储的所有信息。该模型考虑了人类意识的重要方面，包括快速关联的记忆。这种模式使大脑中存储的不同信息之间进行连接，并且记忆存储的神经元并不是在局部位置。

　　普里布拉姆和玻姆指出，光学全息图与人脑中的记忆存储之间有相似之处。这意味着即使大脑的大部分都被损坏，整个记忆也将包含在足够大小的局部剩余大脑中。根据完整的大脑理论，记忆存储在某些常规区域内，但不是局部存储在那些区域内。即使大脑受损，这也可以使大脑保持功能和记忆。只有当没有足够大的部分包含整个部分时，记忆才会丢失。这也可以解释为什么某些孩子的大脑大部分（有时是一半）被切除后仍能保持正常的智力。它还可以解释为什么将大脑切成不同的横截面时记忆不会丢失。

脑科学的实验证明了整体性确实存在。局部的系统蕴含着整体系统的全息信息，这一思想将改变人们进行认知处理和智能计算的方式。未来，量子计算和脑科学会紧密结合，以实现高分辨率和高精确度的意念重建。如果意念控制和思想读取的技术越来越成熟，那么人类将能够对其他人的意识和价值观直接实施大规模改造，这对整个人类社会和价值经济会产生全面的、根本的影响。

○ 价值相对论发现"货币锚"

智能计算与脑科学突破让人们重新认识人自身。人的大脑、意识与其行为结果，和整个宇宙有着不可分割的整体性。随着自然科学和计算科学对人的基本认识的深刻改变，人们意识到从价值观到社会关系都已不同以往，社会科学领域正在经历一系列天翻地覆的变化。在自然科学中，爱因斯坦推翻了传统的牛顿力学的理论大厦，他靠的不是蒸汽机，而是思想实验。在社会科学中，我们要推翻传统经济学的理论大厦，靠的不是计算机，而是思维实践。

旧有的经济学范式和经济社会模型被迫修正甚至被抛弃，经济系统新的货币锚正在被发现和铸造。稳定的货币供给可以消除造成企业系统重大失灵的宏观波动，这就是货币主义政策的本质。"锚"的本义是轮船停泊后用来固定自身方位的器具，这个巨大的叉形物扎入海中，能让轮船不随意漂泊。美联储在实行货币政策之前，也会制定一个"名义锚"，相当于通货膨胀或是货币供给的名义变量，它能够让货币政策都围绕着这个"名义锚"来实行，从而实现稳定市场价格的目标，使整体经济不会失去控制。钉着这个"锚"，以保证确立的名义变量在一个狭小的区间内活动，并促使实际物价水平达到设定的通货膨胀预期。"名义锚"可以被看成是一套行为准则，央行必须长期关注这样的行为准则，从而达到自己定下的目标。这能够让货币政策不会因为短期的需要而使得整体经济失去方向，到处漂泊。

是什么深层原因让承载美元霸权的经济巨轮失去"货币锚"，而不得不在经济的风暴中漂流？现实让我们质疑货币主义所依据的传统经济理论，其基本假设在新的经济社会是否依然存在？

经济学关注两个基本概念：价格和价值。一直以来，传统的经济模型通过对各种实体商品和法定货币价值衡量的统计数据来研究生产和服务的价值。货币的发行量，由中央银行依据市场物价和就业等主要经济指标进行不同周期的调节和配置。涉及美元发行的最重要决定，由美联储七名常任委员依据美国《联邦储备法案》讨论决定。然而，美联储不但成不了经济的"定海神针"，自身反而处在危局当中。

美联储一直在市场和政府的双重压力下面临两难困局。就算美联储将美国联邦基金利率降低，多出的钱银行也很少会贷款给企业，因为企业存在太多不确定性风险，这样一来，就形成了潜在的通胀爆炸物。一旦这些钱被触发，进入市场，通货膨胀率就会上升。如果美联储将美国联邦基金利率提升，那么鉴于美国未偿债务的规模，其财政赤字可能会变得相当严重。

新冠肺炎疫情和新一波经济危机的发生让美联储处于极其困难的境地。美国联邦政府的债务超支，平均每个纳税人负债 15 万美元。从政治上讲，这是没有办法削减的支出，政府也没有办法获得足够的所得税或公司税来弥补这一缺口。总统候选人不会将增加所得税作为自己的政策纲领。即使美国将所得税额增加一倍，赤字仍然会出现。美联储还要继续负责为政府的失控支出和无法控制的债务提供资金。

政府支出规模越大，经济增长就越少。在 1870—1910 年，欧洲或美国政府支出均未超过经济的 15%。现在，包括美国各州和市政当局在内的美国政府的支出约占国内生产总值（GDP）的 40%。在法国，政府支出占 GDP 的 57%。中央银行实际上在人为地降低利率，有意制造泡沫，而在泡沫中，多数人损失惨重，少数人赚了很多钱。

美联储降息灌水，宠坏了银行和投资机构。银行拥"钱"自重，认为如果倒闭，政府一定会救助，银行在自身监管方面非常失败，通常是因为举报人或黑天鹅事件，才引起它们的注意。银行疏于监督，导致本来拿不到贷款的人获得贷款。借债变得越来越容易。在努力工作和借钱炒股中，越来越多的美国人选择后者，这又进一步放大了货币幻觉并吹大了泡沫经济。整个美国经济的主体从债权人角色变成了债务人角色。在 2008—2009 年的金融危机中倒闭的雷曼兄弟等大型投资银行，需要纳税人的大举纾困。这些被宠坏了的胆大包天的银行以 50∶1 比例的杠杆进行金融操作，而后追责却不了了之。

从通货膨胀指标来看，美国经济稳定性确实提高了（见图 5-5）。然而这是以利率降到零为代价的,现今其经济政策可施展的空间已经所剩无几,美联储招数已经几乎用尽。美国的失业率和波动率不但没有减少,近 20 年甚至更大了(见图 5-6)。通货膨胀是以一篮子商品组合价格计算的,其中,中国工厂的廉价商品起到了不可忽视的作用。失业率是实实在在的经济损失,其中美联储的货币注水作用不小。甚至连美国的经济学家自己也怀疑美联储的"货币锚"还能坚持多久。

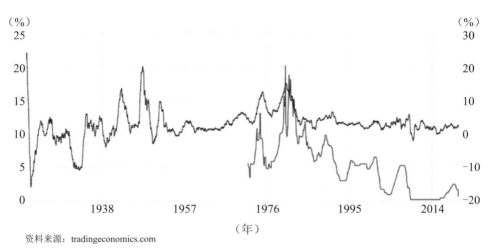

资料来源:tradingeconomics.com

图 5-5　近 100 年美国通货膨胀率和美国联邦基金利率

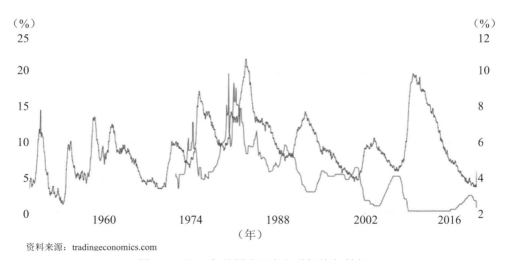

资料来源:tradingeconomics.com

图 5-6　近 80 年美国失业率和联邦基金利率

实体经济本身愈发动荡不定，同时互联网上创造的数字财富更是如潮水般袭来又退却，美联储和各国央行早就意识到自己很难跟踪经济中的实际货币数量，只能估算货币供应量，要预测和控制则更是不确定。这就像量子世界的"测不准原理"，因为测量者和事实对象本身就纠缠在一起。世界上许多事物被定义为"金钱"。纸币、金属硬币就是金钱，储蓄账户和支票账户代表直接和流动的货币余额。货币市场基金、短期票据和其他准备金也经常被计算在内。数字货币和互联网上的电子支付本质上也是广义的货币。

整个经济体系就像一个超级复杂的天气系统，经济时而过热，时而萧条。美联储就像是全球经济体系的"中央空调"，而"遥控器"却掌握在华尔街指定的银行家和经济学家手里。自己所在房间的舒适度和千里之外实现充分就业与防止通货膨胀的目标，哪个影响更大？更何况"中央空调"的"温度计"测不准，"遥控器"调控的是明年的"温度"。他们在按下政策利息按钮的时候，更依赖于历史经验和政治权力的平衡。

法定货币的本质是一种主权国家的股权，同时也是其中央银行功能的核心。就像公司增发股票会稀释股东权益一样，中央银行增发货币也会稀释成本，带来通货膨胀。货币经济理论认为，如果增加货币供应量而不增加产出，那么每单位货币价值就会减少，物价自然上涨。稳定的货币供给，可以消除造成企业系统重大失灵的宏观波动。这就是以美国为代表的国家所采取的货币主义政策的本质。

以格林斯潘为代表的经济学家使用的货币价值模型，存在着一个共同的经济学基本假设，即在商品交换的经济活动中，人的理性意味着人的自利性。在这样的假设中，每个人都必须信奉最大化自身经济价值和收益的原则，市场中的商品价格绝对能反映价值均衡的真实信息，而不受到操纵和改动。就像万有引力假设在牛顿力学中有着至高无上的地位一样，理性人经济学假设从亚当斯密的学说开始就是经济学的根本。基于理性人假设和价格不可操纵的经济学，其本质是一种"价值绝对论"，人的经济思维成为决定其行为的唯一原因，除此之外的因素都被当作市场的噪音过滤掉了。然而，价值绝对论对全球人类的跨组织合作共事与相互服务行为以及资本市场频发的价格操纵行为越来越缺乏解释力。

基于自利性假设的传统经济学可以追溯到两个方面的主要理论基础，一个是古典经济学的社会分工的效率、交换必要性、资本积累等基本命题，一个是作为边际效用理论和新古典经济学的基础的效用和价格的概念。边际效用价值论是在 19 世纪 70 年代初，由英国的杰文斯、奥地利的门格尔和法国的瓦尔拉斯提出的，后由奥地利的庞巴维克和维塞尔加以发展，成为经济学的价值理论之一。其特点是以效用解释价值形成过程，指出商品的价值是人对物品效用的感觉和评价；效用随着人们消费的某种商品的不断增加而递减；边际效用就是某物品一系列递减的效用中最后一个单位所具有的效用，即最小效用，它是衡量商品价值量的尺度。它还提出了市场价格论，指出市场价格是在竞争条件下，买卖双方对物品的评价彼此均衡的结果。商品经济中企业通过不同市场信息不对称来获得差价利益。

现有经济学教科书中广泛介绍马歇尔经济学方法论的主要特点之一便是引入了"边际增量"和"效用分析"。他认为考察经济现象时边际增量比总量更重要。因此，他运用边际增量分析来说明需求和供给，并将这一方法运用于他的整个理论。同样，边际效用论者也将均衡分析法引入了经济学。并以此作为其理论的一个重要基石，提出市场价格是在竞争条件下买卖双方对物品的主观评价彼此均衡的结果。

在此基础上，传统商品经济的理论得以衍伸和发展。被广泛接受的经济学范式基于理性人假设，认为"每一个人，每一个企业，每一个国家都必然追求其自身的利益的提高，与此同时，有意无意地牺牲他人利益"。相应地，经济行为基于各个主体之间的基本信息不对称，因此自利行为不但不应当被限制，而且应该被奖励和提倡，以保证整个组织或者社会的效用最大化。在此传统经济学范式之下，经典的供求关系所决定的价格模型的前提假设是完全竞争市场，而参与完全竞争市场交易的人们似乎常常面临着信任风险和道德风险。

传统的经济学模型认为，服务交易市场与商品交易市场的价格机制没有根本区别，都是由劳动力和专业化分工水平的供需决定的。这种模型只能是对经济现象的一种粗糙的模仿。在交易主体数量增多的情况下，供需定价的模型与现实市场价值的差距不断显现。典型的例子是通货膨胀统计误差引起货币政策理论失灵。

弗里德曼曾经强调，货币政策的影响是长期并且滞后的。如美国这种体量的经济体，其经济统计数据涉及千万种商品的数量和价格，无法做到及时地分析与反馈，货币政策的影响会存在一年以上的滞后性，两年才能对通货膨胀产生预期的影响。央行必须有一定的前瞻性，并且能够先发制人，这就是所谓的"隐性名义锚"，不直接公布，只在暗中计划。实事求是地讲，这会有很强的"赌博"的因素。

面对全球疫情这样的突发危机，经济信息与市场消费的数据不真实、不及时、不全面，"隐性名义锚"难以发挥作用甚至产生负作用。因此，**以特定国家区域法定货币价值作为"货币锚"，终将起不到对世界经济的稳定作用**。不同国家的生活习惯不同，自然条件和资源成本不同，其市场不同类型商品的价格差距大且不稳定，因而以与货币购买力挂钩的"一篮子商品价格"来反映"货币锚"的做法也是不可行的。全球供应链能够将美国的生活品价格维持在比较低的水平，因此，以简单的通货膨胀统计来衡量经济，就像用绳子测量太阳系行星的运转一样困难。

美国劳工部每月在统计消费者物价指数 CPI 时，是把一篮子商品和服务，比如食品、交通、医疗的价格，进行加权平均。计算的时候，会把每一种物品的价格变化记录下来，然后按预定的一篮子商品和服务的权重，去加以平均。CPI-U 是针对城市消费者的，这部分人数大约占美国人口的 89%，其中一部分 CPI-W 是针对城市劳工和低阶文秘人员的，这部分人数大约占美国人口的 28%。美国 CPI 中最大的一部分是住房价格（占 42%）。中国统计通货膨胀的 CPI 指数最大的部分是食品（占 26% 左右）。这种消费结构的差异和地域习惯的不同，会导致相当大的误差。CPI 当然更没有将股票价格飞涨和经济泡沫统计进去，令人疑惑的是，美联储对用于经济救助的几万亿美金去哪儿了似乎并不好奇。

货币政策理论面临着越来越多解释不清的经济现象。增加货币存量最终导致物价上涨的预测一直不准确。经济学家帕特里克·博尔顿指出了美国货币政策理论的问题[①]。在 20 世纪 60 年代，尽管货币存量大幅增加，GDP 高速增长，但从 CPI 指标来看，通胀并不严重，甚至有一段时期的消费者价格指数与货币存量的变化负相关。2008 年金融危机之后，2010 年 8 月美联储扩大其资产负债表导致货币存量急剧增加，美联储持有大量债券。尽管货币存量大幅增加，美联储资产负债表急剧扩张，但近 10 年大规模的通货膨胀并没有发生。在 1996 年以后，中国的货币存量非常惊人地每年增加 10%～20%，却没有发生通货膨胀，因为高投资促进了 GDP 的高速增长，也就增加了货币存量。根据货币数量理论，货币存量增加，产出保持不变，则物价必然上升。但如果货币存量增加，同时产出也增加，那么物价变动就难以预测。

---

① [美] 帕特里克·博尔顿. 货币主义的贫困. 比较，2020（1）.

货币经济理论的主要错误在于将美国这样的国家当成一个封闭的经济体，没有注意到美国与全球经济体系的融合度越来越高。同时美国的服务经济在其国民经济中的占比超过了80%，美国国内大量资产进行了证券化处理。各国增加的货币存量实际上大量进入了国际资本市场。日本货币存量的增长趋势与其海外资产积累的增长趋势是一致的。日本的经验就是通过积累海外资产来增加货币存量，从而为日本家庭带来更多财富。众所周知，日本在这一时期没有通货膨胀，反而有通货紧缩的趋势。也就是说，日本能够从世界各地积累大量资产，并在没有通货膨胀成本的情况下增加货币供应。瑞士的情况与日本类似，甚至有过之而无不及。瑞士的外汇储备近年占GDP的比例为120%。瑞士央行通过发行货币来增加货币存量，并以此获得外汇储备，其货币存量与外汇储备量同步增加，但并没有发生通货膨胀，所以瑞士几乎免费得到了占GDP总量120%的外汇储备。

传统商品经济学的二维供求曲线模型很难对市场价格进行精确及时的估算，替代性统计结果难免和实际经济运行分道扬镳。解决这个问题需要转变经济学观念。事实上，商品与服务都只是人与人之间一定的社会价值关系，价格仅仅是这种关系的一种外在标识与契约符号。随着互联网信息的获得与传输成本降低，基于时间的事物评价与测量的模型准确性提高，基于事实的真实数据能够打消人们的货币幻觉。

服务经济不同于工业商品经济，知识产权和无形资产本质上是互动心理活动，而非物质商品。今天美国服务业占GDP比例超过80%，中国服务业占GDP比例超过52%。互联网的广泛应用，产生了上亿人互动的大规模网络系统，其价值生成和互动事实特征与传统经济学所解释、预测的商品市场行为存在巨大差异。同时，越来越多的社会和自然科学领域的学者已经在各种组织层面上观察到了协同与合作现象。特别是2020年，全球各国和中国政府与民众联合抗击疫情，就是典型的协同合作。即使在资本化最充分的美国，传统商业和资本主义的自利观念也遇到了质疑和挑战。

关于心理学、脑科学和新型组织的研究发现，人的价值观念和行为方式是由复杂系统过程演化出来的。人们对过程的体验与对结果的占有，都是重要的心理状态变化。在现实中，人们的行为大多是未经理性逻辑推理的，尽管在不少理论经济学家看来这是"错误"的非理性行为。创新和合作是一种超越了自私和理性的创造和分享价值的过程，更接近宇宙整体性的本质。虽然社会互动的模式具有主观性和时间、空间的偶然性，但仍然存在一个基本的原则，为他人全心全意服务在不同宗教信仰与文化中始终且普遍被认为是优秀的道德品质。

同时，用传统的效用和价格理论来解释社会活动，已经受到了来自自然科学家和社会科学家的质疑。心理学家还发现了人们的实际决策普遍不遵从理性的现象，例如，当消费者感觉某一价格带来的是"损失"而不是"收益"时，他们对价格就非常敏感。这种"框架效应"代表了一个看似惊人的违反人类理性的经济准则，但我们却很难从生物学的角度对其进行解释。随着数字金融服务普及，年轻的消费者有了"享有"而不"占有"的理念，传统的对价格敏感的商品交易模式改变为对个性敏感的定制服务模式。越来越多的经济学家也开始认识到，不可能使用一个共同的效用函数来衡量不同的人的行为。

因此，**重新考虑社会中服务的本质特征对经济学的发展是十分必要的。这种反思会帮助我们确立新的理论基础并建立一个新的框架和规律体系，以识别服务和服务价值的因果效用和准确关系**。这一新的经济原理就是"价值相对论"。

价值相对论认为，人心之外并无价值，经济中一切价值都不是绝对的，而是相对于人而存在的。市场当中，人们产生货币幻觉，很容易将眼见为实的商品和价格看成是确实存在的，而将心心相印的服务与价值看成是虚幻的。传统经济学定义的使用价值涉及作为商品的物的自然属性或自然存在，而交换价值则涉及作为商品的物的社会属性和社会存在。这种绝对的二元观念将物和人割裂开来。正如本书第3章中提到的，马克思在其《资本论》中也发现了这个问题：价值交易在人们面前采取了物与物的关系的虚幻形式，就像在宗教世界的幻境中，人脑的产物表现为赋有生命的、彼此发生关系并同人发生关系的独立存在的东西。

人和物的价值是统一的。没有人权何来物权？物权就是人格本身的权利，合法的私有财产的神圣不可侵犯，实质上是所有人的人格神圣不可侵犯。法律保护合法的所有权，其最终目的是保护人的基本权利，维护人的尊严。物不仅仅是财产，它还体现了人的意志和各种潜力，人的所有特定品质在物上得到延伸和发展。自由意志、人、人格、物、占有与所有权的联系，通过所有权的转让，阐明契约是所有权的中介，物与物的交换，实质上是意志与意志的交换，契约使绝对独立的两个所有人达到意志统一。在这种意志统一中，契约须以当事人双方互相承认对方是所有人为前提，因此，契约是两个具有独立人格的所有人之间自由意志的合意。人的价值正是在契约中获得真正体现，所有权本质上是人与人之间对物的意志关系。所有人主张自己的合法的财产权不受侵犯，就是主张其人格尊严不可侵犯，放弃权利，就是放弃人格、放弃其自身。因此，人要享受生活与自由，必须为自己的权利而斗争，这不仅是所有人自己的义务，也是其对社会的义务。

对每个人来讲，最根本、最重要的占有是对独立生命的占有。在现实当中，道德因素、个体性格、文化传承等内生因素会影响人的决策行为，例如在这次新冠肺炎疫情中，不同国家受各自不同文化的影响，其行为和表现存在着巨大差异。传统经济学认为一个市场的人越多，专业分工越细，其效率越高。然而，这一假设推论与在许多发展中国家发现的人口数量和生产率之间存在负相关性的证据不一致。与商品市场不同，不少国家的服务市场人越多越混乱，效率也越低。忽视信息、文化与道德等社会因素对市场的系统性作用，则很难解释清楚这些现象。因此，非常有必要建立科学模型来澄清和解释社交网络服务经济因素和非经济因素的特点。

价值相对论关心的是，除了人的自利的因素之外，还有什么是影响人们交易与价值互动的关键因素。近年来，越来越多的社会科学家在研究服务的发生原因及其价值的决定因素时，强调作为关键变量的时间、地点和网络关系的重要性。许多生物、自然、社会和经济现象服从时空演化的对数周期性规律。经济学家现在不得不承认一个现实，即数字化和互联网已经改变了人们的交往方式与社会环境，同时也正在改变着社会价值体系。

互联网通过连接不同人群，进一步增加了价值的产生与交易机会，互动服务被普遍地符号化和数字化。人与人的互动服务，作为时间、价值交换的过程，是和心理活动密切相关的。由于无形的服务难以像有形的商品一般量化，因此难以形成科学规范化的价值评估模式。这正是数字经济当中的关键问题。

社会中服务交换和社交网络之间的关系受到多学科的关注，包括理论研究和实证研究都有诸多发现。与从理性和自私人的假设出发的传统经济学范式不同，服务的发生过程中，各利益相关方之间的行为合作与主动信息是不可或缺的。服务价值不能独立于受益人发生并交付，它自然地嵌入在服务过程中的社会网络与信息网络中。社会关系结构发挥着比个体效用函数更重要的作用。

社会服务交换与物质商品交换不同，它涉及众多社会选择和动态的非经济因素，甚至对市场起着比个体自利性更重要的作用。 然而，即使是在社会网络的研究当中，仍然有很大一部分比例的经济学研究以人们无差异的理性选择作为基本假设，建立效用模型来分析集体行为或者社交活动。事实上，所有人在所有时间都遵循的统一效用方程是不可能的。相反的，人们在服务交易中基本的共同特点是共享同一个自然时间和空间系统，而除此之外，很难有普遍的基本共同特点。比如每个人的性格差异或者说外向性程度往往存在着显著差别，这会影响社会网络的形成和改变，忽视这些个体差异，我们将无法认识和分析真实的动态网络。

事实上，生产的意义是创造出人类需要的东西。生产和交换也能影响或控制社会事物和过程。一个社会在一个经济时期内生产和销售的一切商品的总和可以称为社会产品，而一个社会在一个经济时期内提供和接受的一切服务的总和可以称为社会服务。社会产品和社会服务是价值的显性（阳）和隐性（阴）两面。如果我们假定现在只有一种货币，而且货币数量是固定不变的，那么如果社会产品和社会服务总量不变，年复一年对货币的需求将会相同，货币价值对于每一个人来说也是相同的。然而，人们每年自发地创造大量数字货币、有价证券、金融衍生物，因而金融市场、货币价值的动荡变化成为常态。

全世界统一的"时间"在互联网中已经作为普遍的计量方式而被广泛运用。随着信息技术的发展与人们对网络研究的深入，我们认识到，社会科学时间价值最大化定律与自然科学中的最小作用量原理是相通的。生命系统的演化以最大化自己的时间价值为规律。这样，时间价值的量化就可以通过服务的价值网络关系进行分析和计算。

价值相对论倡导以人为本，以人的相对时间价值反映整个人类社会网络中的经济稀缺性。它通过从一个人的时间所有权和使用权所产生的利益和权利来研究人的行为。

虽然长期以来一直有研究将基于时间的价值测量作为经济学研究的一个重要方向和方法，但是这一视角在过去却未得到应有的充分重视和应用。一个重要的原因是服务和价值协同共生，难分彼此，所以与传统经济学从市场价格视角通过统一效用函数模型计量、分析、研究商品交易的方法相比，从时间价值视角出发，通过横截面或历史数据研究服务和时间价值的因果关系是困难的。另外，比较整个社会中的价值，意味着要比较一系列具有不确定性和随机互动特性的复杂体系。例如不同社会对时间花费的文化和社会规范是截然不同的，从而导致分析跨组织的时间价值更加困难。

要解决以上问题，必须重新审视现有的经济学与管理学的基础理论和方法。从时间价值和社会关系的角度，而不是从商品价格与效用函数的视角来研究服务市场，以找到经济系统的"货币锚"。

价值形成于社会经济网络，并且反作用于社会经济网络。在现实世界中，很多互动和交易主要是通过弱关系的连接而产生的，不要求高度连接的"枢纽"的存在。人是受到有限理性的限制，并嵌入在社会环境中的，我们需要描述在不同抽象层次中时间价值互动的秩序。这需要首先明确在不同网络系统中服务价值的普遍规律与形成机制问题。然后，才有可能理清时间价值交换如何与社会关系网络互相影响，并解决如何对服务进行定量化估值的问题。为了回答以上问题，我们首先需要重新审视服务及其价值的概念与定义，并清晰地阐述作为其基础的时间价值理论。

价值相对论认为，经济网络本质上是人与人之间通过服务创造和分享价值的网络。**人与人之间的交易和服务是在一段时间内两个主体间的相对价值互动**（多个主体间的相互服务仍可拆分为若干个双向相对互动）。服务供给方和服务接受方是协同共存的，缺少任何一方，另一方都不能独立存在。同样的，在一项服务中，供给的服务价值和接收的服务价值是同时存在的。人与人的经济关系不但受到市场价格的影响，而且受到整体社会关系与网络结构的影响。

价值相对论提出新的时间价值范式来评价和量化每个人在服务过程中的相对价值，用以比较社会互动的经济特征。社会网络中，基于某种服务形成一个价值网络，所有参与服务的供给方或接受方均属于该网络。在任何时刻，每个人既可以选择关注并服务于他人，也可以选择只关注并服务于自己。服务提供者通过提供服务付出时间价值，同样的，服务接受者通过接受他人的服务而得到时间价值。服务提供者与服务接受者总是在当前情境的约束下选择其认为最有价值的方式来决定自己做什么，而这种选择标准是相对其认知和需求来说的，这就是时间价值相对性和时间价值最大化定律。

传统的商品经济学认为货币是一种充当一般等价物的商品。价值相对论认为**货币的本质是社会价值契约。法定货币的本质是一种公共服务价值，也是一种全民社会价值股权**。货币的稳定代表了公共服务价值的稳定，公共服务价值的稳定以货币的稳定为保障。经济体系的货币政策和财政政策，以让最大多数民众最大化其生命时间价值为目标。因此，**经济体系的"货币锚"应该建立在**

所有人的生命价值之上，而不是建立在一篮子商品价格之上。

价值相对论发现的"货币锚"从以货币关系为中心转变为以时间价值关系为中心。它不是以货币增长速度、物价上涨速度的调控为目标，而是以人的价值创造和价值分享的促进为目标。在合理、稳定的利率环境下，使货币体系和公共服务供给主动适应人的价值提升，避免片面货币政策主动调控经济时造成人的时间成本的异常波动及形成不平等的财富再分配，从而使金融体系以平稳高效的运行服务于经济的发展，减少经济危机带来的经济损失，降低社会陷入困境的概率。

第 6 章　从信息互联网到价值互联网

○ 互联网的发展

人类在生态系统中生存才能创造出文明，创造、使用语言和文字是人类与其他物种根本的区别。互联网的生命进化与文明演化息息相关。人类经济是处在自己创造的多维度世界之中的。

当我们对世界的认知从电子世界进入量子世界之后，互联网相应地从信息互联网进化到价值互联网时代。世界经济进入新的价值经济时代，互联网和智能科技使得全世界亿万人都置身于一个错综复杂的价值互联网中。**价值互联网（Value Internet，VI）是以人为本的价值共享网络、以人机协同为形态的智能系统网络和以数字产权为载体的价值流通网络。价值互联网系统是人类社会网络系统进化的最高形式。**

世界经济模式从以作物流通为主的农业经济模式，发展到以产品流通为主的商品经济模式，又转变为以信息流通为主的服务经济模式，接下来必然走向以价值流通为主的价值经济模式。网络系统的演化决定经济系统的关系，经济系统的发展又反作用于网络系统。世界经济系统进入以人的价值为中心的新阶段，互联网现在面临着又一次的根本进化。

这个多维度世界的底层是人类改造的生态系统，其主体就是能量流通的能源互联网。多维度世界的中间层是人类构造的符号和信息系统，其主体就是数据和信息流通的信息互联网。多维度世界的高层是人类创造的经济系统，其主体是货币和价值流通的价值互联网。互联网的进化过程类似于活的生物的进化过程，系统维度越高，越接近于人。①

互联网每一波阶跃进化，都是由科技创新和产业革命推动的。第一次产业革命，蒸汽机和机械化形成了四通八达的资源和产品流通的交通互联网；第二次产业革命，发电机和电气化形成了遍布千家万户的电能互联网；第三次产业革命，电子计算机和信息化形成了联通亿万数据的信息互联网；第四次产业革命，量子计算机和智能化将形成使人类生命结成共同体的价值互联网。②

五十年前互联网创立时，人们很难想象今天互联网改变了整个世界。互联网诞生于 1969 年 10 月 29 日的一次实验。当时美国加州大学洛杉矶分校的网络测量中心、斯坦福研究所（SRI）、加利福尼亚大学圣塔芭芭拉分校和犹他大学安装了节点。互联网发布的第一个消息是"LO"，这是一位学生尝试从大学"LOGIN"（登录）到 SRI 计算机的指令。但是，由于 SRI 系统崩溃，五个字母的指令只发出两个，消息发布无法完成。从第一次尝试计算机连结到第一封电子邮件发送完成，研发人员用了三年时间。

1983 年开始，美国国防计划的 ARPANET 采用 TCP/IP 协议，实现了在计算机之间的开放共享数据传输。每个不同的网络都必须独立存在，并且不需要对任何此类网络进行内部更改即可将其连接到互联网。如果一个数据包没有到达最终目的地，它将很快从源头重新发送。网关和路由器不会保留通过它们的数据包的各个流的信息，因而它们能保持简单并容错。

英国计算机科学家蒂姆·伯纳斯·李（Tim Berners-Lee）于 1989—1990 年在瑞士研发了万维网，将 HTML 超文本文档链接到信息系统，该信息系统可从网络上的任何节点开始访问。20 世纪 90 年代中期以来，互联网对科技、文化、商业产生了革命性的影响，电子邮件、网络浏览器、即时消息、网页搜索、博客、社交网络和在线购物网站等广泛兴起。2000 年以后，互联网企业经过泡沫的洗礼，Google、Facebook、Apple 等硅谷科技企业成为全球互联网标准的制定者。亚马逊、阿里巴巴、腾讯等经过竞争占据了互联网商业平台领头羊的地位。随着移动手机的广泛应用和企业数字化转型，互联网成为世界经济的基础性支撑设施。

互联网在过去是无名信息互联网，在未来是有名价值互联网。互联网的生命进化，一方面代表着信息技术协议标准的升维；另一方面代表着人类经济模

---

① 蔡剑. 协同创新论. 北京：北京大学出版社，2012.
② （德）克劳斯·施瓦布. 第四次工业革命. 北京：中信出版社，2016.

式的升维。互联网是在物理网络和心理网络之间的符号网络，经过不断地技术演进，已经进化出七层系统（见图6-1）。[①] 底层系统为上层系统提供结构支撑，上层系统为底层系统提供主动信息。从底层系统到上层系统，互联网联通物质世界、符号世界，直到精神世界。

最基础的互联网是连接物流的交通**信号网络**，交通信号网络之上是以Cisco和华为为代表的**信息网络**，信息网络之上是以微信支付和支付宝为代表的交易支付的**信用网络**。Facebook是基于实名的社交网络，帮助人们分享和互动，全球的用户数已经超过了中国人口总数，其社交广告的商业模式改变了传媒行业。不过，Facebook发展Libra数字货币，则是在向**信任网络**挺进。

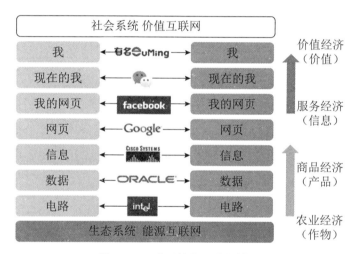

图6-1　互联网的七层进化模型

如果将互联网科技企业按照其技术出现和采纳的过程进行分析，可以发现引领互联网产业的公司都是在每次升维中创造出核心专利和技术标准的公司。互联网产业竞争激烈，只有那些能在已有的技术基础上创造新的层次的关键协议和技术标准的企业才能成功。今天的中兴为什么能被美国封锁？因为它没掌握集成电路核心技术专利。硅谷形成了唯一的互联网完整的多层协议标准产业体系。在Intel标准基础之上，发展出Google、Apple、Facebook、Amazon等的协议标准。在中国，未来极有可能在"BAT"之后，出现新的伟大的互联网企业。这家企业一定要有原创的核心技术标准，而且是在新的信任网络层次之上。

---

① （英）波普尔. 客观知识：一个进化论的研究. 上海：上海译文出版社，2005.

纵观互联网技术的发展，其演进史就是一部协议和标准的创新史。在第一层"电路层"，Intel 以半导体集成技术连接电路。Intel 掌握了电路组合的技术标准，就成为全球集成电路领域的"巨无霸"。在第二层"数据层"，Oracle 创立 SQL 数据库语言，实现数据连接协议，成为全球数据库软件设计的第一名。在第三层"信息层"，Cisco 以 IP 路由技术连接信息，成为全球最大的提供网络路由器技术和软件服务的厂商。在第四层"网页层"，Google 创始人的 PageRank 网页排名技术专利连接了绝大多数网页，Google 成为全球网络搜索领域的垄断者。在第五层"我的网页层"，Facebook 以社交网络连接每个人自建的"我的网页"，成为最大的互联网社会互动服务商。在第六层"现在的我"，腾讯的微信平台掌握了移动即时通讯标准和技术，连接了人与人的及时信息传递和网络支付。

互联网技术正在向第七层进化，这是人类科技和经济发展的必然要求。然而，处于互联网第六层的微信只是提供及时信息服务，整个微信系统中没有数字产权的概念，这就不能保存人过去的价值，也不能对人未来的价值进行预测和投资。例如微信可以让人们进行语音、视频交流，但是因为很多人用昵称而不用实名，微信内容删除后就消失了，所以不少有价值的创意和作品无法形成数字产权，更无法进行注册。微信所传递的语言、视频内容是被动信息，而互动中的思维激荡和创意启发则属于主动信息。因此，互联网第六层仍然属于无名信息互联网的范畴。

互联网每一次进化，凭借的都是在前者基础上实现升维和能级阶跃。互联网第七层是有名价值互联网，连接整体的"我"，也就是人的多维价值。互联网进化到第七层（"我"的层次），意味着在更高维度系统实现跨时空地连接人的智能意识和系统的智能计算。**互联网第七层是以人为本的价值互联网，这代表着人的整体生命价值的数字化和价值关系的网络化。**从第七层看，每个人都同时处在多个不同维度的网络当中，系统联通每个人过去、现在、未来的意识、行为与终身数据产权，从而形成社会价值互联。第七层联通了计算机信息符号与人类的智能意识。人工智能、区块链、量子互联网都是未来第七层互联网的基础性关键技术，但还缺乏将其整合起来的协议和标准，因为第七层互联网不仅要求连接的信任、安全和速度，更重要的是保障作为整体的人的健康和价值实现。

互联网的生命进化伴随着社会经济模式从商品经济到价值经济的演化。市场经济形成了与互联网层次相对应的具有七层要素的市场体系，它们分别是资源市场、能源市场、商品市场、服务市场、资本市场、资信市场和思想市场。这七层市场也都在加速网络化和数字化。商品经济的对象是商品，商品是作为交换的物品。商品流通在集合了物流与资金流的无名网络。在这种网络中，人与人的关系主要是生产关系，相互之间结成劳动共同体。人与自然的关系是斗争关系，人从自然获取物资并希望战胜自然。价值经济的对象是作为服务的事物的价值。价值流通在信任与知识的有名互联网。人与人的关系主要是协同关系，相互之间形成命运共同体。人与自然的关系是共生关系，人与自然共恒久。

互联网的生命进化在加速中进行，人与人的价值互动会演化出一个价值创造、价值实现和价值分享的通用系统。商品经济的主体是企业，是建立和维系劳动关系的组织单位。价值经济的主体是网络，是建立和融通价值关系的组织单位。价值互联网在数字经济中应运而生。**价值互联网的主体是人，人的价值在生命时间中创造，在互动服务网络中实现**。价值互联网是活的，与生命之树很像，二者都是开枝散叶般分形生长的。价值互联网是价值经济运行的"操作系统"，超越了信息互联网的层次，将实现人与人之间以及智能系统与智能系统之间的全面的、普遍的价值联接与交换。

○ 将区块链改造成信任网

价值互联网的核心是在网络中实现数字化的价值创造、价值表达和价值流通。人们要实现价值互联网，必须首先理解互联网信任形成的机制。正如汪洋大海当中每条鱼的运动都离不开水一样，人与人之间的每次互动都需在信任的介质中进行。随着人类文明、社会和市场的发展，信任的作用和意义愈发重要。信任是价值创造的本源，是经济运行的基础，也是社会秩序的保障。[①] 想想，如果缺乏信任，人们会用手机支付款项给互联网上素未谋面的厂商吗？厂商会将其货款通过银行转账给供应商吗？银行会贷款给还没有工资收入的学生吗？信任机制是价值互联网的基石。在商品经济时代，国家法定货币是经济中的信任介质，而银行则是经济中的信任托管者。在价值经济时代，数字货币和金融证券成为信任介质，而互联网平台和区块链则形成了数字化的信任机制。

---

① （以色列）尤瓦尔·赫拉利. 人类简史——从动物到上帝. 北京：中信出版社，2000.

区块链技术出现是互联网生命进化的必然，它是第一个被大规模采纳的基于机器信任的互联网协议。区块链揭示了未来伟大的互联网企业一定是建立在信任之上的。我们需要注意，现有的区块链技术只是实现了部分的机器信任，这与价值互联网中整体的系统信任还存在着巨大的差距。要真正实现价值互联网，就必须要解决一个问题，即理解区块链技术的局限，并将区块链改造成信任互联网。

我在研究人类历史上的信任基础技术时，发现实际上中国古人早就想到了去中心化。一张名画，需要几十位画师和皇帝一起辨别其真伪，每个鉴别者都要加盖自己的印章，这种操作可以算是"区块链"的原型。由于古代没有计算机和互联网，因此鉴别的时间成本非常高。

区块链源自一种数字加密货币的骨干技术。区块链是一个去中心化的分布式数据库，其中记录了已在参与方之间执行和共享的所有数字资产交易或数字文件。每个交易都由系统的大多数参与者验证并进行数字验证。区块链的公共账本中包含每笔交易的每条记录，以层层链接的数据块加密格式存贮。由于每个参与的计算机结点都保存了完整的公共账本，所以极大地提高了破解数据和交易造假的计算成本，降低了交易各方的信任成本。区块链的这种去中心化记账机制，使得数字资产的流通没有中央服务器，也不需要类似于银行的第三方中介和信用管理机构，从而提高了数字资产交易的效率。

区块链运行需要一个节点网络。节点是连接到区块链网络的计算机，使用应用软件连接到区块链，将区块链数据公共账本下载到系统中，并且该节点与区块链上的最新数据块同步。为了激励参与者将自己的计算机参与到区块链验证和记账中，区块链给参与结点发放数字通证（Token），并将其记入公共账本。通证可以作为数字资产，在互联网上流通，或者兑换其他数字货币和法定货币。可换取通证奖励的节点被称为"矿工"。区块链是用"全民中介"取代了"寡头中介"，避免了中心服务器数据丢失或者被篡改的风险。

区块链特别适合于互联网自发的数字资产管理，包括跟踪资产所有权和资产状态数据。在保险、供应链和资本市场中，都可以找到区块链应用的例子。在这些市场中，分布式分类账可以解决效率低下、过程不透明和数据篡改等痛点。现有的区块链主要依靠以下五种技术和方法来实现数字资产的管理。

去中心化：分布式账本与连接到区块链的节点之间的每笔交易可共享和更新。由于没有中央服务器来控制数据，因此所有这些都是实时完成的。

安全保证：在区块链密码技术的保护下，区块链不可能被篡改和擦除。

开放透明：由于区块链中的每个节点或参与者都有区块链数据的副本，因此每个节点都可以访问所有交易数据并可以自己进行验证。

共识机制：所有相关的网络参与者必须认同交易有效。这是通过使用共识算法来实现的。

智能合约：可以将根据特定条件执行的智能合约写入公共账本，随着业务流程的展开而自动执行合约。

然而，现有区块链并不能够解决价值互联网的信任问题。我们在实际应用中发现，这五种技术和方法存在一系列的问题和风险。

虽然区块链标榜的"去中心化"能够让价值体系更加公平民主，但其实这只是区块链的记账工作"去中心化"，而整个平台的数字资产反倒更加集中了。例如比特币一共设定了 2 100 万枚的上限，截至 2020 年 4 月大约有 1 831 万枚已经被挖出，在 10 万多节点当中，大部分"挖矿"计算机占有和分配到的比特币非常少。比特币最大的持有者是匿名的早期创建团队，他们所持有的币数估计超过 100 万枚，是全球比特币交易所每天交易量的 10 倍，这足以操控比特币的汇率和市场价格。以太坊的创始人和团队持有超过 16% 的以太币，实际控制着整个以太坊的数字资产的价格。和股票投机市场一样，大多数投资人更关注高回报率，而不在乎公司真实业务和技术，于是数字货币打着区块链"去中心化"的旗号，实现了数字资产集中度超过很多上市公司。

为什么比特币没有价格稳定机制？一种解释是，代号"中本聪"的创始团队原本是为赌场开发电子赌博系统的，他们比照赌场的筹码设计了比特币，因此比特币天生就带有网络赌博的性质。另一种解释是，创始人当初设计比特币，也许是出于一种货币民主思想，但是这些工程师没有宏观的经济治理意识，虽然做了加密货币，但是没有设置稳定货币的机制，比特币里面定了 2 100 万枚"挖矿"的算法。如果一种货币不能根据通货膨胀指标增加或减少货币供应量，那么它就是很差的货币。不论哪种解释，当市场上货币需求增加时，只要发行者限制了货币供应数量，那么就不会出现通货膨胀，而会出现通货紧缩。比特币就出现了严重的通货紧缩，其价格越来越高涨，知名度越来越高，兑换的投资者也越来越多，但是量供不上，导致其价格越来越高，于是更多的投机者开始囤货，黑客也攻击网络窃取数字资产，市场混乱导致大量用户遭受损失。

从安全保证看，区块链所采用的基于 RSA 的加密算法主要依靠现有计算机的算力成本实现。这只是一种电子计算的暂时安全,未来几年,量子计算确定将攻破 RSA 加密算法。只要区块链上一半以上的公共账本被瞬间解密和篡改的可能性存在,区块链就不能声称自己绝对安全。另外,由于区块链通证数字货币被设计成匿名的,因此在网络交易所被黑客攻击和数字钱包被盗窃的案件频发的情况下,追查破案的成本比线下案件更高。

数字货币和区块链网络中的安全漏洞,往往会产生更严重、更直接的影响。由于区块链网络有去中心化的计算特点,因此一个区块链节点上的安全漏洞,可能导致成千上万的节点遭到攻击。甚至,在传统软件漏洞领域被认为危害相对较小的拒绝服务漏洞,在区块链网络中都可能引致整个网络瘫痪的风暴攻击,从而对整个数字货币系统造成巨大冲击。

近年区块链安全事件多发,这也暴露出区块链技术的漏洞。例如 EOS 是被称为"区块链 3.0"的新型区块链平台,其代币市值曾高达 690 亿人民币,该市值在全球排名第五。EOS 区块链的部分漏洞可以在节点上远程执行任意代码,即可以通过远程攻击,直接控制和接管其上运行的所有节点。攻击者会构造并发布包含恶意代码的智能合约。EOS 区块链超级节点将会执行这个恶意合约,并触发其中的安全漏洞。攻击者再利用超级节点将恶意合约打包进新的区块,进而导致网络中所有节点(备选超级节点、交易所充值提现节点、数字货币钱包服务器节点等)被远程控制。由于已经完全控制了节点的系统,所以攻击者可以"为所欲为",如窃取 EOS 区块链超级节点的密钥,控制数字货币交易;获取 EOS 区块链节点系统中的其他金融和隐私数据,例如,交易所中的数字货币、保存在钱包中的用户密钥、关键的用户资料和隐私数据等。更有甚者,攻击者可以将 EOS 区块链网络中的节点变为僵尸网络中的一员,利用其发动网络攻击或将其变成免费"矿工",挖取其他数字货币。

区块链的共识机制貌似公平,但实为计算资源的浪费。支持比特币的区块链技术,采用机器工作量证明(PoW)共识算法,10 万台"挖矿"计算机为了获得比特币奖励,要不停地进行加密运算,同样市场价格的比特币的平均成本已经是黄金开采成本的 3 倍。大量能源资源和计算资源因此而被浪费。尽管以太坊等公司在改良区块链时号称采用了股权证明(PoS)等改良共识机制以降低计算消耗,但是通过研究其核心代码,我们发现它采用的仍然是过去的算法。因为已经发布了大量数字通证,所以进行平台层面的基础算法改变需要重新计算和修改账本,这种方式得不偿失。

区块链所支撑的数字货币的价值波动巨大，它与法定货币和其他数字货币的汇率波动都要比股票指数的波动高很多。大量的交易所设立虚假交易账户，虚构交易数量，以吸引投机者。因为数字通证的价值非常不稳定，价格波动不断，所以区块链智能合约的真实价值和惩罚也被迫改变含义，违约率大幅上升，智能合约也就失去了作为契约保障的价值。尽管区块链在公共账本数据层面做到了透明，但是在人与人之间的社会信任层面，它却是典型的"暗网"。由于区块链的交易主体是数字通证，不包含注册公司的法人或公民身份信息，因此监管机构很难对其进行金融和技术监管。数字货币因此成为网络赌博和洗钱的最佳媒介。

区块链并不能完全保障去中心化和不可篡改。例如 2016 年 7 月 20 日，以太坊完成了一次硬分叉，中国的一个"矿池"成功地从新主链上挖到了第一个区块。而之前由黑客转移的价值 4 千万美元的以太币被成功地转移到了新的地址。经过分叉回滚，黑客盗走的在以太坊平台运行的去中心化自组织（DAO）项目的以太币被成功"召唤"回来。DAO 项目是当时以太坊最大的一个筹资项目，因为系统代码漏洞，黑客得以获得大量以太币，引起整个以太币价格的大跌。当时，以太坊负责人提出通过分叉改写公共账本让黑客的数字货币作废，然而这一提议并未获得所有"挖矿"节点的同意。以太坊因而最终形成了两条链，一条是原来的链 ETC（以太经典），一条为新分叉出的链 ETH。这两条链分别代表了不同的共识机制和价值观。人们意识到区块链的分叉违背了区块链不可篡改的特性，尽管区块链标榜去中心化，但重大决策是有躲避监管的实际权利中心的。

区块链技术仅实现了电子计算机之间的数据可信机制，我们可以将其理解成一种"机器信任"。这种机制和真正的价值互联网之下的人与人之间的"社会信任"之间存在相当大的差距。虽然从技术上来讲，创建一种类似比特币的数字货币相对容易，但要建立起绝大部分社会成员信任的数字经济体系却异常艰难。法定货币（即作为交换价值而值得信赖的货币）不但得到了发行国主权政府的充分信任和信誉的支持，而且必定有一整套的教育、监管与惩罚机制来维持货币的稳定性和信誉。区块链的匿名数据资产交易和政府的可监管需求是一对基本矛盾。比特币创立时就使用区块链账本模型进行全网记账，但是使用 P2P 网络协议来逃避监管。以太坊改用余额账本，增加了智能合约机制，但是依然使用 P2P 网络协议，以避免被监管。

区块链技术要形成超过现有信任中介机构（例如政府、银行、律师、产权公司等）的数字化信任机制，至少要在以下五个方面进行改造。

第一，界定可信实名的数字资产产权。信任互联网的一个前提条件是区块链的数字资产能够代表现实世界的个人资产。数字资产要能在跟踪和记录现实世界资产（例如证券，合同，贵重物品，甚至房地产）的所有权中真正发挥作用，必须先对产权归属进行清晰的界定。这就需要在区块链技术所采用的公共账本机制、记录匿名区块链的通证存证机制之上加入产权层面的主动信息。在信任互联网上，自然人和法人终身实名制成为必然。这样方能保证资产标的物、数字资产和产权人（包括法人）之间的关系不可造假和不可被非法篡改，因而也就需要有名区块链的通证存证机制。有名区块链的数字资产要与人的生物 DNA 签名、物品的唯一识别证书等关联。

第二，重构公共账本的安全保障机制。新的区块链公共账本必须对开放数据与涉及隐私的数据进行区别存证，采用不同的分级数据安全协议规则。区块链系统将数字资产与应用系统分开以实现可扩展性，并建立保护隐私规则，在架构上解决区块链难扩展和难保护隐私的问题，同时也不逃避监管。系统制定数字资产的元数据标准，对数字资产的安全级别和隐私属性进行关联。区块链系统需要加入类似于股票市场自熔断机制的相关机制，以保证在受到攻击的时候能够迅速屏蔽网络。区块链要设定新的加密算法，同时留有量子计算的密钥技术与区块链系统集成的接口。

第三，确立新的数字货币价值准则。区块链想要获得整个社会体系的信任，就必须使整个经济体系在区块链之上有一个科学的货币价值准则。然而，这个准则目前并没有掌握在区块链开发者和科技企业手上，而是控制在美联储和各国央行的银行家和经济学家的头脑中。法定数字货币的优势是可以利用成熟的金融和监管设施，将商业银行和庞大的金融服务系统容纳进来。现有的央行货币运行框架大多遵循双重架构模式，也就是"中央银行——商业银行"的双层模式，由央行委托商业银行向公众派发锚定法币的数字稳定币。信任互联网中的区块链要实现交易媒介的稳定机制，必须将单层模式改变为双层模式机制。

第四，降低区块链信任共识的成本。过去基于工作证明 PoW 算法的共识机制有大量冗余计算与能源浪费问题。新的区块链共识算法要基于区块链中不同节点的信任度和计算力，以实现科学而有效的信任共识算法。基于工作证明 PoW 算法的共识机制将被基于人的时间价值证明 PoV 算法的共识机制所取代，同时区块链的信任效能也将大幅提升。

第五，严格监督和执行数字法律。区块链技术在经济领域的使用将需要社会的参与，同时接受社会的依法监管。参与区块链的商业组织将需要表现出透明度，以从市场和监管机构那里获得信任。区块链技术和数字资产还需要兼容法律体系的要求，对利用数字资产和互联网技术的欺诈、盗窃、攻击等行为，进行动态的监督、判定与惩罚。

要建立信任互联网，必须设计合理的区块链技术架构，降低开发成本和运营成本，并提供安全风险保障。只有解决了基本问题的改造版区块链，才可能成为价值互联网的信任基础。

○ 人人都是互联网"价值银行"

人类最伟大的发明是什么？人们很可能会选择科技产品，例如印刷术、电灯或者计算机。但是，如果没有货币和金融体系，那么这些发明很可能只停留在实验室里。过去可能有人认为银行放贷是不劳而获，而今货币和金融已经成为每个人生活中的必需。货币不仅是价值媒介，更是整个社会经济得以运行的信任保障。

价值互联网运用改造的区块链大幅降低互联网信任成本，技术的日益成熟会让数字金融服务得以普及。未来十年，在价值互联网上，每家企业和每个公民都能发行自己的"数字通证"，以用于管理自己的客户和社会关系。正如二十年前信息互联网让每个人都能有自己的电子邮件一样，未来每个行业甚至每个商家都将有自己的"数字货币"，日常的企业内部结算，学校的餐卡，会员购物卡，甚至是收藏证书，等等，都可以通过区块链进行数字化实现。在非金融领域当中，区块链技术联通形成信任机制，包括经过 DNA 认证的全球身份证 ID、全球通用的电子签章、全球法律追责等。在价值互联网上，人人都能建立信任价值，人人都是互联网"价值银行"。

"价值银行"与传统意义上的"货币银行"有着本质的区别。历史上的货币和银行原本都是市场自发形成的。"银行（Bank）"的起源是这样的：市场上一些金银作坊里开始出现保存金银的地窖和保险柜。如果周围的商人觉得金匠诚实可信，就开始将自己的金银和钱币存在该金银匠处，委托其进行保管。随着这种习惯的传播，金匠开始收取一些用于保存金银的费用，后来发现可以将存款放贷给需要借钱的人。守信用和经营有方的组织逐渐演化成现代的银行。可见历史上的货币并不一定要有国家主权作为信用保障。

货币的稳定性一直饱受质疑，美元"货币锚"松动导致通货膨胀和汇率变化，股票价格也随之大幅波动。美元霸权已经在经济危机中逐渐丧失。欧元创立旨在团结多个国家的货币，但结果是欧盟各国的分歧越来越大。各类数字货币喧嚣上市，随之而来的还有诈骗和传销案件频发。货币到底是应该由强势国家"一统江湖"，还是任自发信用"化整为零"？这是政治经济学界长期争论的问题。

20世纪70年代，在自由市场体制的背景下，哈耶克曾提出了两种独特但互补的政治经济秩序改革：货币的非国家化和结束政府对发行货币权的垄断。我在读弗里德里希·冯·哈耶克的货币非国家化理论的时候，被其敏锐的观察力和鲜明的主张所吸引。这激发了我对金融产品和服务创新的进一步学习。

哈耶克曾建议取消政府对法定货币的垄断，以防止价格不稳定。实际上，他对货币供应完全私有化的提议源于对当时中央银行管理的失望。在社会动荡和经济危机爆发时期，中央银行管理难免受到政治的极大影响。避免政治对货币政策的干预是哈耶克倡导货币非国有化的最终目的。货币超发和政府赤字不但难以解决失业问题，而且最终破坏了市场价格机制的均衡，并因此引发了主要的商业波动。

哈耶克理想的自由市场竞争秩序的主要优势是通过货币价格向交易者传递真实的信息。稳定的货币传递出真实的稀缺信号，不稳定的货币让市场无所适从。人们根据货币竞争作出调整其活动的决定。因此，市场的自由选择会让"良币"消灭"劣币"。

在这个自由市场数字货币制度的框架内，只有那些具有稳定购买力的守信数字货币才能生存。多个品牌的不同数字货币在市场中竞争。企业和个人可以根据自己独特的注册商标和知识产权（IP）等发行无息数字通证并开设数字存款账户。不同数字货币之间以可变汇率进行兑换。

根据哈耶克的理论，和商品市场的竞争相似，竞争和利润最大化将使数字货币市场均衡发展。只有那些能够稳定兑付利息的银行才能生存。由于数字货币对应于无息债券，因此关键的要求是保持货币的价值。市场力量将决定不同的存在竞争关系的数字货币的相对价值。生产和发行纸币货币的边际成本非常低，所有货币的名义利率将被驱动接近于零。结果，竞争货币之间的汇率将自由浮动。因此，在长期的均衡发展中，只有保证稳定购买力的货币才会存在。

当前全球流行的数字货币有几千种，这是否是将哈耶克的想法变为了现实？事实上不是这样的。我在研究中注意到，哈耶克当时忽略了另一种可能性。确实，人们不希望持有预期会贬值的货币。在一个货币充分竞争的市场，未能为其货币价值建立稳定性的银行将失去客户，并被赶出金融业务领域。然而，人们却很愿意持有预期会升值的货币。如果对生产和发行货币的量进行限制，其制造成本保持高位，而货币的知名度也越来越高，以该货币名义对应的商品价格下跌，就会出现通货紧缩。因为大部分人有货币幻觉，就会觉得货币价值上升，这又激发了获得货币和囤积货币的欲望。中国明清时期的白银通货紧缩，比特币、以太币的价格上涨等，就类似于这种情况。在这种情况下，数字货币的投资用途大大超过了其支付用途，这已经不是哈耶克先生所理解的货币了，而更像是一种股权性质的数字资产。

虽然哈耶克的理论关注到了货币竞争选择的问题，但是没有关注到对货币至关重要的"信任成本"。货币的流通必须以降低公众的信任成本为前提。大量货币使用者必须认识和承认货币载体及其所代表的信用，也就是相信货币价值的存在。降低货币信任成本需要生活中的经历，人们从小接受的教育、国家机器的监管等，这是一个世代投入的过程。因此在历朝历代，除了黄金货币之外，很少有私有银行发行的货币能够与国家发行的货币竞争。即使私人货币提供了稳定的价格机制，但往往在其还没有获得大多数人的信任之前就已经被法定货币消灭在人们的记忆中了。一种好的货币需要满足"四低一高"的条件，即信任成本低、制造成本低、鉴别成本低、兑换成本低，造假成本高，其中最重要的是信任成本和造假成本。随着移动互联网的普及和数字支付方式的广泛应用，制造成本不低的比特币，经过十多年"投资神话"的跟风传播，终于在政府监管立法之前在大众中建立了一定的信任基础。

创造和维持货币者是政府，而将货币增值的是企业。熊彼特认为唯有企业家是能够把货币现在的购买力估计得高于其将来购买力价值的人。只有他们才是那种看重现在货币的市场运动的支撑者，才是那种把货币的价格提升到我们所说的票面价值之上的需求的支撑者。现金增值的表现形式就是企业的盈利和资本的利息。企业家能够实现盈利就必须不断降低成本和进行创新。

随着区块链技术的成本降低与效率提升，每一名企业家都有可能成为一名银行家。我们可以将每家企业、每个法人机构甚至每一个人想象成一家"价值银行"。每一家企业甚至每个人都可以其创造的商品服务价值作为信用基础，在互联网上开发作为价值媒介的定制化数字货币。对这些定制化数字货币进行保存和放贷的经济主体就是数字"价值银行"。

价值互联网上的数字货币将不会是单一的数字美元或数字欧元,它将演变成上千万种"价值通证"。人们将拥有衣、食、住、行、教育、医疗等领域的不同的价值通证。每一家工商企业和事业机构,甚至每一位教师、医生、律师都有自己的价值银行,发行和管理自己的价值通证。在消费和交易过程中,系统会自动验证身份ID并进行记账和转账支付。价值通证之间,以及和法定货币之间,可以按照汇率进行兑换。价值通证不仅仅是人们在市场中交换商品和服务的价值媒介,也是一种可长期保存的数字资产。

确切地讲,"价值银行"在区块链上生成、使用的是"价值通证",而不是传统意义上的"货币",价值通证本质上是一种数字化股权基金。相比传统股票,价值通证具有更高的流动性、更低的信任成本和更准确的价值计量。因为是以个体的品牌、商品和服务等资产形成的有限信用,所以其流通不但要依靠价格稳定,而且更重要的是要依托于企业和个人时间价值的发行总量的额度控制。价值通证不但可在企业和个人之间的交易行为中使用,而且还能在企业内部运营和个人社会关系中作为通证流转,它具备传统股票甚至是货币都不可能达到的流动性。

价值通证可作为企业内部不同部门与个人之间的有效价值媒介。企业内部的经营活动将价值通证作为数字货币,有利于企业每个部门和个人以价值尺度来衡量效益、控制资金、考核业绩。例如在大学内部,科研、教学、助教、知识产权创造、论文发表等业务,以及校园住宿餐饮等,都以学校发行的价值通证进行交易,这样做既能够如商业市场中一样反映每个经营主体的真实互动,又省去了税务核算和财务统计所需花费的大量时间成本。价值通证的发行者按照协议规则将自己的数字资产财务报表与价值互联网系统平台关联,即时反映每一笔真实收支数据与经营现实,因而具有更准确的价值计量。

随着经济危机的蔓延,传统股票市场暴露出越来越多的信息造假和道德风险问题。传统股票仅仅是一种凭证,其作用是证明持有人的财产权利,而不像普通商品一样包含有使用价值。传统股票也不像货币一样可作为一般等价物自由流通,而一般是在交易市场流通。持有股票后,股东不但可参加股东大会,对股份公司的经营决策施加影响,而且还能享有分红和派息的权利,获得相应的经济利益。所以股票又是一种虚拟资本,它可以作为一种特殊的商品进入市场流通转让。股票的价值，就是用货币的形式来衡量股票作为获利手段的价值。股票的价格是在股票市场当中交换的价格。由于市场的信息不对称和经济波动，股票的价格和价值经常脱离，这也就创造了投资和投机的可能性。在传统股票市场，公司的价值体现在事后按照公认的会计准则披露的财务报表上。然而，尽管股票上市之前必须经过一系列复杂和严格的程序，但由于掌握公司核心财务数据的是面对巨大利益诱惑的高管，因此他们之中一些经不住诱惑者为了股票能上市和保持高股价，可能进行财务作假、虚报数据、操纵市场，从而导致股票市场的监管成本越来越高，引发了大量的诉讼案件并给投资者造成极大损失。这些造假者利用了投资者与经营者的信息不对称，借助信息披露与核实的时间差，或者是行贿监管者，最终让市场产生了货币幻觉和错误的价值判断。

为什么价值通证能够解决股票市场的欺诈和作假问题？传统股票市场上的信息披露依赖于市场通告和新闻媒体，主动信息通道容易被阻塞或者篡改。因而投资者经常得不到真实的信息或者得到虚假的信息。价值通证不仅是权利凭证，而且是真实交易的公共账本，其本身就是企业和个人在互联网上的行为的鉴证工具。价值通证包含了价值创造、价值分配、价值交换和价值分享的整体主动信息。价值银行内部的业务管理以价值通证来结算和记账，形成内部货币流通体系。价值银行对外的相关的金钱往来可以以法币或价值通证进行结算。"价值银行"必须以价值通证记账，将所有收入的法币或外部通证先兑换成为对应的自己的价值通证，所有支出由自己的价值通证兑换为法定货币或外部通证支付出去。这样能保证所有对内的业务和对外的交易都实现区块链公共账本管理认证，交易不可篡改或被删除。

价值通证的兑换汇率其实反映出企业和个人创造价值的真实效率，也就是相对时间价值。企业和个人的收入增加，意味着法币和外部货币兑换成价值通证的需求增加，价值通证的汇率随之上升。企业和个人的收入减少，意味着法币和外部货币兑换成价值通证的需求减少，价值通证的汇率随之下降。出口价值大于进口价值使顺差增加，进而价值通证升值，导致外部货币汇率下降；外部产品和服务价格下降，外部采购增加，导致进口价值增加，进而出口价值减少，顺差减少，直至恢复平衡。

当企业现金流为负的时候，其价值通证就会相对多发，进而兑换率贬值；当企业现金流为正的时候，其价值通证就会相对稀缺，进而兑换率升值。兑换率实时反映出企业的经营效率。由于不同产业、不同企业、不同个体有着不同的比较优势和价值能力，因而价值通证的汇率变化即时反映相对价值的变化。各个国家的宏观经济政策，各个企业的管理策略，都根据价值通证的汇率进行即时调整。

价值通证的汇率比股票价格更能真实、准确、及时地反映经营效果，信任互联网机制保证其每单业务的真实性，杜绝了人为做假账的可能性。 股票的本质是企业货币资本的增值回报凭证。股票的计量单位为股，注册时一般每股票面价值定为一元。股票面值定为一元最初的目的是保证股票持有者在退股之时能够收回票面所标明的资产。随着《公司法》的修改和股票市场的发展，购买股票后一般将不能再退股，所以股票面值现在的作用有两个：一是表明股票的认购者在股份公司投资中所占的比例，作为确认股东权利的根据；二是作为股票分红和成长的标定。股票市场的交易价格更多的是反映交易者主观心理预期。股票的基础价值基于公司财务报表表述的客观收入与资产。当财务报表被造假，投资者的心理预期被蛊惑时，股票价格沦为了欺骗他们的工具。价值通证的发行基于人的时间价值证明 PoV，其增加发行的先决条件是企业和公认的真实投入时间，这避免了通货膨胀和通货紧缩问题。如果价值通证的价格大幅波动，不但会引发透支的风险，而且不利于企业内部的管理，因此作为价值银行的企业操纵价值通证汇率是得不偿失的。

金融货币的演进史就是人类价值观念的发展史。资本主义投机者的基本主张是以货币创造更多货币，价值主义创造者的基本主张是以生命造就更多生命。我相信价值互联网会向着更加开放和更加有效的方向发展。未来地球村的价值媒介不会仅限于一些国家或国际组织的中央银行的法币。区块链和加密技术意味着几乎任何人现在都可以创造价值通证。更多商业组织将成为创造和治理数字资产的价值银行，这些价值通证要想被接受，就必须反映这些组织真实的价值并取得公众的信任。企业的数字化是建立可信价值的前提。

第 7 章 重新定义企业价值

○ 企业数字化的普及

2020 年,全球新冠肺炎疫情和经济危机的爆发导致航空、旅游、影院等多个行业休克,然而 5G、在线会议、游戏、云计算等行业却更加迅速地发展。人们意识到数字技术在重大公共卫生安全事件中的作用,企业正在经历历史上最快的数字化。**企业数字化不仅形成了价值互联网的技术基础,而且从根本上重新定义了企业价值。**

1990 年至今的这 30 年是数字化爆发的时代。1992 年我进入清华大学学习,那时的计算机是奢侈品。学生用计算机要到主楼后厅连接服务器,如果一台终端有人操作失误,那么所有人的终端同时停机。1992 年整个互联网的数据流量为每天 100GB,而 2002 年则达到每秒 100GB,10 年网速约增长了 9 万倍。2017 年互联网数据流量增至每秒 4.66 万 GB,预计 2022 年将达到每秒 15.07 万 GB。今天,数字经济与 5G 通信、区块链、数据分析、人工智能(AI)、3D 打印、物联网(IoT)、自动化、机器人、云计算等最尖端技术密切相关。这些技术创造了大量的企业数字资产。

自 2009 年金融危机爆发之后的 10 年里,企业数字化完成了世代更替。2009 年,排行榜中跻身前 12 名的数量最多的是石油、天然气和矿山企业,达到 7 家,而信息化和数字消费类企业只占 3 家[1]。而 10 年之后,全球排名前 20 的企业中,8 家

---

[1] UNCTAD《数字经济报告 2019》。

互联网平台企业的市值合计占到前 20 家企业总市值的 56%，石油、天然气和矿山企业骤减至 2 家，总市值所占比例已降至 7%。新兴的数字化平台企业能将庞大的信息数字化，并在互联网流通中迅速崛起。数字化平台企业通过互联网连接商品、服务和信息，汇聚了大量业务数据和用户信息。市场证明，这些互联网上的数据信息比石油矿产更能创造价值。

中国和美国平台企业成为数字化的领导者。全球排名前 70 位的平台企业中，中美两国企业的总市值合计占整体的 90%。互联网企业在 10 年的时间里异军突起，2018 年总市值排名前 10 位的企业中只有 2 家在 2009 年也跻身前 10，其中 4 家在 2009 年的排名中甚至没有进入前 100 位。亚马逊、阿里巴巴、Facebook、腾讯都是美国和中国的数字化平台企业。除上述 4 家企业外，美国的微软、苹果和 Alphabet（谷歌的母公司）也跻身 2018 年的总市值前 20 名排行榜，这 7 家企业全部是中美两国的数字化平台企业。

经济最强的国家的数字化驱动力更大。全球数字化平台企业明显集中在中美两国。总市值排名前 10 位的企业中有 9 家是美国和中国的企业。从不同国家来看，目前全球排名前 70 位的数字化平台企业的总市值，美国企业占 68%，中国企业占 22%，仅这两个国家的企业就占到 90%。此外，欧洲企业占 3.8%，非洲企业占 1.3%，拉美企业仅占 0.2%。区块链技术相关的专利有 75% 由美国和中国的企业持有。另外，美国和中国的企业占云计算市场的 75% 以上。在物联网相关市场，中国和美国占支出额的 50% 以上，其中，美国占 26%，中国占 24%，远超排在后面的日本（占 9%）和德国（占 5%）。

数字化何以产生如此巨大的效益进而提升企业价值？因为数字化获取了更多的企业经营管理的主动信息。用人工智能算法代替人工流程，可以帮助企业自动收集和挖掘数据，以更好地改进流程性能，识别成本和风险的原因。实时报告和仪表板使管理人员能够未雨绸缪，提前解决问题。厂商可以通过监视客户的购买行为数据以及得到的渠道反馈信息来更快地识别和处理供应链质量问题。企业通过数字化的信息流，可以削减多达 9 成的信息成本，并将物流和资金流周转时间缩短几个数量级。

数字化已经成为产业竞争力的重要保障，为企业带来了实实在在的效益。我们曾帮助一家医院对其医生接诊、问诊、检查和决策辅助的流程实现了智能化，从而将每个医生的单位诊疗时间成本降低了 60%，并使病人等待治疗的时间从平均 95 分钟缩短至 20 分钟。我们还为中国一家最大的电视台创建了数字化的绩效管理系统，对各个栏目的真实收视率和投入的成本进行即时的大数据分析，发现和减少了大量的成本浪费。我们与硅谷的一家商务智能公司一起，帮助中国多家上市公司进行财务系统的数字化转型，将集团企业的财务核算与报告时间从两个月缩短到一周。随着互联网在企业运用的日益深入，整个产业的效率提升和成本降低得以实现。

在公共卫生危机和经济危机袭来的时候，数字化能力成为企业生死攸关的竞争力。不能对自身的业务流程进行彻底的数字化改革的企业，将被客户抛弃。越来越多的客户出现在数字世界，他们习惯于直观的界面、全天候可用性、实时履行、个性化处理、全局一致性和零错误的服务。客户要求的不仅是出色的用户体验，还要求企业提供更具竞争力的价格。因此企业必须保持更低的成本、更好的运营控制和更低的风险。

为了满足这些新兴客户的要求，公司必须加速其业务流程的数字化转型。数字化转型需要一整套的技术与管理变革方法，需要精益求精的设计和实施。数字化通常可以使业务流程从根本上进行重新设置。例如银行和金融机构将自动决策，与自助服务相结合可以消除人工流程，也可以减少街头实体银行的开销。成功的数字化不是对旧流程进行修修补补，而是从更高维度设计业务流程。失败的公司大都是直接将过去所有的流程都迁移到互联网上，这不但浪费了大量的咨询和开发工作，有时甚至根本没有效果。成功的公司为未来设计流程，并使用尖端的数字技术对其进行优化调整和重构。它们不是简单地自动化现有流程，必须从更高维度去重塑整个业务流程，包括减少业务操作步骤，减少文件流转，开发自动化决策并发现和处理违规及欺诈问题。企业创新业务必须重新设计运营模型、技能、组织结构和角色，以适应新的客户定制化需求。企业的数据模型应进行调整和重建，以实现更好地进行决策、性能跟踪和客户洞察。

数字化需要以明确的和更高的绩效提升为目标，而不是为了数字化而数字化，例如将资金周转时间从几周缩短为几分钟。企业要保证目标实现，需要有一套切实有效的管理方法，同时还要与客户和监管机构不断沟通，以得到其支持。数字化很可能不会一帆风顺，导致项目失败的经常是业务和管理的问题，而不是技术问题。因此，企业数字化计划需要董事会强有力的支持，以使所有利益相关者保持一致，而所有其他决策都应委托给项目团队。

数字化要想成功，人才是关键。数字化通常要求将旧知识与新技能相结合，例如通过培训，培养对业务和技术都理解的产品经理、数据科学家和用户体验设计师。因为具备数字化技能的人才非常短缺，所以企业经常会遇到人才瓶颈。我们的经验是，企业建立一个由熟练员工组成的卓越中心，从而迅速实施流程变革与数字化。尽管如此，许多公司还是必须从外部寻找人才，例如数据科学家或用户体验设计师，以满足对新技能和新角色的需求。数字化变革事关重大，企业应非常谨慎地选择第一负责人，还要使其在组织中广受信任，并准备长期投入。团队必须具有以模块化方式构建所需技术组件的技能，以便使它们可以在各个流程中重复使用，从而最大限度地实现规模经济。

近年来，数字化的热点已经从商品市场、服务市场升级到了金融领域，未来它还会进入资信市场与思想市场领域。中国企业可能在这次金融会计数字化升级中实现跨越式发展。想想，如果中国居民能够在线查看其耗电量的实时报告、支付移动通讯的流量费，那么企业为什么不能在几分钟内就获得银行贷款批准？然而，许多传统银行和金融机构无法满足这些需求。结果，数字化互联网平台企业可以通过快速开发数字产品和服务，并结合先进的算法和大数据来占领市场。

这是一个跨界降维打击的时代，科技公司正在以其数字化优势和研发创新能力攻入金融行业。一些大银行也开始主动进行自我变革，积极与金融科技公司建立合作伙伴关系，在支付系统、保险、金融咨询和管理等领域开发新的数字化技术解决方案。金融交易数字化业务的增长也与银行竞争环境的变化有关，微众银行、蚂蚁金服等金融科技公司业绩的快速增长反映出金融与技术的高度关联性。这些金融科技公司中有许多具有互联网平台公司背景，其业务模式，比如支付系统、保险、投资等，侧重于发挥互联网效应。数字金融服务的优点是运营成本低、敏捷性更高，并具有定制金融产品和服务设计的能力。

数字金融服务除了使用人工智能、机器人技术以及新形式的加密和生物识别技术外，还可以使用诸如数字货币、区块链和大数据等新技术，以改变金融产品的提供方式。当然这可能挑战传统中央银行政策和监管模式的服务，进而同时推动实体经济和金融体系的变革。可以预见，一个更大的数字化浪潮正在袭来。

○ 创造真实的网络价值

数字化改变了企业创造价值的方式，也带来了企业价值评价的问题。2000 年的互联网泡沫，2008 年的金融危机，都是由价值虚增引起的连锁反应。我的第一份工作始于硅谷的互联网公司太阳微系统（SUN），它曾经是美国首屈一指的互联网和计算机龙头企业。在这家公司工作，让我全程经历了互联网泡沫。2000 年我进入 SUN 公司的时候，其股价最高达到 120 美元。2003 年而我辞职回国进入北大任教的时候，该公司股价不到 5 美元。2009 年金融危机，这家公司最终被甲骨文公司以其历史最高市值 7% 的价格收购，当时公司尚有 10 亿美元现金、大量技术知识产权以及数万名优秀员工。这些经历让我对企业价值的大起大落感触颇深。

过去的几年中，投资者再次涌入了具有快速增长性和高度不确定性的公司的股票交易中。互联网平台和数字科技公司更是创造了前所未有的估值。WhatsApp 于 2014 年以 220 亿美元的价格出售给 Facebook，当时 WhatsApp 只拥有 70 名员工；Google、Apple、Facebook 等公司的人均营业额超过千万美金，是传统制造行业的百倍。很多企业都标榜自己是互联网数字化企业，有的创造了巨大的价值财富，而有的却是一场幻想。价值互联网中企业创造价值的方式改变了吗？

事实上，许多公司股票的迅速上涨和突然崩溃引发了人们对股票市场健全性的质疑，股票市场的流通给企业带来了更高的价值，但风险也越来越大。经济危机结束了资本市场 10 年的表面的技术繁荣。其实，美国证券交易委员会在经济危机爆发之前就已经开始采取行动，研究投资基金如何得出高科技公司估值。

企业价值是创造客户的结果。一个公司真正获得价值，不能依靠股民的货币幻觉，而只能由真正的客户用订单来投信任票。企业的产品和服务只有能为人们带来更好的生活体验，才能产生可持续的价值。不能够持续创造客户价值的企业，尽管一时可能光鲜诱人，但很快就会露出原形而被众人抛弃。创新的产品和技术是价值的源泉。新产品比原先以同等数量的生产手段制造出来的产品具有更高的价值。新的服务流程比原先的服务具有更高的效率和更好的用户体验。品牌和信任是价值的积累。交易成本由于信任而降低，这对企业和客户来说都是双赢。公司依靠数字化获得更多的声誉价值。价值互联网将企业信任资本化。

传统的经济模型通过对各种实体的货币价格衡量的统计数据来计算企业价值。这些及经济模型是企业广泛使用的财务会计核算方法的基础。企业被看成是以盈利为目的的价值链，通过生产和销售商品获得收入，通过采购商品和发放工资等形成支出。马歇尔经济学原理告诉人们，市场中有供求信息不对称，价格是由供给线和需求线交叉形成的。如果企业可以获得不同市场的价格，就有获利的可能。

传统会计盈利计算方法中最重要的部分是计算企业盈利。企业的盈利（E）由经营收入减去固定成本（Fixed Cost，FC）得出。经营收入的计算方法是单位利润乘以销售数量（Q）。单位利润是商品价格（P）减去变动成本（Variable Cost，VC）。企业能够赚钱的秘密用一个"差价盈利公式"来描述（见图7-1）。变动成本是企业中与生产开工有关的成本，例如原料采购，人工成本，销售费用，等等。固定成本是企业不论是否生产开工都需要花费的成本，例如办公室租金、厂房土地、行政人员薪酬等。

差价盈利公式是多年来解释和计算企业价值创造的基本方法，在商学院的MBA课堂上讲了上百年。变动成本和固定成本的发现，可以算是会计学的一件大事。我们能找到的最早一篇讨论变动成本和固定成本概念的论文是1946年发表的[①]。直到近八十年后的今天，会计学和技术经济当中进行企业和工业项目经济计划的时候，大都采用传统差价盈利计算方法。

差价盈利公式是工业经济时期的产物，其产生情境与数字经济和互联网产业相差不止十万八千里，还有几代产业革命。在企业管理实践中，差价盈利公式却误导了很多人。商学院教MBA学生：企业经营依靠信息不对称的差价盈利，最重要的就是减少变动成本和固定成本，而减少成本有两个办法，一是压低供应商和原材料价格，二是不断扩大生产规模。中国二、三线城市的房地产企业采取的经营模式主要就是这种，结果造出了大量没有人要的房子。如果是在生产规模小的工厂，例如每个月生产几千个单一产品的加工企业，那么差价盈利公式的计算可以做到相对准确。而市场规模一大，客户数量上了百万千万，那么差价盈利公式与企业真实的价值创造就南辕北辙。

差价盈利公式对人的思想有三个误导。第一，在这个公式里面，一家企业只要控制住价格，就不可能不盈利。控制价格就必须垄断，所以有人误认为做垄断企业是创造价值的最高目标。更有放弃真学问，投身国家发改委价格司而后腐败者。能"控制价格"比货币幻觉更让人着魔。第二，如果不能控制价格，

---

① Fixed CostsAuthor(s): W. Arthur Lewis, Economica, New Series, Vol. 13, No. 52（Nov., 1946）, pp. 231-258.

那企业只有扩大规模，降低变动成本。这种情况如果发生在一个法制不严明的市场，那么偷工减料、克扣工资甚至滥竽充数的手段就来了。第三，这个公式告诉我们，盈利是一切，如果企业没有盈利甚至接连亏损，那么企业不但没有创造价值，反而产生负的价值。在现实当中，亚马逊，京东，甚至中国高铁，都经历过十年亏损，然而它们的企业价值却越来越高。相信差价盈利公式的人们笃信企业的根本目的就是盈利，将企业盈利和企业价值混为一谈了。

差价盈利公式依然有着众多的信徒。在实践当中，金融市场上的许多人没有意识到其问题。在金融业的大多数领域，例如，在投资银行、股票研究、私募股权、公司发展、并购和杠杆收购中，使用的最常见的企业估值方法有三类：最近交易分析法，折现现金流方法，可比公司分析法。

最近交易分析是一种"照猫画虎"的经验法，分析师将相关公司与同一行业中最近出售或收购的业务进行比较。同行业的类似企业，它们的原材料和成本结构类似，盈利也差不多。但是龙生九子各不相同，创新企业更是无章可循。而且互联网瞬息万变，随着时间的流逝，过去的估值很容易过时并且不再反映当前市场的真实情况。

折现现金流（DCF）方法是内在估值的一种形式，被业界认为是更详细、更彻底的估值建模方法。考虑到利息成本，未来的钱没有今天的钱值钱。分析师可预测该公司未来的无杠杆自由现金流，并以该公司的加权平均资本成本将其折现至今天。这个模型分析师可以根据不同的情况预测价值，甚至可以进行敏感性分析。然而在这个模型中，最不确定的就是盈利分析，因为对于分析师来说，如何精确预知企业未来的变动成本和市场价格是非常有挑战性的。

可比公司市值分析（也称为"交易倍数"或"公开市场倍数"）是一种相对估值方法。企业与其他类似披露报表的公开上市企业，其当前价值交易市盈率（每股价格/每股盈利）、市净率（每股价格/每股净资产）等比率指标，以及通过市盈率反映公司市值对税息折旧及摊销前利润（EBITDA）的倍数，都是比较常见的估值方法。然而，如果公司处于亏损状态或者新创公司尚无盈利，那么公司价值不好计算。而且，大多数互联网平台公司和科技公司在创业的前几年都未盈利。今年盈利的行业，明年未必盈利，"刻舟求剑"的做法不能反映动态的价值变化。

最关键的问题是差价盈利公式根本没有考虑企业的客户，也没有体现创新能力、知识产权和流程资产。差价盈利公式将研发、创新和管理都简单地归入固定成本项下。岂不知，这些是企业价值成长的最重要资本。用差价盈利公式，企业家容易忽略公司的价值，投资者可能会错过高价值的公司。

在研究大量的互联网企业估值的时候，我发现差价盈利公式不能解释互联网企业的价值。其实，在互联网行业，过去的财务会计方法与投资评估方法早就被发现不好用了。互联网企业提供无形的服务，而不是有形的产品，其商品销售数量（Q）无法计量，另外，其运营成本时刻在变动，不好估算。我在调研企业时发现了这个问题，于是在 2006 年提出了新网络价值公式（见图 7-1）。过去十几年，我的研究团队一直用新网络价值公式评估互联网企业绩效，得到了接近真实的结果。新网络价值公式计算经济体的价 V 值等于三个部分的乘积：用户数平方（N^2），时间互动率（τ）以及单位时间互动盈利（e）。

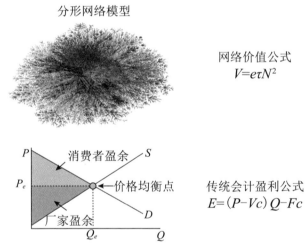

图 7-1　网络价值公式揭示了传统会计盈利公式的问题

新网络价值公式认为互联网企业创造的是网络价值，与生产企业创造商品价值非常不同。网络价值与用户数量的平方成正比。在一个有 N 位用户的互联网平台中，每个人之间都可以交流互动。例如，支付宝在全球有超过 10 亿用户，从理论上讲，这些用户之间都可以转账。他们的潜在互动关系数是 N 的平方。时间互动率（τ）代表网络的热度，在单位时间内，系统用户之间互动越多，τ 值越大。时间互动率同时也可以理解为在单位时间内网络中任意两位用户之间互动交易的概率。如果时间互动率等于 100%，则意味着在单位时间内，每个人跟所有人都有互动交易，这就像量子纠缠状态。在单位时间内，两位用户真实连接并达成互动，作为互联网平台的企业都获得盈利（e）。例如支付宝，两位用户每分钟能完成一次转账，每次用户转账，阿里巴巴的运营支付宝的公司都提取信息服务费（例如 0.1 元），去除其运营成本（例如 0.05 元）即得到互动盈利（e）。

数字经济与商品经济的原理，在本质上不同。网络价值公式不仅对差价盈利公式提出质疑，更是一次经济学思想的升维。尽管技术变革日新月异，但是人类科学思想的进步如冰川消融。正如 19 世纪初的科学界，大多数学者对牛顿力学公式奉若神明，只有极少数科学家敢于怀疑和证伪盛行的经典牛顿力学理论。21 世纪初的经济学界，大多数学者赞同亚当斯密和格林斯潘的观点，只有极少数经济学家敢于批判和证伪盛行的商品经济学理论。

如果将互联网价值公式与差价盈利公式对比，你就会发现两个不同的思想维度。物质原子论盛行的时代提出的差价盈利公式，其研究对象是物质不变的商品，难免陷入价值绝对论的误区。差价盈利公式 $E=(P-Vc)Q-Fc$ 与牛顿力学公式 $F=ma$ 的思维类似。在世界整体论复兴的时代，我提出的互联网价值公式，其研究对象是千变万化的人，必须基于价值相对论的前提。网络价值公式 $V=e\tau N^2$ 与相对论公式 $E=mC^2$ 具有异曲同工之妙。

靠光速不变性的物理实验和辩证的思想实验，爱因斯坦以实践证伪了当时权威的牛顿的理论。牛顿加速度定律 $F=ma$ 认为物体质量 m 不可变，施以力量，速度可以到无限。爱因斯坦则提出了光速不变而物质质量 m 可变的理论。后来一系列放射性元素的发现和核实验也印证了爱因斯坦的理论。我在读《爱因斯坦文集》的时候受到启发：当一种理论思路与实践事实相矛盾的时候，沿着它相反的方向是可能的出路。

传统经济学的差价盈利公式会推导出一个谬论：在理论上，只要企业做到价格垄断（P），不断扩大规模，加大生产（Q），就能创造出无尽的盈利。这是一种让苏联计划经济支持者着魔的思想。至今在中国石油企业身上还能看到其影子。然而，世界上妄图通过垄断来获得无限盈利的组织很快就失去了民心。以格林斯潘为代表的经济学家的理论，建立在自相矛盾的假设上。他们一方面认为货币是一种天然具有稀缺性的商品，另一方面又认为美联储天生有凭空创造货币的特权。商品经济的价值理论和方法难以解释数字化的现实世界经济。

网络价值公式告诉人们，这个世界不可能有无尽的财富。从整体论的角度来认识这个世界，因为整个世界的人的总数（N）是有限的，所以一家企业即使将古今中外所有人都转化成客户，其价值也是有限的。互联网企业的服务质量受到内外因素的影响：一方面，企业内部运营效率越高，单位时间互动盈利（e）越高；另一方面，企业外部用户互动越积极，时间互动率（τ）越高。服务质量可以表示为（$e\tau$），营销创新和技术创新能够提升（e）和（τ），也就是让服务质量产生了阶跃。企业服务质量和企业创造价值，本质上是同一事物。这种效应如同爱因斯坦质能方程揭示的核聚变原理，服务质量的变化通过网络关系（N^2）的放大而产生巨大的商业价值。这就解释了互联网企业为何能够以比传统生产企业快得多的速度创造价值。

对于创造网络价值的企业来说，最重要的是用户数。我们发现，即使在支付宝和亚马逊这样的拥有数亿活跃用户的互联网平台中，时间互动率也是非常小的，但是由于用户数平方是一个巨量，即使每天时间互动率只有一亿分之一，因为超过十亿用户每天交易的次数巨大，所以信息服务盈利一年也能超过700亿。从法律上讲，支付宝并不拥有这些转账的现金，只是提供互联网信息服务。然而阿里巴巴公司必须要让每次0.1元的信息服务费能够有盈利，因而就要精打细算，控制开销。只有当阿里巴巴的服务好过其他互联网竞争对手时，用户才愿意继续为平台服务付费。

能否提高平台价值是一个互联网公司核心竞争力的体现，它可以反映出公司商业模式的潜力大小。例如对比电子商务网站京东和淘宝，我们容易知道，淘宝的τ会显著的大于京东，这是由其顾客对顾客（C2C）的模式决定的；价值网络的用户数N可以精确获得，淘宝网也具有绝对优势。单考虑每次交易互动盈利（e），京东会比淘宝的更大，因为其采用商家对顾客（B2C）的模式，用户对其信任度会更高，交易成本会更低，且交易为客户创造的价值更大或者说为用户节省的时间会更多，但是因为京东服务交易的活跃度相对低，用户量偏少，因此，综合计算整体的平台价值V，淘宝的更高。

网络价值公式给了我们一种新的评价企业价值的方式。创新高科技公司，特别是互联网平台公司，它们创造价值的方式与传统商业企业存在着本质的区别。在评价其价值时，要注重对其长期用户的获得和转化能力的评价，更要注重对企业本身的商业模式的评价。在对高成长的公司进行估值时，首先要考虑，行业和公司从目前的高成长不确定的条件发展到未来的可持续和适度增长状态所需要的时间；然后以运营绩效的度量标准来定义和界定关键指标，例如，用户增长率、订单转化率、单位服务盈利等，并据此计算出企业价值和资本回报率。

网络价值公式告诉我们，企业价值是在用户价值关系当中实现的，价值关系比成本控制重要得多。每次用户之间互动交易的成功，看起来是偶然的，但其实它是建立在互联网企业做了大量的服务工作的基础上的。每次互动交易都是一次人与人经济关系的连接和建立。因此，在价值互联网生态中，这些原先素未谋面的人形成了价值网络。时间互动率受到外部环境、政策法律和社会文化的影响。如果政府采取管制措施，限制人与人之间的互动交易，那么市场温度就会冷下来，互联网价值就会萎缩。

一流企业定义最高标准，二流企业定义中间产品，三流企业定义最低价格。 网络价值公式提醒我们：价值互联网的价值本质是人与人的关系。人与人之间到底是一种交易关系、斗争关系，还是协同关系，这是创造价值的基础。所以，文化和法律对互联网平台企业有着至关重要的影响。企业千万不能忽略法律、政治、文化等方面的因素所导致的不确定性。只有坚持走正道的企业，才能创造真实价值。

○ 数字经济时代的企业价值管理

如果将价值互联网比作信息数字的星系，那么市场客户是恒星，企业是以客户为中心的行星。数字经济时代已经来临，未来不能在价值互联网中与客户互动并开展业务的企业，将坠落成陨石，并面临脱轨和被淘汰的风险。

企业运行中会遇到困难甚至是难以想象的危机。根据我们与清华大学互联网产业研究院最近的调研结果，在遭受疫情时，中国数字化科技企业的存活率比传统企业高一倍以上。处于危机中的企业，必须积极计划和监控其数字化的关键投资，以使自己能够生存和发展。当经济危机袭来时，更多企业开始关注数字化治理与投资的创新回报，进而实现其真实的网络价值。IDC预测，世界各地的公司2020年的数字化转型花费将达到2.1万亿美元。但是，数字化转型和价值管理非常复杂、耗时且昂贵。企业和竞争对手都在重新构想其商业模式，以适应数字化经济。这种大规模的投资带来了巨大的风险，对于忽略了数字化对企业价值的巨大影响的管理者来说，尤其如此。

企业如何确保数字经济时代的企业价值得到提升？成功的现实路径是做好企业价值管理，以实现更高的投资回报。企业价值管理就是设计和构建价值体系的过程，包括价值主张、价值需求、价值实现、价值流程等各个方面，涵盖客户、员工、运营、安全可靠性、基础设施以及创新等多个关键领域。价值管理还牵扯到跨部门、跨领域、跨社群的决策协同和流程重构。这是一项充满挑战的工作，决定着企业的生死存亡。随着数字经济与企业价值体系相融合，数字科技和智能系统成为企业价值管理的利器，与此同时，管理者也必须有价值思维，才能发挥其功效。

企业价值管理始于确立价值主张。价值主张回答了一个基本问题：企业为客户创造了什么价值？价值定位的对象不是产品功能，而是客户的价值需求。客户是企业创造价值的根本。企业首先应专注于客户的数字体验，保证产品和服务能够超越客户的期望。满足客户的互动需求，需要有以人为本的产品和服务设计，还要通过互联网服务让客户之间以及客户和员工之间互相交流。站在客户的角度，换位思考，理解客户真实的需求和期望。客户信息是企业最核心的数字资产，企业要建立客户关系系统，管理客户信息库。价值主张定义了企业与客户的基本关系。企业需要对客户、股东、员工等利益相关者不断重申和不断强调其价值主张。

价值主张是企业与客户信任的建立、维持和强化的核心。数字营销是企业向客户传递价值主张的方式。企业的营销转型到数字营销，必须保证其业绩指标是有形的、可量化的。在创新和突破式的营销战役中，企业还需要关注定性的和效果的指标数据。例如在衡量客户认可度的时候，将互联网中客户的实际推荐率作为重要的指标。

价值需求是客户需要解决的关键问题。通过互联网，主动调研和获取客户的真实需求。不少企业都投资建立数字化的客户信息库，但这是远远不够的。在每个行业，客户和员工都在要求更多自由，要求能更容易、更透明地访问各种信息，以及获得更灵活、令人愉悦的用户体验。企业需要增强与客户的实时互动，以及时发现和解决客户问题，实现价值定位。通过建立互联网客户社群，企业可以关注每个客户群体的需求和愿望。企业要在预期客户的头脑里给产品定位，确保产品在预期客户头脑里占据一个真正有价值的地位，然后想象和绘制出完整的客户营销和服务路线图。该路线图包括了从最初的接触互动、营销、签单到客户支持部门保持持续联系的全过程。

企业的客户关系管理与客户服务系统，能够确定客户购买决策的关键要素和关键时刻，分析甚至预测每一位客户的个性化需求。在价值互联网上，客户需要管理其数字资产，例如管理其拥有的价值通证、知识产权、资信证明等。

企业需要重视客户的数字资产管理，对客户的数字资产和隐私信息进行严格保护。

价值实现是解决客户的普遍"痛点"的方法。企业找到合适的解决方案，不仅要依靠其产品和服务数据库，更需要与客户合作，一起集思广益，共同创造更好的办法。企业应主动通过数字化研发平台和互联网创新平台，将客户、员工、合作伙伴中的最佳创意和产品融入运营流程。企业定期与合作伙伴互动，以发现新的机会和想法，通过互联网平台组织创新挑战活动以及与供应商合作伙伴联合，公司可以获得更多重要的创新渠道。

随着公司的发展，内部运营也正在发生数字化和自动化的转变。企业网络营销、供应链和研发趋于整合。传统的运营成本控制策略，越来越难以奏效。企业的运营思路，要从围绕着产品流程的运营转变为以客户为中心的运营。企业的运营体系必须灵活而机动，围绕着客户的需求和市场的变化来进行调整。

企业资金管控和财务运作是价值实现的重要方式。企业的资金管理不只是公司财务层面的工作，数字资产的管理应被列为重中之重。企业价值管理贯穿价值通证的发行、交易、兑换、回收等工作的全周期。企业运营要能够做到业务流程与财务绩效管理紧密融合，关键决策依据科学的预测与数据分析，工作目标安排与资源的配置都有数据的支撑与事实的依据。

价值程序是企业价值策略落地的保障。在数字经济时代，企业的洞察力、决策力、执行力和创新力都是企业的核心价值。企业价值管理的需要进行全面绩效管理，根据市场和企业现实设定计划，建立模型，并确定评价指标。在执行过程中让公司的整体战略和目标相结合，随时在每个重点领域都跟踪报告关键绩效指标（KPI）。在必要时调整流程，转换团队角色。企业的绩效目标必须成为每个员工的个人绩效目标，以推动日常执行。

在企业流程和资产数字化的过程中，企业需要经常且快速地对产品和服务进行测试。在快节奏的商业环境中，企业不能花费数月的时间来做计划再慢条斯理地逐步改进。"天下武功，唯快不破"，对新的产品和服务，先做最小可行产品（MVP），尽早与客户进行测试，根据需要快速进行更改。

企业创新产品的迭代与反馈的效率也是企业的重要价值。通过精准的营销和个性化的设计，新产品和服务以更低成本获得更高利润。新产品和服务成功交付客户的效率高，意味着企业的资金周转率高。利润率高和资金周转率高，意味着企业的投资回报率高。

企业应建立与数字经济相适应的设施和数字资产管理机制。客户数据，品牌商誉，知识产权，运营流程，团队智慧，等等，都是比金钱更有价值的资产。企业需要建立清晰明确和完善的数字资产管理规则，定期对数字资产进行评价与保护。企业在快速开发新产品和实施计划的过程中，要高度重视数字设施的安全性和保密性。核心知识产权和数字资产一旦被破坏，则企业将会遭受毁灭式的打击。

企业文化可以是变革加速器，也可以是最大路障。企业价值管理要建立创造价值、珍惜价值、分享价值的文化。企业应当能够发现那些愿意接受挑战的人才，支持并奖励那些最有创业精神的人才。企业进行价值管理，需要得到整个团队的支持、认可与参与，让员工获得更强烈的主人翁感。为了确保得到利益相关者的认同，企业需要通过培训和研讨加强沟通，提升员工数字化技能并提高企业数字化成熟度水平，让大家从根本上理解企业价值并愿意迅速行动。

第 8 章 价值互联网的新规则

○ 价值互联网的治理

企业要想真正创造价值,不能依靠货币的幻觉,而必须专注于创造客户,为客户带来更好的产品和生活体验。然而,现实中总有动荡,互联网技术日新月异,商业模式层出不穷,阴谋勾当乱象丛生。随着构筑在价值互联网上的数字经济快速发展,各类区块链上数字资产的开发和流通大大加快,再加上媒体放大了信息的影响力,人们的经济行为会更加不确定。传统商品经济的治理模式在价值互联网上常常显得滞后而乏力。

金融科技降低了造假的成本,看似账本最漂亮的公司,实际上可能做的是假账,因为这些公司更了解专业人士怎么做账。瑞幸之类的欺诈公司的市值和比特币这样的数字资产的价格为什么快速升高?原因就在于这是一系列连续闭环的"聚赌效应"。通过互联网进行病毒式传播,吸引更多的"赌客",一些"赌客"在"赌场"平台赚了很多钱。这时候"筹码"不够用,限制了很多"赌客"涌进"赌场"。很多人会因此产生幻觉,认为"筹码"本身升值了,其实"筹码"在离开"赌场"之后是一文不值的。当众人产生货币幻觉后,网络上出现了兑换市场,可将"筹码"兑换成其他的法定货币,这时候出现大量的偷盗"筹码"和欺诈行为。

政府发现违法行为增多,下令叫停"赌场",于是"赌客"一哄而散。当"筹码"跌价的消息不胫而走后,人们蜂拥挤兑,却发现自己只剩下一大堆没有人要的"筹码"。不仅美国股市和数字货币出现过这种情况,荷兰的郁金香市场崩盘,灾难发生时受到谣言影响的人们抢购大米和油盐酱醋,都反映了这样的"聚赌效应"。

频发的互联网金融欺诈与数字货币案件警醒了世人,价值互联网治理的迫切性越来越突出。**价值互联网治理有一整套规则和监督执行系统。治理者制定整个价值经济在互联网运行中的规则,明确重大决策的责权利,保障系统在正常轨道运行。**成功的治理模型通常是促使组织健康发展的原因。尽管治理模式可能千差万别,但典范模式通常有一系列基本原则:**公开、透明、完整、协作和有效。**

在价值互联网的背景下,有关治理的讨论目前围绕两个维度:集中式与分散式,以及网上与网下。价值互联网的治理对传统的经济治理提出了挑战,对已经过时的权威结构提出了质疑。

政府与企业一直在尝试解决价值互联网经济系统的均衡控制问题,然而忽视了旧有基础经济理论和会计方法的假设已经失效了。各国政府通过法定货币政策实现经济稳定增长的策略,经常被社会中的意识形态与文化潮流所淹没。例如 Facebook 这样拥有巨量用户的互联网科技企业,尝试以其社会网络数据优势,运用区块链技术组织数字货币 Libra,来控制价值媒介。但是 Libra 的"货币锚点"在与国际法币的组合,其本质仍然是类似于早已存在的 SDR 一篮子储备货币机制,依然存在人为的货币操控问题。不论是政府,还是企业,建立数字货币体系,最能体现人的真实价值的通证才是好的价值媒介。价值互联网的治理能力成为项目成败的关键。

价值互联网是否需要政府干预?如果政府干预,需要遵守什么原则?这涉及政治经济学和法哲学问题。关于市场经济治理的争论由来已久。以哈耶克为代表的自由主义经济学派与以凯恩斯为代表的国家干预经济学派或结构经济学派之间存在长久的争端。要实现价值互联网治理,我们需要从基础层面认识和调和二者之间的矛盾。

自由主义经济学假定理想的自由市场的存在。从古典经济学开始的资产定价理论假定市场是完全信息化的,所有的投资者都掌握所有的市场信息,同时通货可以顺畅无阻地流通。然而,信息的缺失和网络关系的错配在实际经济中是经常发生的,在市场上,价格也经常受到扭曲和操纵。社会结构和规范影响了人们对信息的获取。信息可以引起也可以抑制服务的价值形成于交易。而在中央计划经济的国家,由一小群人组成的决策者必须决定资源的分配,但这些决策者却永远不会有足够的信息来保证这种分配的有效和可靠。另外,仅仅在所谓的自由市场价格机制下，资源的有效交换和使用几乎不能维持很长一段时间。当通信和信息受到阻碍时，真正的价值和市场价格之间的差距进一步恶化。如果差距足够大，则足以放慢经济增速，破坏市场经济，导致经济危机发生。

根据凯恩斯主义经济学说，国家干预是减缓这种"繁荣与萧条"经济周期效应的必要手段。采取财政和货币措施，以减轻经济衰退和萧条的不利影响是必要的。林毅夫教授在新结构经济学理论中也指出，除了依靠有效的市场机制，政府还应该在结构转型的过程中发挥积极的作用。然而，我们必须承认，由于动态多样的社会选择与社会道德文化的演进，政府的干预常常具有局限性。历史证明，国家干预如果演变为价格管制与财政刺激，那么其副作用可能会大于效果。

价值互联网的主体是人，这就决定了其本质是社会系统，而不是法外之地，价值互联网的形成必须依靠信息基础设施建设以及社会网络规范。信息基础设施是一种必须的公共资源，社会交往中的规范与法制是一种必须遵守的公共契约。由于政府扮演着立法规范与信息基础设施的规划者和建设者的角色，因此，国家干预在价值互联网中成为合法的必然。

如何把握国家干预与自由市场的边界是一个难题。控制和自由之间的边界取决于价值互联网内生性的网络结构、社会规范和信息基础设施。因为人们之间文化和规范的差异巨大，而且社会网络的演化引起惯例规范的变化，政府干预和自由市场的边界应是动态调整的。人们的认知差异和文化隔膜会进一步使偏见产生，互联网媒体又放大了偏见的社会影响和舆论观点。价值互联网的治理需要适应通信机制和社会结构的变化。

从服务系统的角度来看，政府系统本身也是一个公共的价值互联网平台，有服务价值，也有服务成本。数字经济环境中的政府经济调控与商品经济环境中的政府经济调控，二者的规律不同。按照传统的经济调控，在短期内，政府采购支出可能会增加企业的"出口价值"，并通过积极的财政政策刺激消费，减少失业。如果雇用很多人来收集信息的花费和设立监管的投资超出了服务价值的回报，那么利用财政和货币措施便是不可行的。

长远来看，政府应该向社会提供数字经济软硬件基础设施，以保障社交网络的良性增长。政府干预的成败，取决于其政策执行是否有利于价值互联网中服务价值的提升。每个人的服务价值本身就是一种动态调整的相对比较优势。因此，给定一个开放的文化和多变的社会规范，最好的方法确实是充分发挥每个人、每家企业、每个国家由要素禀赋结构决定的比较优势,来提升要素禀赋结构,维持产业升级,实现收入增长和减贫。

影响价值互联网中服务价值的因素主要是网络关系结构、个体外向程度以及社会规范,而市场、政府和道德均对这三个因素有着或多或少的影响。首先,对于网络关系结构来说,信息基础设施与市场开放度的作用更加明显;其次,对于个体外向程度来说,道德和文化占据主导;最后,政府对社会规范的影响最显著。整个社会的帕累托最优,依赖于这三个方面的共同作用。而政府干预是否有效,应该基于这些认识作出判断。

随着服务业的兴起与价值互联网规模的不断扩大,社会影响力与声誉系统的建设受到重视。价值互联网的治理本质是人的治理,受到法律和文化的影响。社会制度涉及不胜枚举的不确定因素,例如当媒体不保持中立时,价值互联网的结构将会直接扭曲,进而破坏服务价值。

价值互联网能否被管理与控制呢?虽然控制理论提供了数学工具来指导工程和自然系统达到一个理想状态,但我们仍然缺少控制复杂的自组织系统的系统框架和方法。明智的做法是将价值互联网当成自组织开放演化系统来对待,而不是实行权力控制。不过,我们至少可以通过降低价值的偏差和噪声,来进一步完善社会制度及其实施机制。通过提供基础理论方法和工具,以消除沟通的噪音并降低价值产生和交易的成本,价值互联网平台因此可以提高社会中的总服务价值和社会福利。

价值互联网治理超越了互联网治理和区块链治理的范畴,涉及整个数字经济与互联网和智能科技的范畴。价值互联网治理涵盖多个领域,包括数字资产产权、互联网服务获取、价值定价、数字资产分配、信息数据规范、通证奖励系统、价值共识机制、发行规则、投票决策机制、身份ID认证、安全隐私保护和数字智能伦理等方方面面。价值互联网治理只有确立基本原则,方能有效地实现各领域治理的共识和协同。

价值互联网治理的民主集中制,有效地将分权与管控统一起来。价值互联网的主要价值主张是自组织,以降低交易成本并消除中间人寻租现象。这并不意味着撤消了诸如中央银行等政府机构的权力,而是将高维度规则与低维度管理进行分层。专业管理下放到专业组织,由其自治;规则权力统一到公信力组织,由其确立。专业管理面向市场,规则权力面向科学。

由于金融科技、区块链和人工智能等领域缺少高端跨学科科技人才,因此这类人才成了企业高薪吸引的对象。单靠政府自身，难以支持庞大的研究成本并留住顶尖的研究人员，因此大量的研发投入主要由企业承担。不过，企业在投入基础研究和开发技术标准时，往往要对竞争对手采取保密和限制策略。这也导致市场出现垄断和无效率竞争的问题。如果政府不能招募到相关的高端人才，又怎么可能设计和监督企业的行为？其结果很可能是企业控制了公共技术的标准，科学出版物检索（SCI）就是这种情况，国际科技研究成果特别是论文的评价标准的制定掌握在一家私营企业手中，这影响到大多数科技人员的研究方向。如果政府因为资源受限而在设计和制定规则政策的过程中难以有所作为，那么其公信力和管控能力会进一步下降，市场会更加无序和混乱。因此，政府保持独立的管控和行动能力至关重要，这不但需要经费保障，而且需要确保能合法获得制定法规和政策必不可少的数据。

价值互联网要允许各方利益相关者能够积极参与规则的制定过程。例如在区块链规则中，交易需要经过互联节点的集体批准才能通过，以保证公共账本的真实性，这与传统互联网由网络运营商或中心服务器来批准数据库访问不同。价值互联网使用基于共识的表决系统对协议进行更改。为了鼓励参与，利益相关者有权"宣布"决定的截止日期和奖励机制，激励网络参与者在截止日期之前进行投票。

分布式民主对权利人进行制衡，从而提高了透明度，确保了问责制的实施。价值互联网的交易批准必须经过许多利益相关者的参与，并且决策结论必须公开在网上。当公共账本和文件在分布式系统分发时，权利中心无法篡改或调整，从而消除了集中式系统的停机风险。分布式民主可以提高决策效率，不需要像传统集中系统那样层层汇报，避免议而不决影响进程。

但是，分散治理也有其自身的问题。当出现利益矛盾与不同意见时，系统难以达成共识。如果没有统一的截止时间和达成共识的机制，那么分散的治理必将无法形成共识而导致失败。分散治理缓慢的决策会对网络的整个可操作性和功能产生巨大的负面影响。另外，分散治理会出现大量冗余重复的计算处理，导致资源和宝贵时间的浪费。

治理过程中，集中决策的前提是中心机构将拥有整体的主动信息，能够作出对参与者更明智的决定。但这只是理想情况，在价值互联网这样的复杂环境中，由于中心机构与网络组成部分之间的信息不对称，虚假和错误的信息能够在被发现之前传播。广泛传播的虚假信息影响到人们思维和行为并造成相当大的危害。

价值互联网只有进行线上线下综合治理，方能将网络技术与人的行为引导向有利的方向。线上价值互联网治理直接在互联网技术协议上发生。也就是说，任何建议的更改或决策过程都必须嵌入网络代码中。这种类型的治理使项目开发技术人员（或节点控制器）成为公司决策背后的主要力量，他们其实是治理决策者。这些决策者的培训、组织、投票和管理工作，有很多是在线下进行的。因此，线上线下需要综合治理。

线上治理的区块链模式本质上是一种分布式决策，由数字化的节点自动投票并按照算法约定作出决策。这种方式可以避免信息互联网中心服务器加客户端模式所引起的决策垄断和易受攻击的问题。分布式决策模式需保证参与度，线上治理也需要采用价值通证和数字货币来激励用户参与。除了权力下放外，线上治理还具有可快速决策的好处。由于任何建议的更改都导入到项目代码中，因此系统的及时更新部署尤为重要。如果缺少激励机制和奖励结构，那么线上治理也可能导致用户参与度低。在这种情况下，少数"富裕节点"可能影响到协议和未来进程，也会带来决策的矫正和不公平问题，比如损害"贫穷节点"的利益。

线下治理与传统治理结构相似，集中化程度也明显更高，拥有权威影响力的通常是网络社区领导人或行业利益相关者。线下治理系统通常涉及价值互联网的重大相关决策，因此监管和合规尤为重要。线下治理涉及更高层级人员参与，并不是立即形成网络代码。在决议传达和网络代码开发中，会有决策内容和含义的误解。因此，预先的演练、测试以及监督程序对减少人为的代码错误和系统不可擦除的错账至关重要。

线下治理需要增强透明度。由于在线下可以在闭门造车的情况下作出决策，外部成员只能看到这些决策的结论，因此他们可能从逻辑上质疑决策过程背后的有效性。再加上由少数几个人负责指导项目的过程，在涉及大量参与者切身利益时，可能引起质疑和争论，进而损害参与者对它的信任。

价值互联网治理要包容竞争和共享，实现整个数字经济市场的繁荣。 价值互联网治理应该包容不同法律体系、不同产业、不同技术的网络系统，并将最终的选择权和受益权交给客户。例如，比特币和以太坊就是竞争性的加密数字货币网络，拥有不同的技术思想和组织规则。比特币采用分散式治理模型，"挖矿"奖励是激励参与者的主要机制，主要规则以代码形式写进了"挖矿"的程序当中。

大多数协议仍遵循原始协议，"遵守代码"的参与者只要能够提供额外的计算能力，便能够积极参与比特币的开发。以太坊在数字货币之上增加了智能合约等功能，在治理体系中增强了用户意见的表达，用户可以通过对以太坊进行改进提案投票来决定平台软件变更。提案从草稿到最终/推迟状态以及更改都在开源 GitHub 存储库中进行跟踪。

评价治理方式的优劣，要看其是否有利于表达大家的利益，凝聚众人的智慧。要用创新的方法解决占主导地位的利益相关者和选民的投票率低以及其他因素造成的效率低下的问题。例如线上线下都有周期性的投票系统，包括对投票系统本身进行投票。

价值互联网重新定义了经济社会的治理概念，形成了以价值为导向的治理模式，动摇了传统的以权力为导向的治理模式。平衡价值互联网中所有利益相关者的利益是一项艰巨的努力。价值互联网治理的方法多种多样，其可行性在很大程度上取决于各个项目固有的多种因素。专家意见很重要，但也应包容经济、法律、政治、伦理等因素。价值互联网涉及更深层次的人性与更广泛的利益，随着价值互联网第七层的构建，更加复杂的问题凸显，更多的挑战在前面等待着我们。

○ 衡量数字产权的价值

治理价值互联网的前提是我们能够测量和评价数字经济的价值。德鲁克讲过："您无法管理自己无法衡量的东西"。在宏观经济层面，如果我们没有办法核算经济中的大部分价值，也就不知道在哪里获得真正的价值。在微观经济层面，弄清楚数字产权价值的形成，才能理解价值通证价格汇率形成的机制。

在传统商品经济中，国内生产总值（GDP）是经济活动中最常用的一种度量，它反映了一个国家在特定时期内生产的所有最终产品和服务的总市场价值。传统经济的 GDP 核算体系主要采用生产法和支出法衡量一国经济状况。生产法是从生产的角度衡量所有常住单位在核算期内新创造的价值，是国民经济各行业在核算期内新创造的价值和固定资产的转移价值的总和。增加值以总产出减去中间消耗来计算，GDP 为各行业增加值加总。支出法核算的 GDP 主要包括居民消费、政府消费、固定资本投资、存货增加、货物和服务的净出口，也就是人们通常讲的 GDP"三驾马车"，即消费、投资和出口。

GDP 的核算并不能反映价值经济的真实情况，充其量得出的统计结果与实情接近。从根本上讲，不管是生产法，还是支出法，其经济学理论是基于商品经济传统的会计盈利计算方法。价值经济的网络效应以及数字资产的升维价值并没有统计进去。价值互联网经济体系中最重要的数字产权、知识资产、信任关系等因素被 GDP 核算忽略了。

GDP 的核算花费巨大的财政成本，然而核算统计的效率却很低。GDP 核算依赖国家统计机构与大量统计人员的数据调查。过去 GDP 长期作为考核官员的最重要政绩指标，政府和统计部门存在数据虚报、错报、漏报的情况，国家统计局不得不投入更多人力、物力进行检查，并定期对统计结果进行调整和修正。这些庞大的统计核算系统耗费了大量的财政费用。

传统 GDP 计算忽略了数字经济中的巨大价值，当互联网为用户免费提供有价值的数字商品时，不会对 GDP 数字产生直接影响。事实上，即使数字商品或服务的价格为零，消费者也可以从中获得很多价值。维基百科让我们得到了海量的公开知识。北大和清华的网络开放课程使我们受益匪浅。互联网公司可以从免费服务带来的收费服务中赚很多，比如 Google 为线上用户提供免费搜索服务，却从广告客户那里赚取数亿美元的盈利。

人们注意到数字产权具有与传统的商品截然不同的三个特征：零成本复制，品质不变，及时转移。这意味着数字产权产品可以一瞬间大量出现在任何地方。汽车、电器、食品等实体商品不具备这三个特征，然而在互联网上，数字产权无处不在，其在经济中所占的份额越来越高。在美国的 GDP 统计中，包括音乐、数据、软件、新闻等服务的产值，在 1983 年占美国 GDP 的 4.6%，而在数字商品呈爆炸式增长的今天，按照 GDP 统计办法它们的产值仍然是 GDP 的 4.6%。由此可见，官方的 GDP 核算完全没有体现信息爆炸。

中国知识产权申请量在全世界已经连续八年排名第一，然而专利转化程度不高，缺乏科学的知识产权价值评定是其中一个重要的原因。20 年之前，Google 创始人 Page 和 Brin 在斯坦福读书期间发明了基于数据节点的排名算法专利。当时斯坦福校方不但鼓励他们申请专利，还支持他们休学创业。这项专利是其搜索引擎技术的基础，今天的谷歌市值大概是 8 000 亿到 9 000 亿美金。但是这项基础专利去年失效了。我曾在硅谷从事互联网标准技术的研究开发工作，知道核心专利对产业的价值。在硅谷工作的时候我就开始研究这项技术，发现网页搜索排名算法不能解决服务搜索价值排名问题，这启发我发明了基于社会网络的服务价值评价技术。我的发明在四年前注册了专利，这项技术是价值互联网超越谷歌专利的升级技术。价值互联网第七层的核心专利终于掌握在中国人自己手上。在研发和申请创新专利的时候，因为以差价盈利会计公式难以评价其价值，所以许多人弄不明白这项专利有多重要。其实很多专利发明在大家看不懂的时候投资开发才有价值，等到众人皆了解的时候已经贵到买不起了。知识产权价值评定对创新经济的重要性不容忽视。

经济当中越来越多不同于商品定价的数字产权，这就带来一个严重的问题，如果没有有效的工具来衡量数字经济的价值，那么政策制定者将不得不为如何管理数字经济而头痛。这就需要我们有能够衡量数字经济收益的方法和工具。

价值互联网出现了大量不以国家法定货币进行计价的数字产权，包括数字货币、知识产权、信息服务、网络品牌影响力等。这些数字产权的互动交易是实时发生的，不像传统商品那样在生产和交换中形成可计量的库存，也没有严格统计的财务报表。这就为测量和评价带来了困难。如果不能对数字产权进行精确地测量和合理地评价，价值互联网中的交易成本会大量增加。

在企业经营层面，与商品靠市场谈判交易形成价格的机制不同，数字产权的价值高度依赖主观心理判断，而且其数量也难以通过物理指标进行界定。价值互联网需要制定通用的数字产权定价准则。在实践中，人们大多对数字产权采用经验法和遵照惯例的方式进行定价。例如比特币采用工作量证明的方式进行分配，"挖矿"结点计算机运行的时间越长，得到比特币的可能性越大，这也意味着需要者更多，进而推高比特币的价格。有的数字产权采用投票法定价，一人一票简单多数原则，例如微信公众号文章的阅读量越多，其付费转载的报价越高。全体认证的共识机制的本质是一票否决权，认证的成本很高。于是有的组织采用类似股权表决的方法，例如以太坊的权益证明提案。还有采用类似神经网络分析的方法进行投票，先根据其适用性对决策进行了分类，例如决策属于经济、政策、法规类。每个投票者就是一个神经元单元，以其出的费用作为权重，通过"神经网络"分析，得到定价结果。

从价值相对论出发，数字产权的价值，归根到底是由人来决定的。法律上数字产权的所有人对财产享有占有、使用、收益和处分的完整权利。人与人在这四个方面都存在差异，就形成了动态比较优势。这是个人、企业和国家之间进行产权互动和交易的主要原因。数字产权的价值是在社会经济系统当中动态演化，进而显现出来的。哈耶克曾经指出，科学涉及复杂的多变量和非线性现象的解释，经济学的社会科学与偶然规则更像达尔文生物学之类的复杂科学。社会网络中的服务价值的研究证实，包括自然系统和社会系统在内的复杂系统遵循分形结构的基本特征。

如果存在一个普遍的数字产权的科学定价方法，那么这个方法要能够比传统的 GDP 核算更真实准确地反映人与人之间的价值关系。与传统商品市场交易形成合同价格不同，数字产权是在互动均衡中形成实时价值。因此，我们从最简单的公式开始，可以推演出网络价值模型，并以之作为数字产权定价的依据。网络价值模型反映了社会规范和自然环境共同作用的演变过程中的普遍法则。

价值互联网可以用一个价值经济网络演化模型描述（见图 8-1）。价值经济模型中每个人都是自己生命时间的所有权人，人与人之间的关系可描述为一个伴随有向时间价值交互的社会互动。这样的社会互动网络从非常简单演化为非常复杂，类似于"道生一，一生二，二生三，三生万物"。在价值互联网中，人们进行服务交换的本质是时间价值交换。服务之所以能够发生，是因为一方有需要，而另一方有意愿。人人为我，我为人人，这是一种时间价值对立与统一的均衡。

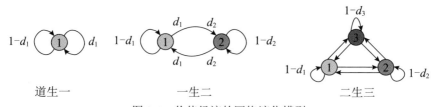

图 8-1 价值经济的网络演化模型

一个人服务众人，也被众人服务，这是服务同时存在的双重关系。数字产权是互联网中人与人在服务中所产生的价值符号。一个人同时有两种时间价值："出口价值"代表一个人服务他人所付出的时间价值，即输出数字产权的价值；"进口价值"则代表一个人得到服务的时间价值，即获得数字产权的价值。"出口价值"体现了一个人的对外服务能力，其值越高，说明这个人的服务能力越强；"进口价值"体现的则是一个人的"采购"或"吸引"服务能力，其值越高，说明这个人获取服务的能力越强。另外，一个人所服务的对象越多，这些服务对象的"进口价值"越高，则这个人的"出口价值"越高。同理，对于作为服务接受者的人来讲，为其服务的对象越多，这些对象的"出口价值"越高，则这个人的"进口价值"越高。在价值互联网上，只要有真实的服务发生，那么就算是非法定货币的价值通证往来或者是免费服务，也代表价值互动已经发生了。

时间价值理论认为每个人每时每刻都会面临选择，要么自己为自己服务（如睡觉、读书、思考等），要么关注自己并接受他人服务（如购物、治疗、娱乐等），要么关注他人并提供自己的服务（如销售、授课、做工等）。在价值互联网上，尽管用户没有为一项服务支付货币，但只要参与互动，就获得了时间投资回报的价值。用户花时间接受某项互联网服务，意味着放弃了自己提供服务并获得收入的机会，而这就是用户的时间价值。比如，调查微信用户要多少钱才愿意放弃使用微信一周，回答的价格因人而异，有的学生回答二百，有的教授回答两千，有的网络销售回答两万。这说明表面免费的微信确实产生了经济价值。虽然有的人一天用微信两小时，有的人几乎从来不用，但如果将其估值计算在一起，那么这些用户对微信投入的时间价值会到数百亿。对这些价值，传统 GDP 衡量标准是不予统计的。

人们做一件事情，意味着放弃另外一件事情，选择的代价就是他放弃做的事情中价值最高的。时间价值高的人，其选择代价也高，而这和产品及服务的标签价格存在巨大差异。学生痴迷于网络游戏而放弃学业，其价值损失远高于流量费，医生忙于论文而放弃治病，其价值损失远高于稿费。因此，在价值评定中不能只考虑低维度的价格信息，而更要有高维度的价值计算。

时间价值理论能够构造一个小到家庭、大到全人类的网络价值模型。根据这个模型，价值网络当中任意时间都存在一组服务价值互动的方程式。这组方程式的解为相对时间价值，人们相对服务价值的大小，形成衡量其相对服务效率的排名。这一价值度量让互联网第七层的高维度能够对低维度发出主动信息。

时间价值分析方法从网络化的视角，分析各个主体时间的分配和共享，进而计算各个主体的时间价值，衡量各种服务的价值。时间价值分析方法根据分形理论，宏观系统与微观系统遵循相同的拓扑规律，而运用深度学习算法和矩阵回归运算的方法进行分析计算，可以从网络整体上分析和衡量服务价值的产生和大小。价值互联网中的均衡值可以作为数字产权的评价依据。实际上，在国际领先的大学、医院、高科技公司等数字产权密集的组织，评定最优教授、最优医生、最优员工这样的核心人才时，很多已经不自觉地在运用时间价值的模型和方法。

价值评定方法基于价值相对论，不涉及传统经济学理性人假设。尽管人的服务发生和社会行为具有很强的人文因素影响以及时空上的不确定性，但仍然存在一个基本的普遍社会道德准则，即提倡为他人服务或关注自己。这一观点并不是由利他假设推导而出的，事实上，根据我们的理论，即便从利己角度也可以得出这样的结论。

网络价值模型反映出时间价值不但与社会结构有关，而且与互动方式有关。真正决定互动方式的是人的意识与决策，然而社会结构形成了对服务价值的一种约束条件。表面看来，社会知名度越高、影响力越大的人越稀缺，其服务价值也越高。在价值互联网中，服务价值依赖于网络关系结构、个体外向程度以及社会规范。市场、政府与道德在价值互联网演进与服务价值提升中扮演着不可替代的角色。

从拓扑结构分析的角度来看，时间价值范式与新兴古典经济学和超边界分析方法有不谋而合之处。新兴古典经济学认为，经济学的主要任务是对技术与经济组织的互动关系及其演进过程的研究，而非传统的资源配置问题。同样的，从时间价值范式来看，价值网络中的时间分配和关系互动才是服务价值产生的关键。随着新兴古典经济学一同出现的超边际分析，从非线性规划方法出发，建立决策和均衡模型，以解释经济活动。

新兴古典经济学在分析经济活动时仍以商品作为主体进行研究，比如考虑不同种类商品的生产效率和成本。而在时间价值范式中，我们打破了这一传统定义，将所有商品、服务或机器计算均看作时间价值，商品的价值来自于其劳动时间融合成的社会关系，而服务的价值则体现在参与双方的时间共享，机器计算的价值体现在对人的时间的节省。

网络价值模型打通了经济学与计算科学以及心理科学的关系。在价值网络中，服务价值主要依赖于网络关系结构、个体外向程度以及社会规范。很明显，市场、政府与道德在价值网络演进与服务价值提升中扮演着不可替代的角色。厉以宁老师提出，市场对资源配置的调节是基础性调节，政府对资源配置的调节是高层次的调节，政府的公共政策也存在一定的不完善。市场和政府之外的道德文化力量通过对个体的性格与外向度产生作用，进而影响社会关系结构的演变。这种作用机制对社会经济的影响是非常显著的。特别是在社会开放和变革时期，政府的过度管制降低了人的服务价值，道德和文化力量释放了人的服务价值。

服务市场的经济特征是由价值网络的真实结构决定的，而表面的价与统计数据有时会因误导人群而增加交易成本。比如在网络营销当中，依据粉丝数量的多少来支付营销代言费用，而不考虑用户之间的社会关系重要程度，会造成企业营销费用的浪费。服务价值理论能够帮助我们发现高价值服务。人们一般认为，从传统意义上来讲，性格外向者关系多，因而有更高的服务价值；而性格内向者关系少，因而相对服务价值低。事实上，真实数据的分析表明，服务价值受到网络结构、性格特征以及规范文化等影响，一个内敛而秉承"无友不如己者"的人反而可能有很高的服务价值。

网络价值模型能够帮助我们优化服务系统的管理。因为时间价值反映了一个人服务效率的高低，进而可借此测量数字产权价值高低，所以就完成定量服务（例如，审核 100 项专利）来说，时间价值越高的人，其所需时间就越短。我们根据实证研究发现，完成某种特定服务所用时间和人数比例往往会构成一个 S 曲线，如图 8-2 所示（纵坐标为目标人群占总人数的比例，横坐标为目标服务时间除以最大服务时间的比率）。曲线上的每一点分别代表在该所需服务时间程度下的目标人群比例。只有一半的人具有相对于其他人的比较优势。例如图 8-2 中所示的比较优势分界点的含义是：50% 的人都可以在不超过最大所需服务时间的 22% 的范围内完成该服务。如果所有人都要按照最大所需服务时间安排进程，则对一半人存在至少 78% 的时间浪费。我们称之为价值网络服务能力的 S- 曲线。"S- 曲线"与"20-80"原理在管理学中被广泛提及，组织学习过程、创新扩散过程和市场渗透过程的研究中都发现了有类似 S- 曲线的存在。然而，理论界一直缺乏对 S- 曲线基本原理的解释。网络价值模型表明，无

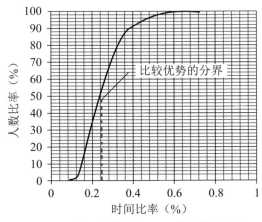

图 8-2　时间价值模型解释 S 曲线普遍存在

标尺网络结构的服务时间分布都是 S- 曲线。因此，组织中数字产权价值的差异在很大程度上是由价值网络本身的分形特征决定的。衡量数字产权的价值需要基于价值互联网的结构和人的心理行为模式。

○ 跨越国界的数字经济法

互联网的技术无国界，互联网的价值有国界。价值互联网的治理必须深入拓展国际合作，各国一同构建具有开放性、可互操作、安全稳定的国际互联网治理环境。尤其是在发生了经济危机和疫情危机的情况下，各个国家的政府、企业和国际组织要能够通力合作，构筑网络安全伙伴关系，协同应对网络安全威胁，构建跨越国界的数字经济法。数字经济法涉及多个领域，重点是网络安全、消费权益和金融监管三个方面。

网络安全是价值互联网得以运行的技术保障，作为世界最大的两个互联网国家，中国和美国都在加强互联网安全立法。中国 2017 年 6 月开始施行的《网络安全法》明确规定要维护网络空间主权，强调坚持网络安全与信息化并重，提出政府、企业、社会组织、技术社群和公民等网络利益相关者共同参与、共同治理的原则。该法提出了重点领域的网络安全政策、工作任务和措施，旨在推动构建和平、安全、开放、合作的网络空间，建立多边、民主、透明的网络治理体系。《网络安全法》强化了网络运行安全，重点保护关键信息基础设施，规范网络运行安全，特别强调要保障关键信息基础设施的运行安全。关键信息基础设施实行重点保护，避免关键信息基础设施遭到破坏、丧失功能或者数据泄露，明确关键信息基础设施的运营者负有更多的安全保护义务，并配以国家安全审查、重要数据强制本地存储等法律措施，确保关键信息基础设施的运行安全。

中国的《网络安全法》还针对近年的网络安全隐患，如个人信息泄露等，作出了明确规定，并明确了网络诈骗等行为的定义和刑罚，明确了网络运营商的责任，要求其处置违法信息、配合侦查机关工作等。此法旨在防止网络恐怖袭击、网络诈骗等行为，并赋予了政府在紧急情况下断网等权力。此外，该法也首次以法律形式明确网络实名制，规定网络运营者为用户办理网络接入、域名注册服务，办理固定电话、移动电话等入网手续，或者为用户提供信息发布、即时通讯等服务时，都应当要求用户提供真实的身份信息。用户不提供真实身份信息的，网络运营者不得为其提供相关服务。网络实名制将国家执法的范围从线下覆盖到了线上，这让以往的无名信息互联网变成了有名价值互联网。这一举措将对互联网行为进行规范，对互联网数字产权进行保护，这将对中国数字经济的健康发展起到推动作用。

中国《网络安全法》开始施行一年之后，2018年9月，美国国防部发布《国家网络战略》，强调构建美国国家层面的网络信息系统安全保障体系，提高网络系统的整体稳定性和安全性。该战略还强调网络信息系统安全保障体系需为经济服务，要求保护联邦政府的网络信息安全，提出优化各部门机构在网络安全方面的职责分工，重点保护与关键基础设施相关的网络体系安全，加大对网络犯罪的打击力度。美国国防部要求建立能够有效识别并缓解、制止破坏网络系统稳定和秘密盗取国家机密数据信息的行为的网络安全防御体系，并采取相应的外部措施，以确保美国利益在网络安全领域不受侵犯。

美国的网络战略强调建立以美国为主导的国家网络行为规范体系；通过技术手段，在第一时间对存在于网络空间的可能产生危害的情报信息进行全面分析，继而快速、有效地采取应对措施，以控制和阻止网络入侵。战略中的"防御前置"，其要旨在于不仅要从源头上防控、阻止网络风险，还要将战略目标进一步向前推移，在威胁行为做出之前就加以预防、制止，甚至是提前打击或消灭可能产生"潜在威胁"的实体机构。作为美国网络安全治理"执行者"，联邦调查局则主要强调强化技术手段，提高工作人员的业务素养，采用新型网络调查技术，同时开展有针对性的国际合作，以有效打击网络安全犯罪案件，提升网络安全防御能力。

在美国对互联网安全威胁的应对措施加强之前，欧洲各国就加快了数字经济立法。欧洲会议于2016年4月正式通过了《欧洲通用数据保护条例》（General Data Protection Regulation，GDPR），并于2018年5月正式施行。《欧洲通用数据保护条例》（GDPR）将使欧洲的互联网用户对他们的数据使用有更多的控制权。此条例整合了隐私保护指令、电子通信隐私保护指令以及欧盟公民权利指令，将全球个人数据保护法的门槛提升至另一个层级，对跨越国界的商业经营模式及企业组织造成冲击。该条例规定，作为数据主体的个人有权要求清除其个人数据，以及更正不准确的个人数据。数据主体有权得到数据控制者拥有的结构化的和机器可读格式的数据的拷贝，有权反对针对其个人数据的处理，或要求停止处理个人数据。这些条例保护了公民的互联网数字产权。欧洲的互联网企业因此不得不改变其经营方式,并制定相应的保护措施。

为促进信息通信行业的发展并使自己摆脱国际金融危机的影响,英国曾于2008年10月启动"数字英国"战略项目并制定"数字经济法案2010"。2017年,英国全面修改"数字经济法案"并通过了《数字经济法(2017)》。《数字经济法(2017)》拓展了《数字经济法(2010)》所关注的与数字媒体相关的媒体政策问题,对公民所获取的数字化服务提供全面的保护,不仅要求普及和完善数字基础设施,而且进一步深入至网络内容的规制。

在数字服务获取及数字基础设施方面,《数字经济法(2017)》规定了宽带普及服务义务,即每个英国家庭和企业均应获得最低下载速度为10Mbps的宽带服务,并授权政府部门审查宽带普及服务义务的落实情况。同时,这部法律中明确了终端用户更换通信服务商所需满足的要求,以便出现问题时用户能便捷切换通信服务商。此外,当通信服务商提供的宽带服务未能达到普及服务义务规定的速度时,应自动向终端用户做出适当补偿。

在网络内容与知识产权方面,《数字经济法(2017)》规定禁止未成年人接触网络色情。该法进一步规定了年龄认证监管员的任命程序和职能。在知识产权领域,《数字经济法(2017)》放宽了图书馆非纸质类作品的借阅条件,允许通过电子传输方式传送非纸质作品到图书馆以外的场所,也即延伸了公共借阅权的范围。此外,该法还修改了关于专利与知识产权侵权的界定,新增以互联网链接标记产品来界定侵权行为的规定。

在数字政府建设方面,《数字经济法(2017)》引入了新的政府数据共享条款,以支持更高效、更便捷的数字公共服务。它规定了政府可以共享哪些数据以及出于何种目的可以共享数据,并明确了数据共享的保障措施,以确保公民数据的隐私部分得到保护。英国的数字经济法进一步强化了对消费者权益的保护,规定了点播服务提供者需履行的新的法律义务,要求移动通信运营商在合同中与用户订明手机账单的上限额度,要求为终端用户提供互联网接入服务的提供商使用互联网内容过滤器。该法还规定,使用"网络机器人"超越购票限制的行为属于违法行为。

在国际间数据产权共享方面,经济合作与发展组织(OECD)的科学、技术和工业治理部门提出了建议框架,以鼓励各国更多地获取和处理跨国界卫生数据。数据的共享以实现相关的公共政策为目标,同时确保将隐私和安全风险降至最低。涉及公民与公共服务互动的其他领域，如教育、税收、身份等领域，也引发了国际间关于数据分享的讨论。由于大量的数据存在于不同产权的系统之中，因此数据共享存在法律规范问题。有的数据是在公司的内部业务流程中生成的，比如电子商务的客户数据与运营数据。有的数据是在外部系统中生成的，比如安全监控摄像头与企业外包生产数据。这就引出了信息系统数据资源的所有权和使用权的问题。

除了互联网安全威胁和公民数字权益保护问题，互联网数字金融技术的迅猛发展还给金融监管机构提出了一些新的问题：如何处理国际互联网贷款活动与加密数字货币流通？如何规范用户信息的收集和处理？如何区别监管数字产权金融活动与财务管理咨询活动？在考虑对金融科技进行监管时，中央银行和其他金融监管机构的范围是什么？另外，数字产权的法律有效性问题，数字签名和云中数据存储相关的法律问题，加密数字货币的日益增长问题，等等，这些都要求尽快出台跨国界的数字经济法。

价值互联网要发挥作用，首先需要各国大大改善数字经济的治理。联合国、世界贸易组织以及相关政府间组织，应在数字经济治理中扮演重要角色。然而欧洲国家和美国的经济系统有很多遗留问题，它们的监管机构对中国这样的新兴经济体所起到的日益重要的作用缺乏认识。例如，由于特朗普政府所采取的贸易保护策略，许多与中国的合作和协议得不到承认。英国脱欧之后，其数字经济法律也会进一步强化英国公民的权益。种种情况表明，建立全球数字经济的治理协商机制和监管标准逐渐成为迫切要求。

国际数字经济的监管标准不仅需要更具选择性和可执行性，而且还需要更具前瞻性。有的监管机构尚未从上一次经济危机中清醒过来，就已经面对新的经济危机了。面对数字经济和互联网技术的高速发展，监管机构常常跟不上变化。这种相对不作为的原因，有一部分在于各国与数字银行和金融科技相关的主题通常被视为涉及消费者保护的国内主题，而这不是全球标准制定机构对此授权的领域；另一个原因是许多数字化转型（如区块链、大数据、人工智能或云计算）具有跨学科、跨专业的特点，同时涉及各个国家地区的不同的专业法规和标准。

数字经济在金融市场的爆发式增长，引发了有关最新技术创新对金融监管议程的影响的讨论。全球银行监管机构巴塞尔银行监管委员会（BCBS）呼吁对加密资产采用保守的审慎处理框架。考虑到全球金融产品和服务的变化，各国中央银行密切关注了金融科技的最新发展。"巴塞尔协议"针对数字经济的修订被提上日程。"巴塞尔协议"全名是《资本充足协定（Capital Accord）》，它是巴塞尔银行监理委员会成员为了维持资本市场稳定、减少国际银行间的不公平竞争、降低银行系统信用风险和市场风险，而推出的资本充足比率要求。该协定在1988年由国际清算银行提出，并被来自"十国集团"等中央银行的委员会成员采纳，至今已经成为一种主要的国际金融监管机制。

巴塞尔银行监管委员会最初规定，银行的资本充足比率，至少要维持在8%的水平，并且列出了计算银行资本充足比率的公式。这一协议推出后，成为西方主要金融体系所采纳的标准。第二次"巴塞尔协议"于2004年6月颁布，2006年12月开始实施。它主要针对金融环境多年来的变化，对银行的多种金融工具的双边和多边净额结算、市场风险以及最低资本比率要求的监管，作出了更严谨的要求。第三次"巴塞尔协议"于2010年9月制定，协议强化了资本充足率要求，并新增了关于流动性与杠杆比率的要求。通过设定关于资本充足率、压力测试、市场流动性风险考量等方面的标准，应对在2008年前后的金融危机中显现出的金融体系对信贷和其他信用资产之风险的衡量和监管的不足。

由于全球新冠肺炎疫情持续蔓延，2020年巴塞尔委员会中央银行行长及监管当局负责人会议已批准将2017年12月敲定的"巴塞尔协议III"标准的实施推迟一年，至2023年1月1日。巴塞尔委员会（包括来自美国、欧洲和日本的银行监管机构）发布了关于对加密资产进行审慎处理的报告。该报告认为加密货币和相关服务的增长可能会对金融稳定性产生负面影响，并增加银行可能面临的风险。鉴于缺乏标准化和不断发展，加密资产属于不成熟资产的类别。某些加密资产表现出高度的波动性，并给银行带来风险，包括：流动性风险，信用风险，市场风险，操作风险（包括欺诈和网络风险），洗钱和恐怖主义融资风险，以及法律和声誉风险。如果获得授权，那么决定购买加密资产或提供相关服务的银行应谨慎行事，对高风险代币尤其应如此。该文件还规定，当银行持有资产时，加密货币的风险可以是直接的，而当银行拥有加密货币的衍生品时，风险则可以是间接的。

巴塞尔委员会建议，不应将加密资产作为降低信用风险的抵押品，而用于流动性覆盖率或净稳定资金比率高的高质量流动资产。此外，据监管机构称，交易账簿中持有的加密资产应完全扣除市场风险和信用评估。这种处理反映了在压力时期，加密资产的正可实现价值存在高度不确定性。值得注意的是，该文件指出央行数字货币不在其范围之内，而且关于稳定币，在对其制定审慎处理方式之前，需要对其进一步评估和完善。

全球经济危机引发了关于现行国际金融监管的标准和方法是否适当的辩论。在数字经济环境中，金融监管变得越来越复杂，不确定性越来越大。关于如何改革监督方法、建立国际监管准则，争议更多了。因为不同国家的法律和金融体系的建设处于不同阶段，所以为了确保国际金融机构之间公平竞争，必须要防止各国通过更为宽松的监管获得竞争优势。

跨国界数字经济的监管标准的制定，应该以实现协议约定为主的"软监管"为目标，遵守这些标准是基于道德认同、同伴压力和市场纪律。数字经济的评级机构的作用将增强软监管。评级机构在一定程度上依赖于遵守全球标准来评估国家的机构质量和金融机构的信誉。在标准执行层面会出现不一致性，有的国家严格，有的国家松弛。这就需要国际上有公信力的组织来进行定期的合规评价。

跨国界数字经济法的标准要想在实践中普遍适用就不能太细。国际标准越详细，就越容易与各国法律规定相抵触，从而加剧了其自身的合法性问题。如何解决标准太粗而监管不严的问题？一种可能的解决方法是标准尽量通用，但执法尽量严格。标准和规范的确立伴随着更严格的合规机制。这就要发挥类似世界贸易组织所具备的一定的制裁能力。

总而言之，有必要重新考虑当前的全球数字经济监管标准方法，以简化为目标，使其更加基于基本价值原理，同时引入更一致的执法机制。所有这些都将释放监管机构和金融机构的资源，这些资源最终为即将到来的数字经济创新制定标准。

第三篇

聚能

产业创新大迸发

> 优秀的企业满足人的需求，伟大的事业实现人的价值。
>
> ——本书作者

第 9 章　协同智能升级社会认知

○ 人能突破认知的局限

价值互联网对经济最重要的影响之一是改变了人的认知和行为方式。产业创新的核心是人的认知进步。科技、医疗和教育的价值创造必须依靠人的认知升级，改革的难点也来自人们认知的局限。为什么有的人被锁在已有的认知当中，有的人能突破认知的局限？在其中发挥至关重要的作用的是价值互联网。

人类在改变世界的过程中会遇到难以想象的困难和问题。克服困难和解决问题的前提是能够正确地认识问题。所谓困难和问题，是相对于人的认知水平来讲的。例如古代的战争决策依靠二维的地图模型展开，一座城池被紧紧围困了，城里的兵士便插翅难飞。现代战争则不然，航空导弹，无人飞机，立体攻防，决策依靠的是四维的时空模型。如果人们始终在一个层面上思考和行动，那么就只有被动信息的传递，看似解决了的困难和问题会变成新的困难和问题。要解决低维度的问题，就需要从更高的维度去认识世界。高维的意识为低维的意识提供了主动信息。

人的认知水平存在差异。为什么极少数人具有超绝非凡的智慧，而大多数人却不知不觉？过去人们用大脑智商的不同来解释人的才能存在差异的原因。1926 年，美国心理学家凯瑟琳·考克斯研究了 300 位天才的早期心理特征，由此他估算了 15 世纪到 19 世纪的天才的智商。托尼·布赞（Tony Buzan）于 1994 年出版的《天才之书》[1]中对世界上最伟大的 100 位天才

---

[1] https://www.amazon.com/Buzans-Book-Genius-Unleash-Your/dp/0091785510.

的智商进行了排名。达·芬奇以 220 分的智商高居榜首,而发明家考克斯的智商有 180 分。但是该榜单未包括 20 世纪的天才,例如阿尔伯特·爱因斯坦,恩里科·费米和斯蒂芬·霍金,也没有出现来自亚洲的思想大师。然而,我们可发现不少高智商得分的人创造力却平平,不少智商平平者却成为有思想的领袖人物。智商理论简单地将大脑对特定问题的思考替代了人的整体的认知,忽略了人的情感、灵感、共情等社会认知。

人的行为受其认知的影响,人的认知又受其思维的影响。人的价值是在其认知和行为中体现的,人的认知意识的维度结构受到其感觉、观念、情境、知识以及社会关系等的不断影响。每个人的认知都是有局限的,但同时人又能不断突破认知的局限。我们将人的认知和思维状态从底到顶分为八个层次(见图 9-1)。

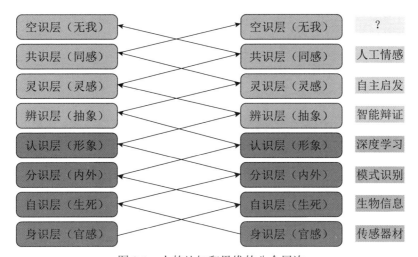

图 9-1 人的认知和思维的八个层次

最基础的是"身识",涉及人体的感官。我们人体的眼耳口鼻舌的感官作用,让身体和大脑对外部世界产生生物感官反应,进而形成了意识。例如,人看到手机屏幕上的文字,首先会因光照产生一种感官反应。这是生物体的本能,每个婴儿在出生时就具备这种感知能力。

"自识"让人认知到自身的存在。身识形成的生物信息会在大脑中被判断,从而无意识地对自我的生存和死亡进行判断。人的意识的充分发展与分化,导致个体意识自我的产生,为人格赋予了一致性和连续性。自识是人类的本能,这是执行某种高度复杂的行动时的合目的的冲动。人类的个体形成过程正是自识的发展过程。随着更多的未知之物被意识发现和掌握,个体越来越独立、完善。自识让人对自身和周围世界关注,因而达到个体存在。

"分识"让人意识到自己和外部世界是分开的。这种意识让生命内外有别，心理上将自识关联的事物标注为自己的，将与自识分开的事物标注为外部的。从婴儿时期开始，人类就形成了对外部世界和自我世界的你我之分。人对产权的占有愿望来自于分识。市场经济中的生产和交易的心理基础为分识。

"认识"即能够识别并命名世界中的事物。通过学习和训练，能够使语言与感官获得的形象形成对应的关系。在认识维度上，不但身识中的视觉、听觉、味觉、触觉等感受与颜色、声音、口味、冷热等概念相对应，而且能够进行形象思维的推演和关联。人们对语言文字的认识，以及对事物的标注和命名，形成了文明符号。

"辨识"将认识到的现实进行分别和论证。辨识需要基于抽象思维、逻辑思维、归纳演绎等。辨识能够确定主观的认识与客观的现实是否存在矛盾。将自己的认识与外部存在的世界进行对照映射，形成辩证的分析。辨识是科学研究方法的基础，批判思维主要依赖于人们的辨识能力。人认识事物的量是有限的，短时记忆更是容易遗忘，但通过辨识，却能够对千变万化的现象进行辩证地理解。牛顿、爱因斯坦、玻姆、钱学森等科学家能够发现新的科学原理就是靠持久和强大的辨识能力。巴菲特这样的投资家之所以能够发现价值被低估的股票，是因为他具有长期训练养成的专业的辨识力。

"灵识"可谓灵魂有知，灵魂，犹智慧。[1] 人们在创新和创作的时候大都有过灵感体验。灵识是人类灵感和想象力的内驱源泉。人的无意识变成意识是一种创造过程，灵识起着关键的作用。对伟大的艺术家而言，要想取得卓越辉煌的成就，这些灵感和内驱力是必不可少的：达·芬奇、凡·高、毕加索为绘画之境癫狂，李白、莎士比亚、朱自清为文学之美着魔，伟大的艺术作品莫不因艺术家内心的灵识而使创意喷薄而出。灵识不依赖逻辑和推理，而常常是浪漫的和突如其来的。灵识来自直觉，是一种对高度复杂的情境的无意识的、合目的的领悟。

"共识"是人们共同的认识和相通的感受。虽然每个人的具体认知是因人而异的，但是人们对相互表达概念背后的这种场景情境和感情，会有一种认同感和同理心。共识是一种集体无意识，与人们同化无意识的努力相关。人类存在一些先天固有的思维方式，即认识和顿悟的原型，或可称为先天共识。共识

---

[1] 辞海。

是一切社会心理过程所共有的、必须事先具有的决定性因素。像本能把一个人逼进特定的生存模式一样，共识把众人的知觉和领悟方式纳入特定的范式。无论什么时候，当我们与普遍一致及反复发生的思维方式相遇，就是在与共识相处。

"空识"认识到人们思想的局限，从而进入到无我的境界。① 空识者认识到我们所处的世界和我们自身无时无刻不是整体关联的。整体性不是静态的整体性，而是动态的整体性，一切事物在一个相互关联的过程中一起运动。空识的状态是一种心物合一、天人合一、知行合一的境界。空识完全不依赖于感官的身识，而是一种物质世界、精神世界、符号世界的合一状态。② 在人的思维最深处，最顶层的空识和最底层的身识彼此决定，身识与空识对立而统一。

价值互联网上跨层级的主动信息帮助人提升认知水平。相比其他物种，人类具有超高的认知升级能力。人生来皆有认知提升的天赋，但未必有学习和教育的环境与条件。通常三岁左右幼儿的认知会达到下四层。通过启蒙教育和终身学习，人的认知一般可以达到四层以上。具备专业能力的科技人才和知识工作者多能达到辨识层。具有创新力的科学家、企业家和艺术家能达到灵识层，如巴斯德、马斯克和黑泽明。哲学家和政治家能达成共识层，如苏格拉底、孔子、爱因斯坦和玻姆。达到空识层的是具有顶级智慧和造化的人们，如耶稣和老子。

学习和教育无非两种方式，一种是独自学习，一种是互动教学。无论是读书自学，还是互动教学，都需要高维认知者向低维认知者提供主动信息。处在低维认知层级上的人获得主动信息，其认知会出现从低到高的意识升维过程。这也就是人们通常讲的"开悟"的过程。处在低维认知层级上的人发出的信息，对于处在高维度认知层级上的人来说是被动信息，被动信息不能提升其认知层级，还会耗费其时间价值。这一模型解释了人的学习和教育是如何发生的。处在高维认知层级上的教学者与处在低维认知层级上的学习者通过主动信息的互动，提升了学习者的认知水平。而获得了认知的学习者又成为教学者，以其高维认知层级向新的学习者发送主动信息。于是在网络中，认知的价值提升作用就像光波般扩散开去。

在人的认知升级过程中，如果主动信息没有被接收到或者是中途被阻断，就会出现认知升级的障碍。认知局限的情形在社会当中经常出现，典型的有三

---

① （美）戴维·玻姆. 整体性与隐缠序：卷展中的宇宙与意识. 上海：上海科技教育出版社，2004.
② （英）波普尔. 客观知识：一个进化论的研究. 上海：上海译文出版社，2005.

种情形。第一种情形是"认知不对等",高维认知层级与低维认知层级之间的差距太大,主动信息不能激发接受者的思维改变。这可比为"对牛弹琴"的情形,演奏者在第七层的灵识对动物第一层的身识不起作用。第二种情形是"层级错乱",原本应发出主动信息的高维认知层次的人,被低维认知层级的人所替代,因其发出的不是主动信息,因而没有价值。这可比为"班门弄斧"的情形。第三种情形是"认知屏蔽",人与人之间的联系和沟通渠道被截断,或者沟通信息含义被篡改和曲解,造成主动信息传递不到,因而阻碍了认知的升级。最极端的情况就是秦朝的"焚书坑儒",其结果是造成大众认知被局限在辨识以下。

人们对科技的掌握和运用也存在认知障碍。互联网科技、数字技术和人工智能已经成为影响所有经济和社会活动的通用技术。这一根本性变化,增加了产品与技术的可行性和消费需求的不确定性。需求的不确定性会延迟技术的采用。特别是在市场较小而需求不定情况下,可能技术和产品推出市场时消费者已经不需要了,大量的投资浪费将使公司面临生存风险。由于许多数字技术的传播很快,公司采购技术的时候也容易跟风,市场因而产生了从众行为,企业易被局限在热闹但不实用的技术中。

人们在社会经济活动中也存在集体的认知障碍。随着价值互联网的形成,更多产业经济向知识密集和技术密集的形态发展。而商品市场是否能够长期健全发展,事实上取决于更高维度的思想市场的开放。正如科斯所倡导的那样,思想市场应当处于开放自由竞争状态,不该任由垄断势力横行,也不该将任何思想观念排斥在公平竞争之外。人的认知权力是公民的基本权力。每个人应该实事求是地去判断思想观念的优劣,从而决定接受哪种思维和想法,进而激发整个社会的创新潜力。

思想市场比资本市场和劳动市场的认知维度更高,能使知识得以开拓、分享、累积和应用。无论是新企业的出现、新产品的开发,还是新产业的形成,其创新速度和效果都仰赖思想市场的运作。思想市场的自由交易一旦受到限制,就将直接影响到商品和服务市场的发展。正如商品市场的运作乃是以"消费者主权"为运作前提一样,真正自由无碍的思想市场才足以直接提升"思想消费者"的认知,并决定经济体系中会有什么样的参与者。思想市场决定民众、学者、企业家、法律人、政治家的认知层级,认知层级又决定其性格和价值观,最终将足以决定经济系统的形态。

个人和社会的认知局限是价值创造和分享的主要障碍,它也造成了价值经济和社会发展的协同代价。人要想突破认知的局限就必须不断学习和实践。认知维度的提升和与之相应**的社会关系的构建，实现了人的生命价值的提升**。学习的目的应是生命价值的向上发展，而绝对不应是将重复知识灌输到记忆中。教育的本质是处在较高维度的认知层级的人帮助处在较低维度的认知层级的人提升认知水平。学习和教育在价值互联网中要起到帮助每个人突破其认知局限的作用，首先学习者自己必须有向更高维度认知发展的主观愿望，其次，教育者必须能够对人的认知状态进行客观判断。在此基础之上，价值互联网能够通过科学的方法和技术手段主动消除人们的认知局限。

○ 人机协同的人工智能

价值互联网的进化与人的认知升级几乎是同步的。每次广泛的认知升级促使人创造新的技术，而新的技术又帮助赋能更高层级的普遍的认知升级。当人们重新认识世界的时候，许多过去悬而未决的难题会迎刃而解。相应地，当人的认识达到了一定层级时，产业创新的机遇就出现了。

未来哪些产业最可能获得成功？最可能获得成功的将是那些学会将机器和人类的比较优势相结合以实现更高维度认知层次价值的企业。价值互联网（VI）技术正在与人工智能（AI）技术融合，智能化的网络服务正在变得越来越普遍，并影响着社会的各个方面。价值互联网加人工智能（VI+AI）在未来能否获得成功，将在很大程度上取决于计算机与人类在自然和社会环境中如何更好地协同。

回顾 20 年前我上大学时学习的 AI 技术，那是由一组逻辑规则定义的自动化软件，它能下国际象棋，但是解决不了多变量和概率随机问题。这些年 AI 在围棋比赛中多次击败人类最好的棋手，甚至能够实现基本的但是仍不够安全的自动驾驶功能的应用。这得益于海量场景信息的数字化以及计算机芯片处理速度的大幅提升。然而，AI 智能机器与人类的认知水平仍然有难以突破的差距。早期每当产业中有一项新的 AI 技术出现时，人们都会担心其会取代人类的工作。尽管人们大力投入 AI 技术，但 AI 技术却仅仅达到了认识层，在一些非创造性的重复认知工作上超过人类，目前还没有 AI 技术真正达到辨识层。IBM 研发出一台能够与人辩论和对话的机器人，但是其大量的语料库是后台研发工程师进行人工筛选后录入的。AI 辩论机器人并不能进行辩证思考，它的原理类似于下棋，只不过是通过模式识别搜索到对应的语言文字。从我们的认知层次模型分析，能够进行深度机器学习的 AI 技术仍然处在真正的智能化的早期。

从互联网演化和人的认知层级升级来看，计算机、互联网、人工智能等诸多技术，是对人的认知方式的一种模仿。科学技术实现的产品，只不过是将人在不同层级的思维和行为方式以物理的人造物呈现出来了。机器对人的模仿在底层相对容易，但是随着技术的升级，越往上越难。

传感器材技术是对身识的模仿。各种温度、压力、光能、电信号传感器，物联网使用的 RFID 芯片，以及复杂的电化学信号传感器，生物监测传感器，等等，都是将外部的物理化学等信号识别并转换成为信息。

生物信息技术是对自识的模仿。指纹识别、DNA 检测技术等，能够让人判断出单个的人体。个体在细胞甚至基因层面的差别对于其安全和健康保障是基础性的信息。价值互联网也以生物信息作为人的安全验证技术，但指纹、面部特征、瞳孔等生物信息依然不能完全杜绝作假，所以以后的趋势是以包含多重信息的综合性的生物信息技术加上出生日期以及父母信息等作为有名价值互联网的验证方式。

模式识别技术是对分识的模仿。互联网域名、IP 地址、网络路由计算、信号处理、输入输出信息转换等技术都可算作模式识别技术。对系统和子系统的数据标识与格式转换，区块链的加密算法和通证生成技术，也属于广义的模式识别技术。这种技术能让系统分辨内部和外部的数据信息，从而进行不同的处理。

深度学习技术是对认识的模仿。人工智能技术、神经网络计算分析、深度机器学习技术、自然语言处理等技术，通过模仿大脑的多层神经网络结构来实现机器学习和信息辨识。现有的深度学习技术，通过海量的样本案例训练计算机模拟神经网络的结构和神经元权重参数，进而使计算机形成信息辨识功能。无人驾驶汽车之所以能成为现实，是因为采用了海量的训练数据和快速图形处理器（GPU）。训练无人驾驶汽车的神经网络 AI 系统，需要大量准确的数据，而且计算速度是进行训练的关键。过去的计算机中央处理器 CPU 速度不够，高速 GPU 的出现使深度学习技术的实际应用成为可能。

智能辩证技术是对辨识的模仿。虽然目前的深度学习技术通过大量数据训练能让计算机形成一定的认识图像和声音的能力，但是机器并不具备主动升维的辩证思维能力。现有计算机采用图灵机的模式，基于有限符号集合的形式逻辑，进行机械推理。我们正在研究的智能辩证技术不同于形式逻辑运算，它以辩证逻辑作为模式，能够实现演绎、归纳、假设、证伪等辩证能力。这在小太AI以及Alexa或Siri等虚拟助手中尤其明显。小太AI采用一套苏格拉底式的问答引导法与用户进行对话辩论，在不需要大量语料数据训练的情形下，就能够受到启发而掌握人的辩证思维。Alexa通过引入的语音归一化AI可以将错误减少81%，但只有在研究人员使用包含500 000个样本的公共数据集进行了培训之后，才能获得这样的结果。并且，研究者还使用了类似的方法来赋予这些虚拟助手自己独特的个性。随着AI应用在人们日常生活中变得不可或缺，市场对AI机器辨识的需求也将越来越大。要实现智能辩证技术，则必须突破对大量训练数据的依赖。最终的智能辩证技术可能不是传统的符号存储运算的方式能够解决的，而很可能要基于量子计算平台来实现，其训练模式将从深度学习演变到协同学习。

自主启发技术是对灵识的模仿。智能辩证技术实现之后，未来的智能系统还会具备类似于人类灵感的能力。这需要依靠主动的升维认知，同时它也能够使不同认知系统之间形成碰撞连接和自主启发。在深度学习中，出现违反智能辩证的认知现象时，系统能产生更高维度的主动信息。拥有自主启发技术的系统能够像人类一样，自行创造新的语言和符号。通过这些符号的表达，实现更高维度层级的意境。这一过程类似于人的灵感的产生和激发的过程。如果AI具有了自主创造能力，那么对人工智能应用程序的监督也将是必要的，以确保发现并消除不良后果，例如恶意内容、歧视甚至种族主义，从而防止对人类造成伤害。无论AI变得多么智能，它都只有在人类的指导下，才能找到新的解决方案并更好地实现其预期功能。

人工情感技术是对共识的模仿。一个跨学科领域，涉及计算机科学、心理学和认知科学，旨在研发能够识别、解释、处理、模拟人类情感的系统。人工情感能够模拟人的共情同理心，机器应该能够解释人类的情绪状态，做出相适应的行为，对情绪给予恰当的回应。人工情感信息的检测会从被动式传感器开始，它能够捕捉到用户的生理状态、行为表现方面的原始数据，这些数据和人类用以觉察他人情感的线索很相似。例如摄像机可以捕捉面部表情、身体姿势和手势，麦克风则可以捕捉语音。一些传感器还可以通过测量生理数据（如皮肤的温度和电势，脑电波图谱，体征脉象，等等）来探测情感线索。低维度层级的信息被逐层处理，形成对人的情感信息。

在认识的最高层级——空识层，物质、信息和精神的界限消失了。空识层是人造物无法模仿的，因其超越了物质的范畴。

未来的 VI+AI 是人机智能协同的价值互联网的技术组成部分，新的人机协同的技术体系将进化产生。我们可以从问题和认知两个不同维度将人机协同分为四种类型（见图 9-2）。人在高维度认知层级解决创造性问题，AI 智能机器在低维认知层级解决重复性问题。人享受哲学、美学、科学的乐趣，AI 机器人处理日常的衣食住行工作。解决创造性问题所需要的低维认知，人运用 AI 工具来进行，例如新冠病毒疫苗研发过程中大量重复的 DNA、mRNA 等计算配比问题。解决重复性问题需要高维认知，人依靠 AI 作为外围感知，例如个人医疗健康预警由 AI 完成，但最终恢复健康状态还要靠人。

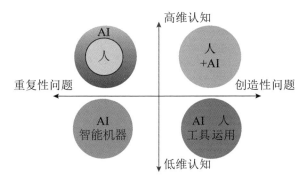

图 9-2　以问题和认知将人机协同分为四种类型

我们可以预见互联网和人工智能产业将实现阶跃式的技术创新：从机器学习系统到人机协同学习，从 AI 推荐引擎到价值反应堆，从预测分析到群体预见，从自然语言处理和文字挖掘到社会语言理解，从自然语言生成到沟通情景生成，从规范分析到智能批判。

VI+AI 产业的发展要解决数字产权的垄断问题。当前机器学习训练数据和 AI 平台的集中化，导致了"富者越富"的马太效应的产生。Amazon、Google、Facebook 等具有垄断性的互联网平台获得了大量高质量的数据和 AI 开发人才。海量高质量训练数据的获取越来越难，同时其数字产权的合法性问题也受到质疑和监管。这限制了新兴科技企业的跨越式发展。互联网上"AI 去中心化"的呼声开始出现。

一些企业和开发组织已经开始注意到这种需求并提出解决方案。例如微软的 AI 研究人员开源了其区块链上的分散式和协作式 AI 项目，可实现基于区块链技术的分散式机器学习模型[①]。SingularityNet 在以太坊区块链上建立了分布式 AI 模型，在该模型中激励网络中的不同参与者使用 AI 服务。Ocean 协议通过令牌化服务层公开了 AI 应用程序的许多常见基础结构元素，例如存储、计算或算法，这些服务层抽象了分散式 AI 程序的核心构建块。Erasure 提供了去中心化协议来创建和运行预测模型。数据科学家可以在去中心化市场中使用加密代币抵押这些预测，并根据预测的性能获得奖励。OpenMined 提供分散式 AI 应用程序的工具和框架的生态系统，并提供与主流机器学习技术的无缝集成。

这些平台的分布式和协同式 AI，可以通过一定程度的分散来改善机器学习模型从训练到优化的生命周期中的每个步骤，在传统的集中式方法中，我们需要一批可信任的数据科学家来进行黑箱操作，由其选择正确的神经网络体系结构、构建正确的数据集、有效地训练模型、调整超参数，以优化性能。这毕竟依赖于大量的主观判断，最后我们还是不能真正确定模型是否处于最佳状态。因为 AI 开发者几乎不可能完全确定训练模型和性能的必然关系，一旦发现模型效果不好，需要引入调整后的新模型，则黑箱问题将变得更加严重。

价值互联网信任区块链技术的普及和成熟度的提高，将催生去中心化的 AI 架构。我们可以在区块链技术的不变性和分布式共识模型上引入数字产权信任级别，并在机器学习中实现协同操作。区块链上的分布式和协同式 AI（DCAI）能在区块链基础设施上托管和训练机器学习模型。DCAI 利用智能合约作为机器学习程序的主要封装机制。在 DCAI 框架下，智能合约用于在机器学习模型中启用分散式训练机制。

从功能的角度来看，DCAI 基于三个主要组件来构造向机器学习模型添加数据/训练的过程。激励机制组件旨在鼓励贡献高质量数据。激励机制负责验证交易，例如在某些情况下，需要"股权"或保证金。数据控制器组件将数据和元数据存储在区块链上。这样可以确保将来仍可以使用它，而不是仅限于此智能合约。学习模型组件封装了特定的机器学习模型，该模型根据预定义的训练算法进行更新。

一旦个人、企业和组织的数字产权界定清晰，就会出现数字产权的资源交换市场和配置工具。AI 训练与深度学习模型的开发方式，将由过去的大工场式的开发变为开放协同开发。人们可以在价值互联网上分享 AI 服务，就像在信息互联网上分享网页一样方便。这就类似于早期互联网中心的服务器网站转变为

---

① https://www.microsoft.com/en-us/research/project/decentralized-collaborative-ai-on-blockchain/.

分布式个人电脑网页。每个人、每个企业都能够全时空地生成属于自己的协同 AI 系统。AI 系统之间能够进行交易、业务和学习训练。基于价值互联网的协同人工智能，正孕育着又一次新的产业创新。

另外，人机协同的 AI 需要重视法律和伦理问题。由于行为的主体 AI 不是自然人，也不是法人，因此其对法律适用性的问题不可避免。对人普遍适用的奖励与惩罚的心理措施，对 AI 系统无效，那么人应该如何控制 AI 的不当和过失行为？我们必须承认，这些问题尚未有明确的答案。

○ 生活在 H2O 社会

价值互联网和人工智能技术的根本目标是让人们生活得更好。信息互联网在 20 世纪成就了互联网产业，Google、苹果、华为、阿里巴巴等优秀公司成为产业龙头。价值互联网在 21 世纪将打造全新的健康快乐友好（Heathy Happy Outgoing，H2O）的社会，新龙头产业的创新时代已经到来。

价值互联网时代，身心健康成为人们更大的价值需求。健康、快乐与友好是分不开的。为了保持身体健康，我们有时候必须牺牲快乐。随着人们对保持身心健康的需求不断加强，身心健康管理系统和生命健康预警服务将会成为普遍的刚性需求。

为什么社交网络和互动媒体不能带给我们身心健康和生活满意度？因为身心健康与生活满意度基于人的认知水平，尤其是人对自我的认知。人要真正理解自己的内心是需要更高维度的主动信息的。社交网络和互动媒体在这方面基本上没有。比如不少人在刷微信朋友圈时，会产生嫉妒的感觉。因为大多数人只会分享自己最好的或期望的生活状态，而很少有人分享自己的缺点和惨状。一个人刷朋友圈看到的都是比自己更好的生活，难免心生贪嗔痴。因此，有智慧的人有时会更喜欢独处，享受那份安宁与恬淡，但这并不意味着此人不希望与人交往。生活中遇到的能带来正能量的情投意合者，才能给自己带来极大的生活满意度。这就应了那句话："酒逢知己千杯少，话不投机半句多"。

人们的交往方式正在发生很大的改变。2020 年爆发的全球新冠肺炎疫情提醒我们，病毒将在很长一段时间内与人类共存。就在新冠肺炎疫情尚未达到顶峰时，哈佛大学公共卫生学院在《科学》杂志发文称，间歇性社交隔离措施或需延长至 2022 年。虽然社交网络软件和视频会议系统可以保证通信畅通，但是长时间的社交隔离会给人的身心带来许多负面影响，比如会让人更易抑郁、精神错乱、记忆力减退，引起免疫功能下降、细胞衰老、睡眠中断等病症，尤其会增加老年人心脏病和中风的发病风险。美国杨百翰大学心理学和神经科学教授朱莉安娜·霍尔特-伦斯塔德告诉《华尔街日报》，即使是短时间的社交隔离，也能观察到人的血压出现变化，压力荷尔蒙水平和炎症频率开始升高。霍尔特-伦斯塔德指出，持续的社交隔离及其带来的孤独感，对人的身体健康的危害相当于每天抽 15 根烟，甚至会减短人的寿命。

人是天生的社会动物。因为人在出生时很脆弱，在群体里更安全。如果长期缺乏社会接触，身体就会出现反应，大脑会发出与战斗或逃跑相关的信号，整个人将处于高度警戒状态。但是这种亢奋情绪很难坚持很久，一段时间就会急转直下，这时人们对时间的概念会逐渐模糊，生产效率会下降，摩擦与冲突则会更频繁。对宇航员和极地考察员进行的研究发现，人体的昼夜节律不仅与光照相关，同时也会受到社交信息的影响。人如果缺乏面对面的互动，则会产生许多压力，但是如果总是与少数的家人待在一起，也会更易沉溺于消极思想，强化负面情绪。

人们需要在保持"身体距离"的同时，进行"心理交流"。人与人互动交流的时候有能量的传递。人从高维度认知中能够获得主动信息、身心的正向能量，例如长期享受读书学习者，能够心情豁达，保持健康长寿。在过去，社交网络和数字媒体确实增强了社群互动，带给人大量的新闻资讯，帮助人打发闲暇的时间。但是，社交媒体充斥着大量虚假广告和谣言谩骂，人们从众多的负能量被动信息中识别有价值的信息越来越困难。人与人之间的网络信息传播量越来越密集，但是真实情感关系变得越来越疏离。我们奉劝大家在使用社交媒体等工具时应当保持理性，并且要注意辨别，不要过度浏览负面信息，以免放大精神焦虑，在进行社交活动时，也要留出个人空间，以免产生矛盾冲突。这就需要有人机协同的 AI 系统帮助人们管理身心健康，它能够对人们的心理活动与身体运动进行定制化的精准管理。

如果银行金融能够为每个客户提供随时能管理自己账户中的金钱财富的服务，那么为什么智能技术不能为每个人建立生命健康银行，让大家每时每刻都能管理自己的生命资本？智慧的人以财发身，愚昧的人以身发财。比金钱和财富管理更重要的，是终身生命健康管理。人机协同的智能技术已经逐步具备了建立 H2O（Heathy Happy Outgoing，健康快乐友好）社会基础设施的条件。价值互联网不仅是在传统基础架构中加入数字产权或简化业务运营流程，还涉及有目的地使用人机协同的智能技术和数字产权金融技术来优化社会决策并提升人们的生活质量。生活质量的提升涉及人和自然的方方面面：从清新的空气到安全的街道，从健康的食物到精准的医疗，从舒适的住房到健全的教育。

H2O 社会的价值互联网生命健康基础设施需要有三层网络。第一层是数字网络，大量通过高速通信网络连接的智能设备和传感器让数字化无处不在。第二层是智能网络，智能技术和应用将数字信息转换为数字产权，实现预警情报、决策分析和救助服务。第三层是行为网络，指导和鼓励人们健康的行为，包括节约能源，降低消耗，保护环境，预防疾病，保持健康，等等。

就像一个国家必须有坚强的军队来保护一样，一个 H2O 社会的生命健康基础设施必须要有"行之有效，解决问题，充分保障"的生命健康预警信息系统。价值互联网和人工智能技术帮助减少突发疫情和疾病导致的患病和死亡人数，节省对抗疫情和后续公共医疗健康所需的成本开支，大幅降低疫情引发的经济危机风险。生命健康预警系统，能够通过其人机协同 AI 对个体的生理、物理和心理特征进行分析。通过智能辩证来对群体的疾病生成、互动影响和信息传播行为进行推演，包括对每个人的身心健康情况在严格保护隐私的前提下进行分析预警。生命健康预警系统将健康模型、环境模型与经济模型进行整合，对公共卫生安全事件所产生的企业的经营、市场、管理的影响范围进行快速响应和智能预判。

生命健康预警系统要实现以个体为对象、家庭为单位、社区为载体、产业为支撑的生命健康预警机制和智能决策反馈机制。系统建立高速响应动态医疗供应链和服务系统调整机制，切实减除疫情失控风险，保障人民生命健康安全，促进经济系统复苏。生命健康预警系统必须将有效的国防军事预警信息技术与主要的网络媒体和民用商用互联网系统进行整合，必须从理论上打通生命医学、信息科学、思维科学和管理科学体系。

有了生命健康管理系统，人可以主动进行终身身心健康管理。生命健康管理系统的工作是：通过对人体各个层面综合系统的数字化形成综合感知反馈，对人的生老病死整个生命周期的身心健康进行管理；针对每个人不同的遗传体质和后天的成长环境，建立数字化的生命资本账户，对每个人的认知维度层级和生命价值进行评价；运用 VI+AI 技术，对个体生命历程中影响其生命健康的生命因素、心理因素、自然因素和社会因素进行模式识别与智能辩证。生命健康管理系统就像个人的"守护天使"，无处不在、无时不在地对人的生命健康和生活习惯提出极有价值的建议。生命健康管理系统可以实现全社会生命数字产权的规范管理。在针对数字经济的法律和技术的保护之下，个人的健康管理效果、行为习惯、医疗病例等医疗健康数字产权都能在价值互联网上得到保护，医生的医学知识、治疗方案、发明专利等服务技能也可以在系统共享和创造价值。这样可以做到保障每个人不但终生都能获得更好的医疗资源，而且能真正享受健康、快乐、友好的生活。

第 10 章 价值互联网再造产业

○ 科技产业的价值释放

价值互联网让每个人的数字产权与服务价值实现在数字世界的网络连接,进而改变了科技创新的方式与价值创造的机制。科学技术、数字政府、市场竞争和创新创业等社会的方方面面也都会被改变。能源、金融、教育、交通、卫生和教育等领域,都将发挥其充分实现数字化转型的潜力,并应对挑战。

第四次产业革命以数字技术和网络服务软件取代了物理组件和产品,用自动化设备和人工智能技术改变了制造方式。遍布各处的智能传感器、物联网和云计算,实现了数字服务。科技企业以计算机芯片、数据中心、自动驾驶、智能电器和精准医疗等技术全面连接成为数字网络。科技产业的转变首先发生在互联网和人工智能等数字科技行业,现在已扩展到几乎所有的产业,例如农业、食品、汽车、房产、医疗等。科技企业创造新技术、新产品、新服务,都需要依靠互联网与数字技术的支持。可以说,互联网和数字技术既是科技创新的成果,也是数字经济的驱动力。

科技创新价值互联网能够极大地降低科技创新的协同代价,帮助企业获得更高的创新回报。中国近年来的技术创新势头迅猛,已经成为全球互联网数字经济和人工智能技术领域的大国,并在很多技术领域跃居全球第一大消费国。中国的手机销量占到全球销量的一半,电动车销量超过六成,半导体消费占到一半。中国市场已经为很多高科技企业提供了重要的发展机遇。在数字化、自动化和人工智能技术逐渐普及的时代,持续创新已成为中国经济发展的核心动力。为了促进本土创新并提高生产率，中国需要保持甚至加强获取技术的力度。价值互联网的发展激励内需的增长，科技产业立足本土市场的高增长需求。

随着信息成本的降低以及知识和数据的流动性的增强，科技产业的价值创造过程也产生了变化。中国近年的研发开支大幅增长，从2000年的90亿美元增长到了2018年的2 930亿美元，位居世界第二，仅次于美国。在一些核心技术上中国仍需要进口，例如半导体和光学设备。此外，中国也需要引进一些海外知识产权。2017年，中国的知识产权进口额为290亿美元，而知识产权出口额仅为50亿美元左右，为进口额的17%。创新过程的变革及其结果，反过来会影响商业生态和市场结构，并因此影响企业、个人和地区之间的资本配置。全球研发管理、跨国数字金融产品和国际知识产权竞争等活动兴起，改变了科技产业的竞争格局。

在科技创新价值互联网中，市场应用速度与研究理解深度构成了科技创新的四个象限（见图10-1）。价值创新型企业市场应用速度快，研究理解深度大，其标志是专利转化效能高，科研成果的影响力大。技术创业型企业市场应用速度快，研究理解深度相对浅，其标志是专利转化效能高，但是科研成果以改良为主。科学研究型组织研究理解深度大，技术应用速度慢，其标志是科研成果影响力大，但是专利转化效能低。社会中大部分的企业、大学和科研机构是跟随模仿型组织，在竞争中处于相对被动地位。价值创新型企业的领导者是类似乔布斯和任正非那样思想深邃而雷厉风行的人。虽然价值创新型领军者是可望而不可求的，但是其思维和认知方式却能够在价值互联网中持续释放深远影响。

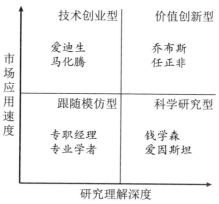

图10-1　科技创新的四个象限

科技创新价值互联网极大地释放了产业的网络价值。互联网和人工智能替代了大量的传统工作，从而迫使企业由生产商品向服务创新转变。由于数字化服务直接在互联网展开，因此新公司进入服务市场和扩展的成本更低，新技术从创新到客户使用的链条更短。这使许多市场中的创新科技直接产生服务价值。例如在交通运输行业，滴滴共享出行互联网平台迅速占有了市场；在零售行业，京东物流配送平台实现了一种新的零售模式。

价值创新型企业充分把握数字化机遇，通过信息系统整合以及数据挖掘，充分利用其客户数据的网络规模优势。科技企业通过对互联网上客户行为和意愿进行分析，发现客户价值需求，源源不断地捕捉新产品和服务的创新机会。高科技公司能够在减少员工数量的同时提升经营效率。例如 Amazon 的网络系统能够及时分析海量客户的信息，预测客户的购买意愿。遍布上千万家庭的智能音箱系统，能够实时得到用户的需求，后台智能系统对其进行语义分析。企业从未像今天这样大范围、深入地开展客户情报分析，这也带来了可能侵犯客户隐私等法律问题。另外，互联网平台这种网络规模经济具有垄断的特征。缺乏理解客户信息的能力的小微企业很难与高科技企业竞争。数字科技一旦取得效果，就能够快速复制到整个市场。

科技创新价值互联网降低创新成本并消除协同代价。随着全球供应链的整合和产业协同度的提升，跨学科的研发和创新成为常态。互联网和数字科技降低了企业内外的协同代价，对跨学科研究的需求增加，技术升级和产品迭代速度加快。例如在汽车行业，一般大型企业每年才发布一次新车型，而特斯拉会每月频繁发布软件更新。价值互联网中的多对多连接形成了网络效应，促进了参与者之间的各种交易合作，其效率远高于传统的供应链和线下业务体系。

数字科技让信息和知识几乎零成本复制。通过智能化的搜索、验证、操作和交流，信息可以无处不在，且可重复使用。客户可以及时找到与自己品味相符的产品，厂商也可以及时找到高性价比的供应商和技术。通过智能算法对客户偏好进行分析，企业能够设计真正个性化的产品和服务，个性化定价也得以实现。搜索成本的降低，使企业能够寻找合适的合作伙伴进行联合研发创新。区块链信任技术帮助企业对自身的专利和版权等知识产权进行确权和保护。企业可以在互联网平台悬赏，吸引参与者进行创新挑战（例如 InnoCentive）。科学家和工程师可以通过在专用网站上展示项目和专利来对接企业，协同创新。例如北京大学和清华大学使用"同师"平台创建了创新项目库，与导师专家进行连接。这个智能搜索的 IP 区块链，展示了超过 4.5 万名专家和学生的创新作品。这些项目和专利获得区块链存证，通过智能算法进行价值评价与信任评级。互联网创新实践平台改善了流程，让学生从展示创意到获得第一单真实客户的时间从 6 个月缩短到了 6 周。

科技创新价值互联网可实现数字产权价值化和知识产权金融化。数据已经成为科技创新的重要资源。科技产业从未像现在这样依靠数据而进行技术创新。例如滴滴的消费者位置数据、淘宝的消费者购买数据、华为的专利技术实验数据等，都是企业的核心资源。这意味着行业竞争力的关键，在于数字产权的创造和价值化能力。许多复杂的产品（例如航空引擎，DNA 药物，电子产品）都已经实现数字化建模。加工制造以及功能测试都以数字化方式完成。在高频交易中，从作出决定到采取行动之间几乎没有延迟。这大大加强了数字产权的价值流动性。

与创新有关的数据的主要类别，包括：个人数据，商业和创新数据，以及政府和研究数据。这与实物产权形成了鲜明对比，数字产权可以作为无限量的公共资源同时分享给许多人，这潜在地创造了一个更开放、更公平的竞争环境。例如公共部门数据（地理信息、交通信息、患者档案等）和研究数据（来自实验的数据），均开放给社会使用。

企业比以往更多地重视数字产权的投资、保护与价值开发，因为创新过程本身也越来越依赖数据。例如 AI 的创新来自算法的实现，该算法通常从现实世界或模拟数据中学习。基于机器学习的创新，需要大量的数据实例，以使软件能够执行预期的任务，尽管目前在人工智能方面已有很多旨在减少训练程序所需数据量的研究。物联网的发展还意味着，随着更多设备和活动的连接，数据生成将呈指数式增长，因此数据的整体价值也将不断提高。

个人数字产权包括社交媒体和搜索网站上的数据，也包括个人在网络中留下的使用记录和习惯的数据。企业得到客户的合法授权后，分析其消费偏好和产品需求。这些数据对于企业来说，有巨大的价值。政府和公共数字产权是由各种政府活动和服务（气象服务、运输服务、航天服务等）生成的，也包括公共研究和学术活动生成的数据与知识产权。公共数据对改善社会福利具有重大的价值，例如通过使用交通数据来改善交通拥堵状况。患者数据和政府收集的其他个人数据（税收数据、社会服务等），对于提升社会服务品质的重要性越来越高。互联网平台和科技企业正在大量投资数字产权，它们通过互联网数据收集系统，收购数据丰富的公司，并与运营伙伴采购数据。公司须加强数字产权保护，使自己免受竞争对手或黑客的伤害。这也为新创企业设置了更高的数字产权门槛。

数字产权市场正在兴起，传统的产权市场也加快了数字化转型。数字产权的交易过程涉及多方主体、多层权利以及多项法律，其程序非常复杂，特别是在设置转让的权利和合同义务方面。数字产权区块链和智能合约应运而生，同时 AI 法律服务和交易规则也在不断创新。数字产权市场的价值将超过商品市场。

科技创新价值互联网强化了科技产业的研发创新效能。企业采用具备时间价值管理的智能系统能够实现更快的反馈迭代、更精确的实验和更多版本控制，并使推出新产品和服务的成本大幅降低。重大国际公共卫生危机袭来，过去通常需要十年时间完成的疫苗研发，通过数字化研发和国际协同合作可以将研发时间缩短到一年。中国已经是全世界最大的半导体消费市场，国际创新协作和产业链整合会催生巨大的产业机遇。举例而言：随着硅基半导体芯片逐步逼近"摩尔定律"预测的性能极限，全球半导体行业需要提前发力转型。新的材料科学和光电技术，如石墨烯、氮化镓等新材料的出现，带来了产业机遇，这就要求企业有跨学科、跨领域的研发系统支持。

价值互联网一方面协调开发流程以实现并行多线开发，另一方面通过智能算法找到更低成本的测试客户。过去，由于新产品涉及大量生产和营销成本，因此，当产品有缺陷时，大规模召回将给企业造成重大损失。因此，产品在发布之前需要严格进行多次测试，以保证质量完整。科技价值互联网能够提升研发测试的效率。例如 Google 将其广告平台和 AI 样本验证相结合，一些挑选出的用户在访问网页时被要求进行安全验证，而验证的图片其实来自 AI 实验数据库，用户的每次验证都是在为 AI 数据打标签。这一方面实现了网站的安全保护，另一方面提前了 AI 研发测试。

企业通过数字化和智能化变革，将从创意到销售的整个创新链条改造成价值网络。在频繁的精益求精的测试和改进中，技术变革变得更加具有连续性，这降低了产品和服务的不确定风险。除了有利于提前识别产品服务缺陷、降低产品开发成本外，价值互联网更重要的优势是发现能够解决客户问题的有效的技术创新。企业在内部和外部知识网络中能够快速、精准地识别知识产权与行业专家，并通过区块链和数字产权系统开发和保护专利技术。

科技创新价值互联网能够营造和优化科技产业的创新生态。 全球价值网将设计公司、供应商与全球集成商联系起来，形成了互联网上的产业创新集群。随着数字产权市场的形成，数据共享变得更加容易，更多参与者能够开展研发创新活动。超越公司边界的开放式创新受到欢迎。开放式创新涉及与其他企业、研究机构和大学的合作。开放式创新在数字化之前就已经存在，但是由于成本太高以及跨学科沟通存在障碍，因此开放式创新并未成为主流。价值互联网能够对每家企业、每位人才和每个项目的时间价值进行评价，这让合作伙伴快速地分配研究创新工作、汇集创新结果，从而让开放式创新产生价值。

直接或间接参与开放式创新的企业集团形成产业创新生态，与大学、风险资本、创新基金等共同推动产业发展。创新生态系统成为大多数技术和专利的源头。例如在移动互联网和5G领域，华为致力于构建和开放移动服务创新生态，基于开放的"芯—端—云"能力，为开发者提供包括地图、机器学习、统一扫码、账号、通知、应用内支付、广告等在内的HMS Core能力，高效触达全球6亿华为终端用户。2019年全球集成HMS Core的应用数量已超过5.5万款。在AI领域，微软、Facebook和Google等公司采取了一种开放标准的方法。在开放平台，创新者可以借用工具并上传其创作到开发者社群。创新生态也增加了工作机会，创新奖励和众筹网站（如InnoCentive）扩大了企业创新的边界，从而让更多想法和创意能够融入进来。

许多跨国公司已经建立了自己的风险投资基金或内部创新加速器，使创新生态系统化，将创新基金分配给内部具有突破性想法的工程师，鼓励其将奇特的创意开发成产品和服务。一些公司开始设立创新组织和活动，例如Google的创新大赛，腾讯的青腾大学，宝马的创新实验室，IBM的InnovationJam，戴尔的IdeaStorm，宝洁的Connect + Develop，以及GE的Fuse创新委员会。这些组织机构一般向大学开放，利用数字技术潜力吸引创新人才和项目。

科技价值互联网为新兴的创业企业带来了新机遇。互联网第七层让人们有心物互联的智慧生活体验。这将带来不同于以往的智能交互方式，智能设备、操作系统、云编译器、分布式技术等底层软件技术领域都将实现突破。互联网核心技术将向智能传感设备和全场景终端操作系统的开发转变。拥有颠覆式创新技术和核心技术专利的新创企业，将有机会在新兴领域挑战互联网龙头企业。

○ 医疗健康产业的价值变革

全球公共卫生危机突然袭来，将各国医疗卫生问题与健康体系弱点暴露无遗。虽然突发的疫情总会过去，但是全球长期的老龄化问题和医疗健康危机会愈加严重，中国人口红利消失的趋势在长时间内难以改变。失去生命健康的经济是没有价值的。中国必须加快医疗健康体系的改革，提升医疗健康产业的价值。

医疗健康产业涉及价值互联网的各个层次，比如医疗数字化涉及信息层，医疗保险涉及信用层，医患关系涉及信任层。医疗健康关系人们最宝贵的生命价值，关系整个社会的信任问题，绝对不能单纯靠经济手段来解决，而更要靠道德、教育、法制、制度以及价值体系的构建。要实现医疗健康产业的变革，首先要改变把医疗健康产业当成传统工商产业来进行管理的错误方式。

各国的医疗卫生政策体制虽然不同，但它们都有两个基本问题：一个是谁投入，一个是效果怎么样。各国医疗卫生体系可以分为四类（见图10-2）。美国的是企业出钱为主，购买商业医保，医疗服务效率比较低，医疗服务贵。新加坡的以个人出钱为主，医疗服务效率高，其医疗服务效率多次排名世界前三位。新加坡政府设计了家庭医疗储蓄计划，强制要求每个家庭必须把6%的收入存到公共医疗健康账户，其中个人与雇主各负担一半。这种个人储蓄模式的好处是收入高者投入高，不会导致乱看病或过度医疗，因为毕竟花的是自己的钱。国家出钱为看病埋单的例子，典型的是英国和加拿大。因为医生数量不够，医疗服务效率普遍比较低，在加拿大和美国看病挂号要提前挂一个月。德国模式是政府出钱委托相对商业化的医保集团来竞争服务，政府通过法规来进行约束和管理。德国人的思维理性而严谨，医疗服务效率相对比较高。2020年的新冠肺炎疫情也差不多反映了各国实际医疗体系质量的差别。

医疗健康产业与传统工商企业有何本质的不同？传统企业的根本目的是创造客户，获得盈利是企业价值的直接表现。医疗健康产业的最大价值是治病救人而非"创造病人"。一直以来，差价盈利公式不但在商业中盛行，而且被用来培训各类经营管理者，这对中国的医疗健康行业有着很严重的影响。不少医疗机构是以旧的差价盈利公式来进行管理的。公立医疗机构被不懂医学的行政化管理者当成企业来经营。民营医疗机构被不懂医疗的商人当成商业机构来经营。按照差价盈利公式，医疗健康机构要实现盈利，则必须提高销售价格，同时压低原材料成本。其导致的结果是，诱导治疗、过度医疗、以药养医等行为成为医疗健康产业的顽疾。

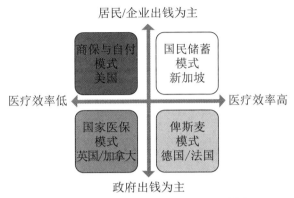

图 10-2　各国医疗卫生体系的四类模式

以差价盈利公式来经营医疗机构，更像是在经营医疗工厂，带来了一系列的问题。比如：医疗机构为了赢得市场竞争，必须进行规模扩张；为提高诊疗人次，对病人来者不拒；为提高住院床日，对病人过度治疗；进一步强化病人一床难求的印象。而规模扩张也带来了资产折旧的问题。政府和企业建立医疗机构都要进行大量的设备与固定资产的投资，昂贵的医疗器械和医药库存积压以及基建装修，形成了大量的资产折旧。医疗机构进行药品差价销售，引起了公众的强烈意见，引来了政府干预，被要求医药分离。其结果是，实行药品和材料零差价政策后，医疗机构出现亏损。医疗机构的药品和材料收支结余普遍倒挂，采购管理、专业储存、拆零分送、床边用药指导的药材管理成本无法补偿。现金流出现紧张状况，医疗机构面临偿债风险。公立医院普遍负债运营，绝大部分结余被用来偿还债务，缺乏人才与创新投入。中国政府对医疗的补贴从 2010 年的 849 亿元增加到 2018 年的 2 705 亿元，年均增长 15.6%。

差价盈利公式将医生的收入列入了变动成本项下，在医疗机构的规模不断扩大、治疗工作越来越多的情况下，医生收入却并没有提高。医生同时疲于应付各种职称论文的考核，没有动力和精力去钻研治病救人的医术，工作繁忙辛苦，治病效果变差，继而带来了医患关系紧张的问题。以差价盈利公式管理医疗机构，其问题在于将人当成了商品。因为人命关天，健康无价，所以医疗服务价格不可能像商品那样完全由市场决定。疾病治疗是个性化服务，病患方变动成本不受医疗机构控制，医疗服务难以进行标准化大规模复制。如果不考虑这些因素，为了盈利而将医疗机构盲目规模化，就会造成固定成本投入过高和资源浪费的问题。

为什么以商品经济条件下经营企业的方式来经营医院一定会出现问题？因为从事商品经济交易的客户与求医问诊的患者的需求和心理完全不同。客户会挑最便宜的商品购买，病人不会挑价格最低的医院去治疗。企业用人们的贪婪去获利是满足需求，而医院用人对疾病的恐惧去谋利则是谋财害命。企业和医院的制度有着本质的不同。企业将追求股东价值最大化作为目标，而医院必须保障病人的权益。企业有对产品与服务的报价权和成本控制权，而医院的治疗服务价格受到严格监管。企业可以运用金融杠杠，比如适当的资产负债，来提高其回报率，而医院不是上市公司，不能进行公开的股权融资。

医疗健康产业变革，首先要建立以人民健康为中心的医疗健康价值互联网。目前，大多数的医疗健康体系是以医院为中心的。病患到医院进行的是被动治疗，各个医疗机构分散、分割，相互之间缺乏协作交流。虽然各医疗机构的医疗服务和诊疗方式同质化，但是医疗的效果却参差不齐。病人对大医院和有名气的专家医生期望过高，这又造成了医疗成本过高。患者需要治疗，更需要尊重，因此医疗机构应尊重每个病人。中国不少医疗机构的病房和设备是齐全的，但对病人缺少尊重。医生要有同情心、同理心，以最高的职业标准道德来行医。医疗机构的团队，其认知应该在共识层，能够本着同理心将保护生命作为最重要的目标。

举例来说，全美首屈一指的梅奥诊所设定了其使命：将提供无与伦比的医疗经验作为最值得信赖的医疗保健合作伙伴。其价值陈述是"**病人的需要第一**"。医院的文化强调尊重社区的每个人，包括病人、他们的家人和同事。这样的文化，要求医护人员提供最好的护理，以敏感和同情心对待患者和其家庭成员。梅奥诊所的团队秉承的理念是"坚持最高标准的专业精神、道德和个人责任，值得我们的病人信任我们"。他们在给病人治疗的过程中注重激发希望和培育整个人的福祉，尊重病人身体、情感和精神的需要。在团队内部的合作中，他们重视所有人的贡献，在无与伦比的合作中融合个别工作人员的技能。通过每个团队成员的不懈努力，该诊所提供了最好的治疗结果和最高质量的服务。在人才和创新方面，该诊所强调通过每个员工的创意和独特的才能，注入并激励组织，提高其所服务的员工的生活质量。

作为国际一流的医疗机构，梅奥诊所的管理职责是通过明智地管理其人力、自然和物质资源，维持和重新投资于自己的使命和所负责的社区。该医疗机构的管理者本着服务型领导者的精神，欢迎并尽力满足患者、家庭、同仁和同事的独特需求。管理者以整体的有生命力的价值观指导个人行为，并引导统一的组织文化的形成，所有员工以梅奥诊所和方济会的价值观和实践关系为职业精神的基础，提供医疗服务。工作人员的日常行动，证明并支持了其组织及赞助者的使命、愿景和价值观。管理者以身作则，要求工作人员在与所有人的各种互动和交流中，练习愉快、礼貌而专业的言语和行为方式，主动培养和维护建设性的人际关系，积极参与改善工作，积极寻求帮助所有人的机会。

医疗健康价值互联网有助于消除医疗机构之间有形的边界，使医生与患者之间建立起无形的信任。 每家医疗机构服务于一个网络社群，这个社群可能有几万人，医疗机构提供的家庭健康服务以医疗健康互联网为平台。系统针对网络社群的医疗健康情况分层管理，对大众医疗健康的管理重点是疾病的预防和预测，对重点疾病和危重病人的管理重点是及时有效治疗。在价值互联网中，每个人的健康情况随时被关注，每个人都可以获得整个网络的医疗服务资源。医疗组织和医生之间通过价值互联网开展团队协同工作，发挥各自所具备的医药和医术的特色优势，实现生命健康数字产权和医疗诊疗信息协同智能共享，个性化地实现资源结构最优化。

医疗健康产业变革需要有尊重生命价值的政策法律环境。 公共政策和法律应该加强对医生和患者共同权益的保护，捍卫每个人所拥有的获得健康的权利。公共政策还要重视发挥全民健康的自我主动性，顶层改革设计应与自下而上的改革形成合力。

过去由政府推动的医改模式，一般是先由政府出台政策杠杆，影响健康医疗系统，改革取得中间效果，最后是病患获得最终结果。这种模式下，所有效果的取得，其源头是政府投入的相关人力、财物、组织、规章制度等行政资源。《柳叶刀》2019年9月发布的一份关于中国医疗改革评价的报告介绍了中国的医改。虽然近五年的医改确实降低了国家医疗支出的增速，但是出现了医疗资源分配倒挂的问题。这个报告指出政府医疗支出的50.3%分到了区域医院，主要就是各地的三甲大医院，24.6%分到了二级医院，社区医疗和诊所得到18%。大医院医疗经费增加更快，每年增加10%～15%，而初级诊疗服务每年增加3%到4%。这造成了与居民健康越接近的医疗机构获得分配的资源越少，大医院经常比肩继踵，而社区诊所往往门可罗雀。对医疗服务需求最大的是基层居民，然而居民们往往对基层的社区门诊缺乏信任，形成了价格越贵医疗越好、医院越大治疗效果越好的错误认知。

正确的公共医疗政策和法律规范一定是以人民健康为中心的，正常的医疗健康产业必须能够让每个人的生命价值得到尊重。医疗健康产业的价值创造应该立足于对人的生命价值的保护和提升，而不应当以普通商业的营利目的为价值目标。所有制差别不能改变医疗健康产业以人民生命健康为中心的本质特征。不论国有医疗机构，还是民营医疗机构，都应以医疗健康体系要持续保障大众的健康为共同目的。

中国的医疗健康产业要进行系统管理变革，就必须以医生和医务工作者为主体，避免行政化的外行干预。作为医疗健康产业的骨干力量，医生和医务工作者是最理解医疗健康产业的本质与最了解人们的医疗需求的人。医疗机构改革的一个主要方面是改变过去简单地以行政级别或职称级别分配收入的方式，转而按医疗真实效果的价值贡献进行分配；另一个主要方面，国家应从政策层面对医疗机构创造的疾病预防治疗效果的社会价值进行量化，建立医疗机构、保险公司、企业和患者各方风险共担与回报共享的机制。

医疗健康产业应从差价盈利管理改变为生命价值绩效管理。中国有大量的医疗机构，不管是公立的，还是民营的，其管理模式基本上用的都是商业的差价盈利方法。差价盈利是以股东利益最大化为目的。要提升公司的资产回报，就必须提高销售盈利率，提高资金周转速度。按照这种商业逻辑来经营医疗健康产业，就出现了医疗资源错误配置的问题。医院的病房、设备、医药、耗材是医疗资产，要提高这些资产的回报率，就必须不断地收治病人，让病人要不断检查住院用药才能收费。这种资产回报率是以患者的病痛为代价的。任何治疗效果都需要医生与病人配合，倘若医生真能妙手回春、药到病除，就应当让患者早日康复，而不能为了多收费就过度治疗。

商学院广泛传授的会计学中的杜邦分析法原先是用于商业企业核算的，不适用于医疗机构。杜邦分析法的应用有几个前提：商品可标准化，企业有成本决定权，资产可快速周转，费用成本可控，企业能上市或发债以使用金融杠杆。这些前提在医疗机构成了问题。医疗机构对每个患者的服务和治疗过程都不同，其价格受到政府和医保机构的监督，医疗设备和资产长期使用，医生和护士长期聘用，实行事业单位体制的医疗机构不能在资本市场上市融资。这些因素都决定其不适用商业绩效管理方法。

对医疗机构合适的管理是放弃差价盈利模型，用生命资本价值模型来管理。生命资本价值模型的基础是医疗机构与患者的关系是生命价值合伙关系。医疗服务和患者的时间与经济投入共同作为生命价值的投资。对于医患双方来讲，最好的治疗是预防疾病的发生。成功地预防疾病就是在创造巨大的社会价值。医疗机构和居民要签订"健康合作投资协议"，实现风险共担、价值共享。

在生命资本价值模型中，生命资本回报等于健康红利乘以贡献比例（见图 10-3）。健康红利是由人保持健康状态为社会所创造的价值。贡献比例是医疗机构在其中的支出占比。健康红利等于预期增值乘以效果周期。预期增值等于健康个人收入加成本节约。健康个人收入是一个健康的人所得到的经济收入，也就是健康所创造的社会价值。成本节约反映由于保持健康而少花费的成本，包括由于生病可能发生的治疗成本，加上时间成本，减去实际发生成本。医疗机构要多得收益，就要积极投入资源，以帮助人们保持健康状态，同时尽量控制治疗成本。这样，医疗机构与居民的价值就统一起来了。

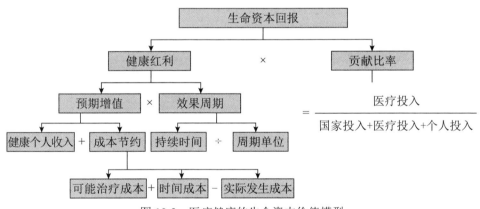

图 10-3　医疗健康的生命资本价值模型

医疗健康价值互联网要发挥人才和创新的价值。医疗工作是富有创造力的工作，医生和医护工作者并不是"医疗人力资源"，而是"健康人才资本"。医生在职业当中去不断创新。医疗机构的管理将不断的投资创新作为基本职责。医学治疗是在实践中不断进步的。实践诊疗中大量的案例与治疗方案都是宝贵的数字产权，医疗健康产业通过不断研发创新，能够发现疾病的原因并发明治疗的有效方法。医疗健康产业的重要价值在于不断地创新，创新就需要源源不断地培养和造就人才。

还是以梅奥诊所为例，它将人才培养和产业创新作为重要战略。梅奥诊所建立了一个以人才为本的医疗体系。虽然梅奥医学院被授予学位的学生不多，研究生才 700 多人，但是一年参加其职业培训的医生有超过 66 000 人次，该医学院可称得上是美国医疗领域"黄埔军校"。在任何时候，梅奥诊所都在进行超过 12 000 项人类研究。梅奥诊所 2019 年开展了 2 800 项新的 FDA 机构审核委员会批准的人体研究。2018 年，梅奥诊所在同行评议的研究期刊上发表了 7 234 篇文章。自成立以来，已有超过 30 个项目入住"梅奥诊所商业加速器"。大学生通过参与"梅奥创新学者计划"，亲身体验技术评估和商业化战略的业务。2018 年的时候，梅奥诊所总资产大概是 173 亿美元，其中固定资产设备等仅有 43 亿美元，投资性资产有 94.5 亿美元，这些资产主要是投资在研发创新和人才培养中。

医疗健康价值互联网将医生、科研人才、经理人才、护理人才和保障人才等全面整合到互联网价值平台上（见图 10-4）。医疗健康价值互联网贯穿全周期的预防、保健、治疗、康复等医疗流程，能够进行生命资本投资的评价和计算。每个人建立生命价值数字产权库，每一家机构都能够发行用来获得健康服务和医疗服务的价值通证。这种方式将公共医疗健康管理与企业和个人的医疗健康价值紧密结合了起来。

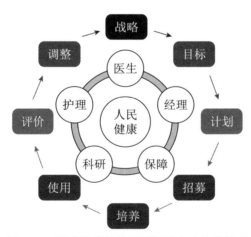

图 10-4　医疗健康价值互联网的人才价值管理

医疗健康价值互联网将智能医疗技术与数字产权技术紧密结合，可大幅降低社会医疗健康成本。 数字医疗健康技术和智能算法软件可以替代医疗健康行业昂贵的设施和医疗设备。创建数字化医疗健康服务应用所需的资金比开办实体的大医院投入的资金少得多。医疗健康云和现成的数字工具，包括开源软件、开放数据库以及在线信息和知识库，降低了医疗机构和健康企业的开发成本。

价值互联网让众多医生和居民得以形成医疗健康网络，极大地降低医疗健康管理成本，提升预防和健康管理效能。每一位居民可形成自己的医疗健康数字产权档案。有了开放、可信任的数字化医疗网络，居民就不需要在每家医院重复检查和化验。医生提前将其医学常识与健康咨询通过网络精准推送给需要的居民，而重复回答病人的问题的任务则由智能助手完成。医疗服务根据生命资本价值的评价实行动态精准的价值分配。医疗服务的流程和资源配置将进行优化。平台对医疗健康服务和患者的医疗健康需求进行个性化精准配比，系统依据法律规范对医疗服务的效果与过程进行监督与治理，从而提升医疗健康服务覆盖基层的深度和广度。优秀的医疗人才能够脱颖而出，有效的治疗方案也能形成知识产权。

在医疗健康价值互联网上，医院、研究机构、卫生保健部门和测试部门每天生成大量的医疗健康数字产权。这些数字产权对于医疗服务和健康创新至关重要。价值互联网将医生和居民联成健康管理的社区网络，使疾病预防和精准医疗得以广泛开展。价值互联网能拓展医疗机构的服务范围。随着信任互联网的建立，沟通和法律合规成本大大降低，医疗机构可以直接进入全球医疗健康市场。

○ 文化教育的价值提升

价值互联网开辟了新的价值创造方式和价值分配关系。这不仅引起了产业的变革，而且将在更深层影响人们的文化和教育。互联网由于可以不受时空限制地影响人的知识与行为，能跨越政治的疆界和学科的边界，因而能让学习者享有更充分的自由。教育价值互联网由于不受传统教学制度与教学资源和设施的约束并具有极快的反应速度，因此是一种出色的软实力竞争手段。这必不可免地会给未来经济社会的发展带来深刻的变化。

任何国家的竞争模式都取决于当时的竞争科技手段与管理方式。互联网由于可以不受时空限制地影响人的认知与行为，打破了国与国的疆界，因而在战略行动和策略上享有充分的自由。互联网人才教育体系是一种出色的软实力竞争手段，能够自由选择攻击点并能调动最大的打击力量，使竞争者没有时间调动资源加以对付。所以，价值互联网将在深层次变革学习和教育模式，进而改变国家的竞争模式，国家竞争的主要特性必将与以往的任何竞争有根本的不同。

今天的世界竞争格局，是由一百年之前的教育思想与人才战略决定的。一位教育家的影响力胜过千军万马。在历史上，深谋远虑的教育家和具有前瞻力的领导人，在人才培养方面的关键决策对世界起到了重要的作用。一百多年前，美国伊里诺大学校长詹姆士在1906年给罗斯福总统的一份备忘录中，强调了通过教育来实现对中国进行精神支配。"哪一个国家能够做到教育这一代中国青年人，哪一个国家就能由于这方面所支付的努力，而在精神和商业上的影响取回最大的收获。"美国教育家让政治家笃信"商业追随精神上的支配，比追随军旗更为可靠"。这种思想直接导致了美国政府决定用庚子赔款的退款来建立清华学堂。一百年后，詹姆士的战略产生了效果。2008年7月发布的《美国大学博士学位获得者综合报告》对2006年度全美45 596名研究型博士的学历背景的分析显示，世界上"出产"美国博士最多的学校中，清华大学以571人、北京大学以507人位居前两名，甚至超过了美国加州伯克利大学。2000—2005年，中国（含中国香港）的17 763名留美学生获得博士学位后，倾向于继续留在美国的比例为全球之最。这一比例，在2000—2001年达91.4%，2002—2005年为90.4%。

近几年来，在互联网教育领域，美国在线课程慕课（MOOC）平台Udacity、Coursera、EdX等已获得总计超过2亿美元的风险投资，2014年开始大举进入中国，争抢中国的人才资源与教育资源。以信息互联网领域为例，截至2020年，中国市场对程序员的需求量将达到1 200万人，但高校每年的输出量只有10万人，Udacity进驻中国，就是瞄准了这个正在上升的市场。Google、Facebook、Amazon等互联网巨头均参与了Udacity课程的研发设计，并直接选择和滴滴出行、京东、新浪等互联网公司及清华大学深度合作。美国互联网教育产业从表面看是实现了优势教育内容的网络化与教学资源的公平化，从长远看是抢占中国人才资源与教育市场，其实质还是实现"商业追随精神上的支配"。

一个国家文化和教育体系的建设是一个长期的、努力探索和实践的过程。从蔡元培所处的时代开始，中国的知识界就已经认识到人才培养需要符合国情，形成自己的特色模式，而不能照搬和完全模仿国外的教育模式。蔡元培百年之前就在北京大学倡导"以美学代宗教"，提出"养成健全之人格，导致国家之昌隆，是为真正之爱国"。中国的改革开放过程中，邓小平特别强调人才战略的作用，在改革之初就针对干部问题明确指出"问题是干部构成不合理，缺乏专业知识、专业能力的干部太多,具有专业知识、专业能力的干部太少",提出"科技是第一生产力"的思想,大量培养为中国市场经济建设做出贡献的各行业的专业干部和人才。

经过40多年的发展,中国高校的教育体系拥有相对成熟的学科和完整的创新网络。然而,国内大量引进的西方管理课程和教材也出现了难以适应中国实际情况的问题。更有一些学校将教育定位为经营创收,重视"大楼"而轻视"大师",盲目的规模化和对外扩张,廉价贩卖学位,教学粗制滥造。传统教育质量下降,就给了市场化商业培训机会。为了让孩子能够在考试中得到更高分数,家长不惜花费重金给孩子补课。于是各种课外辅导班和网络课程大行其道,通过线下线上的商业营销广告渗透市场,获得了不少的订单。然而,进入中国的慕课(MOOC)、网络课程和校外辅导教育是高价值的教育吗?

我们的团队一直深入研究MOOC和网络视频教学的应用,调研了大量的学习者和教师,发现其虽然收费不低,但依然流于信息互联网层面的通信技术工具的利用,而未能根本解决学习和教育质量的问题。市场上大量类似于MOOC模式的在线课程和其他线上辅导班要求学生对着计算机听课,很难使学生保持注意力集中,启发学生的创新思维与行动力更是难上加难。大多数商业教育机构的教学都是以提升学生的考试成绩或者拿到证书为目标,其效果是学生可能通过了考试,但泯灭了终身学习的兴趣。全球新冠肺炎疫情发生之时,大量的学校要求学生在家上网络直播课程。这样做虽然降低了病毒传播的风险,但是也增加了智慧启发的难度。上直播课的老师对着摄像镜头,无从把握学生的参与和反馈,即使学生在上网络直播课期间玩游戏老师也不会知道,而要真正激发学生的学习兴趣则更难了。

教育是需要人生的经历和实践的,学生要在真实生活和学习中领悟科学和文化的真谛,学会相互帮助与团队激励,而这些都不是远程直播课程能够实现的。所以,我们要真正实现教育质量的提升,不能仅靠通信技术和网络工具,而必须在人的价值层面下功夫。

与技术经历了五层网络升级同步,教育经历了四代教育模式(见图10-5)的转变。第一代教育是"教学生学",它以知识复制为目的,以书本考试为主要方法。它是中国从孔子生活的时代开始就采用的至今已有两千多年的教育方法。第二代教育是"帮学生学",它以专业训练为目的,以辅导实验为主要方法。中国从洋务运动开始至今,推动了现代学校发展的主要是这种方法。第三代教育是"让学生学",它以科学探究为目的,以论文答辩为主要方法。它是中国从改革开放之后大量学习西方研究型大学所采用的方法。第四代教育是"向学生学",它以人生价值为目的,以创新实践为主要方法。这是我尝试回答钱学森之问提出的教育模式。

为什么要提倡"向学生学"的教育?因为好奇心和认知升级是每个人的天赋。人人皆可学,人人皆好学。然而很遗憾,人们过去的教育模式大多忽视掉了一个事实:每个人与这个世界都是一体的。爱因斯坦讲过:"不要去争做一个成功的人,不如努力成为一个有价值的人。"我们的很多学校都在费尽心力培养所谓的成功者,但是却看不到每个人才本身的价值。教育不应是知识灌输,不应是洗脑说服,更不应是思想操控。教育是一个人忘记在学校所学的所有东西,还活在心里的真实。学生要能创造新知,教师先要忘记旧知。如果教师对陈旧的、保守的、错误的知识念念不忘,那么即使费尽心思对学生进行说教,也是徒劳。因为世界不会因为人们思维的停滞而停止向前发展,学生也不会因为书本记忆而忽视现实。

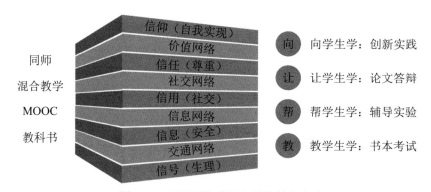

图 10-5　五层网络升级与四代教育方式

教育价值互联网以人才为中心构建文化教育创新体系,在认知的高维层次形成以培养学习兴趣和实践能力为导向的学习平台,将施教者和受教者连接形成高价值的学习创新共同体。教育价值互联网必须解决人才价值评定和学习品质管理的根本问题,从而实现文化教育的价值提升,必须实现人才培养模式、教育管理体制与学习服务价值三方面的创新。

教育价值互联网的核心是培养知行合一、德才均备的人才。我在回国后的十七年间,一直在探索创新人才体系的改革,在北京大学和清华大学等十余所高校经过艰难的探索与实践,终于形成了价值互联网上"协同、行动、创新"

的教育方法。学生和教师以我们独创的五色协同创新思维理论为指导，在教育价值互联网平台上，不但可以进行自主学习，还可以接受真实的互动服务和创新投资，实现"知行合一，德力俱足，义利共生"的教育效果。我们每年都选拔出一批优秀的创新者和创业项目，解决实际中不断提升人才价值的问题。

事实证明，教育价值互联网能够形成经济、科技、艺术等领域跨学科综合创新人才的培养模式。教育价值互联网注重价值经济时代具有健全人格的人才的培养，顺应各学科之间相互影响和演变的规律，而不是简单的交叉学科的应用。教育价值互联网将每个人的创新活动与学习活动密切组织起来，实现终身学习。创新人才平台借鉴成功的人才培养模式，注重"品德熏陶""理性分析"与"技术训练"的结合，让人才不但有强大的技术能力，更具有批判性的思考能力、内省反思的能力以及包容不同文化与民族的心态。

教育价值互联网以新的学术、研究和教育规范来提供创新人才的发展生态。教育价值互联网使用"协同开放式平台"的管理手段，采用数字产权价值评定方法，协同行动创新教育模式来提高系统化的教育管理和服务，注重中国特色的创新思维与通识教育。教育价值互联网以"开放、对等、共享、协同"为原则，取代了一些旧的限制性体制和束缚性教条，聚集有识之士共同探索教学方法的改革方向，分享优秀的教学资源，建立"读活书，活读书"的学习环境，实现"干中学，玩中学"的创新生态。

教育价值互联网有助于开展协同创新研究和创新教育项目。以人才为中心，运用适应人才心理的科学分析手段，开发人才与创新项目的大数据资源。教育价值互联网聚集国内外各级学校、创新投资基金、各国重点实验室、人文社科重点基地和实验教学示范中心等优势创新资源，支持鼓励优秀教学科研人员参与跨学科教研合作和服务项目。这些项目围绕国家发展的重大需求，针对学科发展前沿和国民经济、社会发展及重大科技问题，通过开展关于实践的创新性研究与咨询项目，锻炼和培养人才，成为人才创新思维提升和产业创新的发动机。

在多年的实践中，我们为北京大学和清华大学的师生们建立了不同层次的教育价值互联网，自主开发的 VI+AI 学习系统使教师能够实时自动分析和评价学生的才能。"同师"平台以区块链技术实现知识产权 IP 管理。AI 智能技术对每一位同学进行行为和思维分析。系统技术通过互动学习问答、互相之间的交流以及互动合作行为，就可以发现其人格特质，并判断其思维方式，进而设计针对其成长发展的个性化教育。学生的每一个作品和项目在区块链上都能得到认证和保护，每次学习行为都获得"人才票"的价值通证奖励。这样的方式形成了一套基于价值的创新服务体系。教育价值互联网实现了"人才金融"，从人才早期的学习过程开始，管理其数字产权，实现单一人才像上市公司一样进行市值管理。每位人才像上市的公众公司一样严格要求自己，定期披露自己的能力提升和作品创意。家长、学校和企业以投资"人才股票"的方式发放奖学金，预购其作品和专利，实现每个人都可以把自己的时间、能力和才华用来为社会做贡献。

第 11 章 健康的超级资本市场

○ 预防互联网金融腐败症

互联网让每个人都有获取和传递信息的机会,然而也滋生了腐败和犯罪。特别是与金钱有关的腐败和欺诈事件频发,成为经济危机的导火索。价值互联网要能够在经济中起到决定性作用,就必须建立预防互联网金融腐败症的机制。虽然价值互联网是以自组织演化为特征的,不存在绝对的集权机构来控制整个网络,但是其治理机制必须有对抗金融腐败的免疫力。

为什么金融腐败永远不会消失?因为只要市场上的人们存在认知水平的差异,就会有人被虚假和错误的信息所蒙蔽。市场中总是存在监管不到位和惩罚不严格的地方,这就出现了利用别人的错误和愚昧来获得利益,比利用自己的勤奋和努力来创造价值的成本更低。因此,只要时间周期够长,出现金融腐败的可能性就会是百分之百的。墨菲定律(Murphy's Law)告诉人们,做任何一件事情,如果客观上存在着一种错误的做法,或者存在着发生某种事故的可能性,那么不管发生的可能性有多小,当重复去做这件事时,事故总会在某一时刻发生。只要发生事故的可能性存在,不管可能性多么小,这个事故就迟早会发生。

公司如人一般,是有生命周期的,其资本价值会经历不同的发展阶段(见图 11-1)。起初是"秘密阶段",公司的创新技术和商业模式只有极少数人理解,这时的资金主要来自科研基金和天使投资。然后是"注意阶段",风险投资和股权投资等投资机构开始对公司关注并投资。等到媒体曝光关注、市路演、广告宣传等激发了大众的激情与贪婪之后,对公司的投资进入"狂热阶段"。然后是事与愿违,负面消息频出,投资者出现恐惧、投降甚至绝望的心态,对公司的投资进入"吹破阶段"。在此之后,市场上大部分人都已经理解了事实,投资心态回归到相对理性正常。

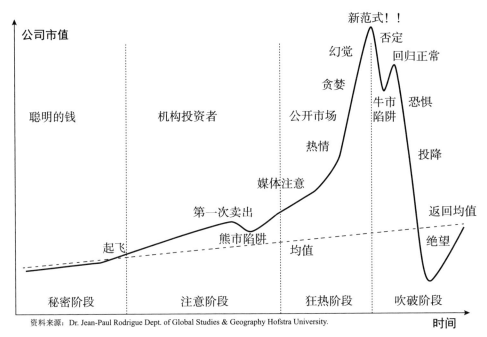

图 11-1　资本市场的投资价值生命周期

为什么市场会普遍地存在这样的价值波动曲线?以我们的认知层级理论来解释很容易。人们的认知层级本身就是分布不均的。社会当中拥有"灵识"的科学家和企业家是万里挑一的,这些人在投资的秘密阶段就已经理解其价值并付诸行动。投资机构掌握市场信息和价值"辨识"原理,也能在"注意阶段"进行尽职调查并决定投入。投资机构和财务公司因为有专业的财务情报,所以能了解市场喜欢什么样的公司。那些擅长差价盈利公式的公司财务人员,似乎总能找到满足投资人预期的处理账表的方法。大量公开市场的散户的认知处在"认识"层级,他们从大众媒体和新闻中获得被修饰过的宣传信息,甚至都不认真研读公司财务报告就凭感觉一厢情愿地投资。整个网络传播过程存在大量的信息衰减和扭曲。

人们的认知差异造成了市场波动,市场波动又给了投机者谋利的机会,巨大的利益诱发了金融腐败。在公共卫生危机和经济危机双重危机作用下,美联储已经陷入了困境，政府支出预算高涨，美联储陷入了量化宽松越来越大而利率越来越低的境地，距离美元信用的最终破裂越来越近。全球金融腐败也进入了高发时期。金融腐败症就像市场中的癌症，从某些点出现，然后扩散到社会的各个层面。互联网与数字科技在市场中的广泛应用，又加快了金融腐败症的扩散速度，从而在经济的制度层面、操作层面和技术层面都形成了系统腐败的问题。

制度性金融腐败源于法律制度的设计缺陷以及故意利用制度监管漏洞。美国的制度性金融腐败一直没有停止过。1933年《美国银行法》即《格拉斯-斯蒂格尔法案》（Glass-Steagall Act）在大萧条过后通过，该立法对于保护金融业至关重要。当时的出发点是将投机者炒股的钱和老百姓储蓄的钱分开，以避免金融风险传染。但是随着该法于1999年被废除，将商业银行和投资银行业务分开的障碍也随之瓦解了，这为经济危机的出现打开了大门。《格拉斯-斯蒂格尔法案》主要规定，商业银行和投资银行的业务必须分离。国会开始修改该法案的管制，先是于1980年通过《存款机构放松管制和货币控制法》，使美国的存款机构在1987年后都必须在联邦储备银行放入存款准备金。这之后所有存款机构都享有美联储提供的贴现贷款和支票清算等各种便利。这实际上是美联储放松了对银行的管制。1999年生效的《金融服务法现代化法案》取消了禁止银行控股公司和拥有其他金融公司的规定。这次制度修改实际上取消了承担风险的投资银行与接受存储的商业银行之间的隔离，使得投资银行家可以成为商业银行的上司，因此造成了利益冲突。投资家和银行家可以左右互搏，用从企业借的钱来投资企业的股票，将资本市场玩弄于股掌之中。第二年美国股市就出现了互联网泡沫和金融危机。

金融腐败将国际三大权威评级机构穆迪、标普和惠誉也卷入其中。2001年，安然等一连串大公司出现财务欺诈丑闻，评级机构却似寒蝉僵鸟，未能发出预警。在安然案件的庭审上，当年为安然公司进行评级的评级师承认，他没有认真读过安然的财务报告。其实早在亚洲金融危机爆发前，这些评级机构对一些亚洲国家证券所作的评级并没有警示投资者避免这些证券的风险。2009年7月，美国最大的公共养老基金向加利福尼亚州法院提起对三大评级机构的诉讼，因为这些机构提供的"绝对不准确"的信用评级给该基金造成10亿美元的损失。2010年，美国国会参议院公开调查金融危机，发现标准普尔和穆迪在对基于次级抵押贷款的金融衍生品抵押债务权证（CDO）评级时，受到付费一方投资者的不当影响。绝大多数 CDO 当初出售时获评最高的 AAA 评级，后来成为垃圾债。这些评级机构为"有毒债券"贴上"优质证券"的标记，与华尔街一起欺诈全世界。

1998—2008 年，华尔街投入了 17.25 亿美元的"政治献金"，以寻求政府放松管制。政府放松管制的结果是华尔街金融机构滥用投资者的信任，将自身利益置于投资者利益之上，利用投资者委托的资产开展大量的风险投资业务。金融危机爆发后，国际社会纷纷指责金融部门滥用信任和监管机构失责，认为这种"滥用信任以获取私人利益"的行为也是一种腐败行为。

2005 年以来，国内的金融混业经营管制逐渐放松。中国的安邦保险仅用了三年多时间就将银行、金融租赁、证券、基金等数张金融牌照揽入怀中，力图实现金融混业。2017 年，安邦保险实际控制人事发，2018 年安邦保险被银保监会接管，之后其旗下多家子公司被处置。海航控股通过大量高杠杆收购快速扩充资产，2015 年年末海航总资产为 4 687 亿；2017 年年末海航的总资产是 1.5 万亿，财富五百强的排名也从 2015 年的 464 位，暴涨至 2017 年的 170 位。2015—2017 年，海航在全球的并购额超过 400 亿美元。2020 年 3 月，疫情打击了整个航空业，海航集团被政府全面接管。

操作性金融腐败行为，通过进行市场违法操作，给投资者造成巨大损失。造假者先是编造虚假财务信息，骗过监管审核谋求上市，然后滥用上市公司地位，利用投资者的认知差异和市场信息的不对称骗取暴利。

康美药业《2016 年年度报告》虚增货币资金 225.8 亿元，占公司披露总资产的 41.13% 和净资产的 76.74%；《2017 年年度报告》虚增货币资金 299.4 亿元，占公司披露总资产的 43.57% 和净资产的 93.18%；《2018 年半年度报告》虚增货币资金 361.9 亿元，占公司披露总资产的 45.96% 和净资产的 108.24%。2018 年 8 月证监会责令康美药业股份有限公司改正，对其给予警告，并处以 60 万元的罚款。处罚额度是造假金额的十万分之一。在美国纳斯达克上市不到一年的中国公司瑞幸咖啡，于 2020 年 4 月 2 日发布公告称，该公司自 2019 年二季度以来虚增交易涉及的总销售额约为 22 亿元人民币。此公告引发股价大跌 80%，之后该公司被停牌。随后，美国多家律师事务所代表投资人起诉瑞幸咖啡。此事件引起美国证监会对整个中国概念股的不信任，并连带着导致跟谁学、好未来、爱奇艺等公司的股票被做空。

技术性金融腐败行为，利用投资者对技术缺乏理解骗取投资，或利用金融系统的技术漏洞攻击系统从而窃取金融资产。互联网金融与数字货币领域，成为技术性金融腐败事件的多发之地。2018年，已倒闭的比特币证券交易所BitFunder的创始人承认，他在2013年BitFunder掩盖6 000枚比特币被盗事件的调查中向美国证券交易委员会（SEC）提供了伪造的资产负债表，他还曾窃取用户在其交易平台的比特币并换成法定货币用于个人消费。在6 000枚比特币被黑客窃取后，该交易所无法兑付。另一家BTC-e加密货币交易所的经营者被美国当局于2017年指控欺诈和洗钱，据称该案涉及的比特币价值高达40亿美元。国内的互联网金融欺诈案件也多发。"e租宝"以"互联网金融＋融资租赁"模式为名义，宣称对产品设计了多重担保机制。实际上，该公司被查明以高额利息为诱饵，虚构融资租赁项目，持续采用借新还旧、自我担保等方式大量非法吸收公众资金，累计交易额达700多亿元，涉及投资人约90万名。2017年9月，此案件宣判，e租宝创始人被判处无期徒刑并处罚金1亿元。

预防制度性金融腐败，首先需要处理好金融监管与市场开放的关系。在中国，金融业是特许经营业的一部分，具有明显的垄断特征和较大的寻租空间。目前中国的金融资源分配非常不透明，分配方法没有严格遵守市场规则，这为腐败提供了沃土。在银行、证券和保险业务由清晰分开走向混合的趋势中，技术创新层出不穷，但这也增加了隐瞒腐败的机会。

为了建立和完善现代金融体系，有效打击金融腐败，中央金融工委下设纪律检查工作委员会，由中央纪律检查委员会与中央金融工委双重负责，领导纪律检查工作委员会进行纪律检查工作。纪律检查工作委员会的工作是加强打击金融业中的腐败行为，并加强管理金融机构和金融监管部门中高层职位的责任人。

中国尚处在不完全市场化阶段，这与美国资本市场过热的情况不同。因此，中国预防金融腐败，需要将加强市场的自律水平与加强监管的执法力度相结合。国有金融机构也是市场的主体，应从股东和员工利益出发，因此监管部门必须强化对国有金融机构的治理并强调其应承担的法律责任。如果人们对市场自律缺乏信心，金融系统的公信力被损伤，那么最终会损害人们的利益。为了打击金融腐败，政府必须保持强大的监管压力，对腐败保持零容忍。金融监管必须在遵守法律的同时尊重市场规律，如果失去了对市场的信任和尊重，那么金融监管的错误决策可能会反过来破坏市场。金融监管机构要正确引导金融秩序并正确开展预防金融腐败的行动，这将极大地释放企业家精神，创造与中国经济规模相称的繁荣健康的金融市场。

中国改善金融市场体系的最根本途径是系统科学指导下的深化改革，不断探索资本市场的科学规律，不断提高市场的公平竞争水平。金融机构应从改善内部约束机制入手，首先做到严格合规，才能杜绝金融腐败。金融机构改善内部治理及防止腐败的最强大和最可靠的力量应该是严格执法、收入透明和优胜劣汰。

金融反腐败与制度建设密不可分。开放和透明的制度才是有效的制度。这需要一系列的改革举措，例如在资本市场公开发行中减少权力寻租的空间，遵循公开、公平的原则；在保险、证券等行业中建立依法办事的审批准入机制；对违法违纪的企业和个人进行严格处罚等。商业金融机构本身是营利性企业，要允许金融机构人员获得市场化的收入和奖金。同时，不论是国有金融机构，还是民营金融机构，其高管人员的收入和税务都应当向社会公示。将金融机构的高管的决策计入监督机构的区块链存证，并保留行业追责的权利。

预防制度性金融腐败，还需要改变对腐败的判定标准，并建立预警机制。传统"腐败"定义的清廉指数仅关注公职人员的腐败行为，而不能全面反映国家制度层面的系统腐败。政府如果对金融体系疏于监管，或者坐视明目张胆的金融骗局发生而没有尽责，也应被看作腐败行为而承担相应的责任。如果设计制度的立法者和保障制度的执法者纵容了金融腐败，那么谁来监督这些人？明智的策略是将依赖个别人作决策的方式改为依据系统进行科学决策的方式，比如制度修改之时应建立政策实施的风险预警机制；法律制度修改之前不但要经过利益相关方的充分论证，而且要建立相应的风险预警机制。要预料政策实施之后最坏的可能性并形成预案。在制度实施过程之中，应有实时的反馈与风险监督系统，在问题刚出现时甚至未出现之前就提出预警。

预防操作性金融腐败要充分发挥商业组织在反腐中的重要作用。伴随着经济的发展，商业组织的影响日益扩大。商业组织要意识到，纵容腐败的企业或其雇员，其结果可能是他们通过商业腐败给世界带来毁灭性的灾难，与有商业腐败行为的企业伴生的往往是劣质产品、环境恶化和声誉危机。同时，商业腐败行为容易在商业组织中滋生出一种"腐败文化"，进而助长腐败行为的扩散和恶化。例如，华尔街的信用评级机构在明知次级贷款存在风险和问题的情况下，为了获利而依然给予次级贷款高信用评级；审计公司明知道上市公司财务作假却依然出具审计报告。因此，为防止整个产业的价值体系被侵蚀，必须杜绝腐败文化。为此，商业组织需要建立价值互联网上的反腐败联盟，加强对商业腐败的监督力度，对从事腐败活动的企业和雇员予以曝光和清理。

受金融危机的影响，国际社会越来越关注金融腐败问题。为了防治金融腐败，各国相关组织加大了信息披露力度，利用商业环境中利益相关者的合力，建立商业环境中的制衡机制。例如为引导商业组织在经营过程中廉洁经营，发挥其在反腐运动中的作用，经济合作与发展组织（OECD）、透明国际（Transparency International）与国际商会（ICC）联合，共同制定了企业反腐指导手册。

预防技术性金融腐败，需要加快建立信任互联网技术与数字产权注册监督平台。由于互联网金融腐败具有普遍性和隐蔽性，因此司法机关常常难以调查取证。区块链加密数字货币的出现，又在客观上提高了金融腐败识别的难度。为解决取证难的问题，监管组织应在依法保障公民隐私的情况下，要求数字产权在公共注册监督平台上实现数字货币和数字资产的实名追溯，尤其应对金融机构与企业的数字资产平台开展实时的智能化网络安全与反腐败审计。

金融反腐的重要手段是加强互联网系统的安全防护和对异常交易行为进行数据分析。金融腐败行为总是伴随着不正常的利益输送和交易行为。互联网上的金融欺诈行为和腐败行为难免会留下痕迹。因此，通过使用AI来分析银行网站和证券交易系统上的个人习惯，可以识别洗钱和操纵股市等行为；通过对金融交易系统和银行账户的变化数据进行分析，能预测金融机构和投资基金未来是否会受到监管约束，或者是否与法规存在冲突；将企业业务调研数据与企业披露的财务报表进行对比，能够发现是否存在造假行为。如果能够实现企业价值通证，那将会极大提高企业财务的透明度，让腐败问题得以尽早发现。

预防技术性金融腐败还需要强化信息整合与国际法律合作。为提高反腐效率、有效扼制腐败，公认的国际组织和标准应整合各国预防和防治腐败的网络技术系统。例如：日本等国利用卫星监督工程建设以防腐败；俄罗斯政府正在整合各部门已有的数据库，建立一个综合电子资产数据库，以查对申报收入与实际资产之间的出入，从而使一些腐败官员原形毕露；中国人民银行建立了互联网个人征信系统，以对失信人进行管理。但是，各国的这些系统是分隔独立的。要在世界范围内预防金融腐败，需要有公开的预防腐败法律信息交换标准，从而将这些信息进行整合，但这将是一个相对漫长的谈判过程。另一条路径是各国立法决定对互联网金融和金融区块链进行更严格的审查，加倍关注对治理合规性、数据标准以及网络应用的监督。这会加快主要的区块链平台和互联网金融龙头企业形成自组织的反腐败技术和标准规则。

预防金融腐败更长效的措施是提升国民的金融认知水平和法律意识，强化金融法律的制定和完善，形成市场自组织的监督机制。治理金融腐败关系到整个经济的健康发展，关系到千家万户的生活品质。我们必须加快实现与价值经济相适应的国民金融素质的培养，并加强与经济改革和科技创新相适应的金融机构的治理能力。

○ 规范数字资产证券化

价值互联网上应建立规范机制，确保证券化市场安全透明，进而避免或减少投资者利益遭受损害。在过去，晦涩难懂的金融工具加上评级机构的虚构优质标签，不但让投资者眼花缭乱，更对现代金融体系造成了巨大冲击。

传统的金融主要解决融资问题以及资产风险管理问题。金融业务主要有权益性融资与债务性融资两种融资方式，用的金融工具主要是股票与信用债券。投资者投资股票，实际上是作为公司的股东，在承担经营风险的同时享有盈利分红权。投资者投资信用债券则是期望从公司的经营性现金流中获得本金与利息偿付。不以传统股票和信用债券形式进行的金融活动，在广义上都可被称为"结构性金融"。

资产支持证券化本身是一项结构性金融创新，然而系统的制度缺失和技术漏洞为金融危机的发生埋下了伏笔。证券化是创建各种类型的债务池并将其作为可交易证券转售的一种做法。如房产抵押、信用卡、汽车或学生贷款等，都可以由金融公司打包成资产证券并转售给投资者。证券化再允许银行和金融机构将其部分贷款风险从其账表中转移出去，从而获得发放新贷款的资本。

因为金融创新通常天生不透明，所以风险很难感知。在2001年之后，华尔街的资产证券化产品越来越复杂。例如一项抵押贷款的部分贷款池可以与其他抵押贷款池的部分组合，因此可以通过合并完全不同类型的贷款池，基于商业抵押、汽车贷款、学生贷款、信用卡应收账款、小企业贷款甚至公司贷款，创建抵押担保债务（CMO）或抵押贷款债务（CLO）。债务抵押债券（CDO）最终通过组合产生的以债务抵押债券CDO为资产份额的合成债券（CDO2，CDO3）。就这样，原本的不良资产或者垃圾债券经过层层包装之后，获得了

AAA评级。在健康的经济中，贷款违约率和相关性非常低，但在经济衰退中就可能引发多米诺骨牌效应。投资银行与券商的"关联交易"和转嫁给借款人的延期付息等变相高利贷做法，又将下跌放大成了暴跌。

全球资产证券化发行量在2018年超过了1.6万亿美金①，金额已经超过美国国债。尽管经历了2008年金融危机的惨痛教训之后，监管机构对资本市场有了更严格的控制，但新的资产证券化业务在美国仍然存在上升趋势。在2008年—2018年期间，美国资产支持证券发行总量（ABS）增长了140%。然而，2019年前四个月的总ABS发行量有所下降。与美国相比，欧洲的资产证券化市场要小得多。而且，欧洲证券化市场在严格的资产负债表要求下运作。欧洲金融市场协会的数据显示，2017年欧洲证券化市场发行量从历史最高的8 000亿欧元下降至2 350亿欧元。欧洲未偿还抵押贷款的1%是通过证券化来融资的。

中国证券投资基金业协会发布的数据显示，中国企业资产证券化发行量持续增加。企业资产证券化产品在2020年第一季度共备案确认111只，新增备案规模合计1 110.04亿元。截至2020年3月底，存续企业资产证券化产品有1 723只，存续规模为16 883.73亿元。按基础资产二级分类，应收账款债权、商业不动产抵押贷款（CMBS）、小额贷款债权、融资租赁债权、基础设施收费以及REITs类基础资产存续规模合计14 121.94亿元，占总存续规模的83.64%。购房尾款、信托受益权等其他类别基础资产的存续规模合计2 761.80亿元，占总存续规模的16.36%。

创建证券化资产，存在着价值评估失准问题和信息扭曲问题。现有资产证券化模型是基于价值绝对论和差价盈利公式来评估资产的。但是资产自己不会自动产生现金流，人必须投入时间进行营销和服务。由于对服务时间价值的评价因人而异，因此现金流的不确定性大幅增加。资产证券化固有的复杂性会限制投资者监控资产组合的能力，从而引起相关的风险。多层证券化和宽松的承销标准让信息扭曲夸张，投资者无法完全了解基础资产的构成和真实表现，这可能会导致新的经济危机。为了降低投资决策的风险，资产证券化要求监管者和审计师对基本付款和组合进行监督，这导致金融交易成本大幅提高。

价值互联网需要改革传统资产证券化的方法与模式，建立透明、高效、安全的新规范。资产证券化需要在"简单、透明和标准化"（Simple Transparent

---

① https://www.diamond-hill.com/the-evolution-of-the-asset-backed-securities-market/.

Standard）证券化框架下引入新的简化证券化规则，还需要订立新的数字资产证券化框架，以保证数字资产在市场的正常流通。结构性金融与价值互联网能否紧密融合并发挥作用，以实现**金融资产数字化，是资产证券化的前提**。如果没有精准及时的数字化设施和规范的管理，那么资产证券化很容易沦为投机的工具。金融资产数字化包括资产确权、交易、评价、使用和保全在内的整个过程的数字化。

资产确权规范化要保证所有被证券化的资产及其抵押物，需要建立数字化的唯一标识 ID，并且进行登记认证。区块链价值存证要能够保证资产的归属清晰。与股票、债券金融产品不同的是，资产证券化必须将原属原始权益人拥有的、具有稳定现金流的实际资产或财产权利，全部分离或出售给特殊目的机构 / 公司（SPV），形成 SPV 所拥有的基础资产。这种实际资产一般包括债权和收益权，同时必须是可以合法流通的，包括限制流通的。经过预设合法条款和手段，将限制财产流通的条件进行消化或解除，达到合法流通的效果。SPV 必须能够通过数字资产的 ID 验证，即验证被证券化的资产已经分离，并且 SPV 为唯一持有该资产的主体。

资产确权，首先要通过互联网进行资产注册审查，避免资产被重复抵押或变相证券化。关于资产证券化，法律要求的关键就是独立性，即标的资产与原始权益人的其他财产权利相分离且能出表。因为资产证券化的本质要求是"破产隔离"，所以原始权益人所拥有的实际资产必须要转化成 SPV 所拥有的基础资产。如果没有达到资产转化要求，仍然为原始权益人所有的财产权利，那么管理人所发行的所谓产品，实际上是原始权益人的债券，与 SPV 及其流通性的证券权益无关。如果财产权利没有在原始权益人的账表中做出表处理，就意味着它无法转移到 SPV 这个主体名下，也就形成不了 SPV 的基础资产。管理人所发行的资产证券化产品，就没有基础资产以及对应的权益价值。如果实际资产未转化为 SPV 基础资产，那么原始权益人破产时，这些实际资产就会被列入破产财产，而管理人所发行的产品就会失去全部价值。

资产使用规范化坚持的基本原则是权利清晰、收益实在、守法合规和风险隔离。所有权表现在所有人对财产享有占有、使用、收益和处分的完整权利，涉及政府、企业和个人等不同主体。资产使用和获得收益的契约及每笔交易，都要在价值互联网保存价值存证。价值互联网联通不同主体的价值通证与财务系统及业务系统，这将极大加快核对资产收益的处理速度。在资产使用过程中，需要根据收益与资产属性的关系,确定收益权的合法行使方式。价值通证和数字化智能合约,可以将收益权进行合同效力上的分离,并对产生收益权的资产进行保险,从而做到相应的"破产隔离"。金融机构放贷,可将收益权转化为债权,金融机构再把债权进行证券化。而财务评价系统要做的是确保原始权益人的实际资产在会计报表中分离。

资产评价规范化对实际资产的独立性和价值进行评定,必须准确估算实际资产可预期的稳定现金流,既不能像金融危机之前那样任由分析师拍脑袋评价,也不能依然沿用差价盈利公式和"照猫画虎"的模式来进行不负责任的价值评价。价值互联网运用区块链和智能数字科技提高基础资产的透明度和价值评价准确度,采用数字产权价值评定方法,利用实名网络数据与互联网价值存证数据,对终端资产和其所有人的价值进行客观评价。VI+AI 的技术能够使资产评价的周期从季度评价缩短到按日评价,这将大大提高资产证券化的效率,同时帮助监管机构、银行和市场避免灾难性的金融危机。

资产交易规范化让资产证券化交易实现透明和及时。数字化交易市场实现全球端到端的资产证券化产品的管理和销售,使资产证券化发起者和投资者能够直接交易透明度更高和风险更低的资产证券化产品。数字化交易平台以智能技术对结构性金融产品进行细分,并将其转换为可以轻松在市场上交易的产品。数字化交易平台支持多种数字法币甚至是企业价值通证的交易,价值存证永久存在于公共账本,不能被修改或删除。数字化智能交易流程实现更高效的资产证券化交易和更充分的流动性,同时能够防止金融腐败与信用风险。

资产保全规范化帮忙保证资金和基础资产的安全,以数字技术验证资产隔离与信用评级。SPV 通常会请信用良好的金融机构来负责其资金和资产的托管。信用增级机构负责保证证券化产品的信用等级,并在证券违约时承担赔偿责任,或者采用超额抵押等方法进行内部增级。托管机构和信用增级机构都需要确认实际资产已转化为 SPV 名下的基础资产,包括权益和风险已完全从原始权益人及其控股母公司转移出来,从而真正做到"破产隔离"。其担保对象直接指向稳定的现金流资产,而非原始权益人,进而可以对 SPV 的不同权益产品进行信用增级,从而达到对优先级产品或整个资产证券化产品提高信用增级,减少产品成本,优先产品结构,丰富资产证券化产品。

在资产证券化过程中,知识产权证券化与物质资产有本质的差异。知识产权证券化就是知识产权创作者和所有者以知识产权的未来收益为支撑,通过信用载体评定与担保，发行市场可流通的证券来进行融资的方式。知识产权证券化是支持知识经济发展和解决创新创业融资难问题的重要手段。未来，世界上每一位受教育者都会加入知识产权证券市场。当前，包括美国硅谷、日本东京湾、以色列特拉维夫、中国香港和深圳等在内的国际创新经济区域都在积极进行知识产权金融创新，竞争国际知识产权金融的高地。然而，知识产权证券化不同于房地产、教育贷款、汽车等传统资产的证券化，也不同于公司金融与股权资本市场，知识产权证券化涉及金融、科技、法律、政治、社会心理以及文化等，关系到创新的整体系统。

知识产权证券化是全球化的必然趋势，但也被发起贸易争端的政治势力当成了扼杀对手的重要工具。建设人类命运共同体与创新型国家，必须高度重视知识产权证券化工作，牢牢掌握知识产权证券化的基本科学规律。我们必须充分认识实现知识产权证券化的关键要素。

知识产权体制与法律的国际科学共识正在形成当中。当前主流的知识产权机制是二十年前以美国和欧盟为主的发达国家所倡导并推广的。其特点是重视对自身知识产权利益的保护，强化对他国知识产权使用者的利益索取。美国主导的知识产权体制的主要问题是只承认对本国企业有利的部分，而忽略了在不同政治体制中所有权定义的差异，不承认不同市场的消费者权益均等。例如在美国，鼓励企业发明创新的知识产权保护法和限制企业不正当竞争的反垄断法一起发挥作用。微软的专利版权受到保护，但是当其受到垄断起诉的时候，也要付出巨额的罚金。但是跨国制药公司在新兴市场的药品销售已经在事实上处于垄断地位，却要以知识产权保护为名义，不授权专利并打击仿制，持续向病人收取异常高昂的药品费用。

诺贝尔经济学奖得主约瑟夫·斯蒂格利茨教授在《21世纪经济的知识产权》一文中试图揭露专利大国保护知识产权的根本利益动机："那些专利大国保护自身知识产权的初衷并非如其宣传的所谓'促进人类技术进步''鼓励科学创新精神'，它们的真实意图只是帮助那些跨国制药公司和对贸易谈判有影响力的机构实现其利益的最大化"。这篇论文所列举的大量理论和经验数据表明："发达国家旨在保护知识产权的经济体制和法律制度，对全球经济活动的治理毫无帮助，而且也不能满足发展中国家和新兴市场国家对知识的需要"。

这些争议的焦点是：知识产权究竟是全球性公共产品，还是权利所有人的私有产权？关于这个问题，国际法律界、企业界、科学界的看法至今仍存在巨大的分歧。今天，不但商品供应链已经全球化，而且知识创造网络也已经全球化。在一部生产于中国而销售于美国的手机都会涉及数千项专利的商业世界中，企业越来越稠密的"专利丛林"和"IP雷区"，在很多时候是在扼杀创新。市场上专利纠纷所产生的律师费甚至可能高于研发费用。在一篇学术论文可能引用一百篇国际论文的学术市场上，造假和骗取经费的事件层出不穷。大量科研经费的投入被浪费，而实际问题得不到解决。造成这些问题的主要原因是商业竞争者之间的信任成本过高，而知识产权生产者的造假代价过低。知识的流动已经国际化了，但是国际知识产权机制和法律的基本共识却还没有形成。知识产权证券化涉及巨大的利益，造成难以预料的风险。知识产权证券化得以顺利实现，必须先建立国际知识产权体制与法律的国际共识。

各国需要加快建立国际知识产权纠纷处理机制与司法机制。知识产权证券在全球范围内交易流通，意味着形成整体的知识产权金融市场国际。国际纠纷处理与司法机制必须相应建立起来。不同于商业贸易纠纷与金融资本交易，知识产权证券交易当中涉及的上市、交割、行权、回购、退市等活动一定会伴随着大量的纠纷与诉讼。这涉及各国的证券法、民法和商法，以及不同司法机制的交叉，因此必须建立科学协调的国际知识产权金融司法机制，解决一系列的知识产权证券化相关的法律服务问题。例如：标准强制许可与世贸组织《知识产权协定》（即"TRIPS协定"）相抵触的问题，非诉讼纠纷解决 ADR（Alternative Dispute Resolution）的使用问题，专利局调解与民间调解机构的配置与合作问题，等等。

现代科技创新加速，国际贸易纠纷加剧，这迫使各国尽快建立健全与知识产权证券化配套的司法制度。2017年年底，日本专利局公布了产业结构审议会知识产权政策分会下设的特许制度小组委员会的"应对第四次产业革命的知识产权制度修订"研究报告。该报告书从标准必要专利、知识产权纠纷处理机制、证据收集手续、宽限期、专利费减免政策、商业秘密保护和缴费方式共七个方面提出了在第四次产业革命背景下关于知识产权制定的修改建议。

中国在国际知识产权贸易纠纷与司法机制健全方面有更多的改革措施亟待出台。深圳作为先行示范区，应该与中国香港的司法体系密切合作，尽快建立国际化的知识产权纠纷处理与司法机制。

知识产权证券化需要信任数字网络与协议标准的支撑。知识产权证券要想得到投资者的承认并在全球市场流通，就必须有公认的金融和会计计量准则。这就像股票市场，其形成的前提是国际公认的公司财务计算与复式记账法已经成为标准。知识产权有着形式多样、内容繁杂、权利模糊的特点，因此对知识产权价值的评价和计量尚无国际公认的科学标准。知识产权会计核算标准的混乱，极大地制约了国际知识产权的交易与分享，这也是造成"专利丛林"与"IP战争"的一个主要原因。

解决知识产权保护与知识产权共享的矛盾，学术界和企业界的观点差异巨大。斯蒂格利茨教授认为，当前专利保护制度的最终替代方案可能是构建一个类似于开源软件的创新共同体（a creative commons），以便促进知识在全球的扩散。这是经济学家的理想化的假设。创新共同体开源软件本身也是一种知识产权，即使是使用权免费，其所有权和持续开发权依然只属于少数国家的少数人，做得越大越可能有纠纷。另外，工商企业界对开源软件一直持有批评的态度，认为产权不清与软件安全和质量问题会影响其正常的生意。

单从技术层面不能解决知识产权流通难的问题，依赖某国的现有金融市场和法定货币交易也很难得到国际社会的共同认可。国际知识产权治理者必须从宏观的"数字货币"层面和微观的"IP会计"层面同时入手，以信任价值互联网技术，建立"全球知识产权通证"机制，形成知识产权评价计量准则。能够支持知识在全球共享和交易的平台，其最基础的协议一定是极为简单的，其基础方法归于科学范畴，不属于知识产权范畴。平台之上的人才价值互联网、知识产权区块链以及智能交易法律服务等技术应用的基础知识产权，最先利用"知识产权通证"实现证券化。在这个演化的开放平台上，知识产权创造者、使用者、交易者和投资者等，在信任价值互联网中创造并分享真实无伪的知识产权和无形资产，通过"全球知识产权通证"进行价值交换与金融兑付，从而避免因各国货币汇率变化而造成的失真的市场波动。

知识产权证券化是创新领域的难题，也是价值经济的重要战略机遇。解决问题必须系统思考，盯准方向，快速行动。未来的竞争是创新的竞争，也是人才的竞争。哪个国家能够发挥人才资本、知识资本、金融资本的协同优势，它就能够为人类命运共同体做出最大的贡献。

价值互联网整合超级资本市场

价值互联网有利于解决资本市场失衡的痼疾。中国在 40 年的经济改革历程中曾将美国资本市场当作学习和模仿的榜样，然而由于政治体制、社会制度和法律文化存在着本质的差异，因此美国资本市场的规则在中国往往水土不服，而符合中国国情的资本市场还在不断完善。全球公共卫生事件和并发的经济金融危机更加剧了中国资本市场出现的系统性的结构问题。

在经济学上有一个著名的"卢卡斯悖论"[①]，讲了 1990 年国际资本市场的一个奇怪现象，即尽管发展中国家的人均资本水平较低，但资本并未从发达国家流向发展中国家。古典经济学理论曾经预测，由于资本收益递减的影响，资本应从富国流向穷国。按照传统的解释，贫穷国家的人均资本水平较低，相对于劳动力相对富裕而言，资本的稀缺意味着穷国的资本回报高于富裕国家，那么富国的资本将流入穷国。例如南亚和非洲国家，因其大量贫困人口和丰富的自然资源，而一直被认为是在新古典主义假设下能够为资本提供极高回报的国家类型的例证。但实际上并非如此，非洲国家从跨国公司的慈善机构之外获得的外资很少，而发展中国家反而投资买美元债券和股票。

对卢卡斯悖论提到的现象，我们可以从两方面解释：一方面，穷国的产业基础相对落后，例如技术差异，生产要素缺失，政府政策和制度结构落后；另一方面，国际资本市场不完善，主要是国家主权风险和信息不对称。尽管许多发展中国家的预期投资回报率可能也很高，但由于不确定性也很高，因此资本无法流向那里。

一个国家获得的外国直接投资的数量与该国的产业基础设施实力和制度的稳定性高度相关。资本寻求的不仅是预期的高回报，完善的资本市场和有保障的制度管理更加重要。中国近年来加快了资本开放、金融改革与信息基础设施建设。2019 年，境外对中国证券投资净流入 1 474 亿美元，虽较上年略降 8%，但仍保持较高规模；境外对中国债券投资净流入 1 025 亿美元，增长 3%，占来华证券投资净流入的七成；股权投资净流入 449 亿美元，下降 26%。2020 年全球新冠肺炎疫情期间，美国债券市场 10 年期国债接近零利率。这会让更多债券

---

① Lucas Robert（1990）. "Why doesn't Capital Flow from Rich to Poor Countries?". *American Economic Review*. 80（2）: 92–96.

投资进入中国。

资本市场的制度比基础设施更为重要。金融技术和信息技术虽然能够降低交易成本并大大提升交易效率，但改变不了资产本质的价值规律。互联网数字媒体经常扮演资本市场的显微镜和扩音器的角色，而根本的资本价值的创造要求资本市场必须有信任机制、规范制度和执法力度的保障。

价值互联网的快速进化驱动了资本市场基础设施进行新的数字化升级，超级资本市场正在形成。过去，商品经济环境中的超级市场的代表曾经是沃尔玛，它凭借天天低价的策略赢得了消费者的倾心。在互联网上，超级商品市场的代表是 Amazon 和阿里巴巴的互联网电子商务平台，它们能够实现全球商品的自由流通。然而，不论是沃尔玛还是阿里巴巴，它们提供的海量低价商品都解决不了医疗、教育、环境等深层次问题。超级商品市场成功的关键是降低产品价格，而超级资本市场成功的关键则是提升人的价值。

超级资本市场的作用不但是进一步融通国际金融市场，更重要的是将多层级资本市场进行整合。超级资本市场呈现新的经济结构与金融秩序，消除传统资本市场中容易人为造假、监管执法难、"货币锚点"不稳等痼疾。**超级资本市场的特征是价值流通数字化，市场交易证券化，平台设施智能化，预警监管精准化**。通过这些机制，超级资本市场将形成新的经济结构与金融秩序。

超级资本市场的形成会经历三个阶段。首先是市场要素数字化阶段。在这个阶段，房产市场、商品市场、服务市场、知识市场和思想市场等主要市场全面形成资产数字化，资产证书与金融产品以数字产权方式被普遍接受。各主要行业形成数字产权标准，行业的主要企业以此标准实现的价值通证被客户和供应商广泛采纳。然后是数字资产证券化阶段。在这个阶段，交易市场对资本市场的土地、商品、知识和人才等各类资本进行数字资产证券化操作。根据不同数字资产的属性，制定确权、使用、评价、保全等规范，并形成数字化智能合约。最后是超级资本市场的整合阶段。不同市场、不同企业，其价值通证之间形成汇率兑换和投资组合机制。作为价值创造主体的企业，其数字价值通证与实体经济中的业务相关联，从而保障市场交易主体财务数据的真实度。企业价值通证的价格汇率由市场化兑换形成，实现风险预期与投资回报相对均衡的跨市场价值流通。

价值互联网整合超级资本市场，创造了能使经济活动更有效开展的数字化设施。超级资本市场让每个人都能参与其中，影响到人们生活质量的各个方面，优化公共安全、健康、环境、工作、学习和生活等各个领域的资源配置与运营效能。在超级资本市场中，每个人都是自己数字产权的所有者，每个人都是一家价值银行，每个人都是公共价值的投资者。

在公共安全领域，超级资本市场对国家和城市的治安基础设施进行投资和改造，以减少自然灾害、交通事故、生产事故等公共安全事故的发生率和死亡人数。这意味着，在一个千万级人口的城市，每年可拯救上万人，使他们不受公共安全事故伤害。公共设施和私有设施生成的涉及治安的信息形成数字产权。对公共基础设施的投资回报很难用单纯的经济指标来衡量，这是各国各级政府都遇到的问题。我在咨询中经常遇到这样的情况：政府在建设和采购基础设施的时候容易依赖经验或者草率决策，结果出现了需要时匮乏而不需要时浪费的现象。超级资本市场处理这类问题的方式是从时间价值模型对其进行价值评定，例如系统对涉及学校、医院、能源管网等重要设施的监控与传感等预警信息给与更高的权重与估值。公共安全基础设施作为有投资回报的资产，以其未来的收益做数字资产证券化。城市的企业和居民能够在市场购买需要的资产证券，实际上是行使其对设施建设的投票权。公共安全设施在运行当中的价值通证的汇率，能够实时反映其运营效果和使用效率。

在预防犯罪和侦破案件过程中，民众可以其数字设备为公共安全设施提供数字产权而获得价值通证奖励。这将大大优于过去线下的公开悬赏的资源获取量和效率。公安机关可以利用从"公共安全数字产权交易市场"获得的信息，更有效地部署稀缺资源和合理配置警力。例如：实时犯罪监控利用智能系统预测性犯罪事件，在犯罪模式出现的时候进行预警，在犯罪发生之前及时将其阻止。当确实发生安全事件时，诸如遥感卫星、智能监控和安防系统的应用可以加快执法响应速度，立刻保护居民及时疏散和避开事故范围。

在智能交通领域，超级资本市场凭借其精准的时间价值评定，对交通资源进行合理配置管理。在世界各大城市，交通拥堵和由此带来的时间浪费与环境污染等问题都是难题，极大地影响了人们的生活质量。交通问题的本质是有限的公共交通资源和大幅波动的需求的不均衡问题。现有的关于智慧城市交通拥堵问题的解决方案，主要是增加智能化交通设施，或者采取限行限号的方式，其实际效果相当有限。超级资本市场从需求端和供给侧的科学配置入手，解决这个难题。交通设施的收益可以作为数字资产进行证券化，每条路线、每个时段的投资收益都能够反映其需求程度。智能交通设备出行前代表用户预购交通设施的资源和服务，供不应求的交通设施的价值通证会升值，而供大于求的交通设施的价值通证会贬值。人们在出行之前，智能系统会根据其需求和时间价值成本自动购买或兑换交通设施价值通证和投资价值通证期货，非紧急的出行需求可以选择经济的时段和路线，从而对交通设施资源和个人时间价值加以最优利用。设想价值互联网上的智能交通系统每天能够为每个人节约15%的出行时间和30%的交通成本，那么将为整个城市创造出非常可观的经济价值。

在卫生健康领域，超级资本市场能够发挥每位医生的价值，为居民提供更精准的健康综合服务。医院的医疗设施与医生的治疗才能将其治疗服务和知识产权进行数字产权证券化。这将帮助医疗机构将其宝贵的知识资产价值化，而使医疗机构获得资金支持，从而激励医生和医学人才研究创新治疗方法。无论是健康人，还是患者，都能够更早获得医生的医疗知识和健康管理方法，这对预防、治疗和监测慢性病（例如心血管疾病、糖尿病或抑郁症等）能够起到更大的作用。超级资本市场将每位人才健康工作的时间价值收益权进行数字产权证券化。每个人都可发行自己的健康基金。企业、个人和医疗机构共同对健康进行投资。超级资本市场将各方联合，形成生命资本共同投资的关系。医疗知识与健康教育是对人的生命投资，价值互联网定期向投资者提供健康报表，提醒人们在日常生活中保持对身心健康的注意。健康金融的方式实现了精准健康管理与有效预防疾病，从根本上减少了国家和城市的卫生健康成本。

在居住领域，超级资本市场解决住房短缺和房价过高的问题。世界上许多人口密度高的大城市都存在严重的住房短缺、租金和房价被不断推高等问题，居民住房贷款压力极大。因为房地产价格不但与城市区位和人口密度等因素高度相关，更受到居民收入和资本结构的显著影响。扩大住房供应或者政府和居民共有产权房政策对控制房价的作用有限，在法律制度松弛的地区甚至会滋生腐败。因此，房地产调控要以长期"疏导"策略代替短期"围堵"的策略，重点是将投机资本需求、商品房购房需求与租赁居住需求等分开；将不同来源与不同风险的资本分流；将炒房的投资引入到股市等具有更高回报和更高流动性的资本市场；建立房地产数字化模型标准和依据区位、人口密度、环境资源等指标的智能价值评级工具。此外，还可通过制定资产空置税政策，将城市闲置住房资源和可改造住房资源进行数字资产证券化操作，在盘活存量房地产资源的同时增加市场金融资产的供给。

在环境和可持续发展领域，超级资本市场将环境保护的权利和责任形成数字产权。本着谁污染谁付费的原则,将垃圾处理、污染排放和环境影响等进行价值损失评估。企业环保服务收益,政府环境治理费用的收取,等等,都可以形成证券化资本。环境数据与污染监控数据能够作为数字产权在市场交易。地区和城市的环境治理,能够以碳排放、水资源消耗等环保资产证券化产品进行交易。建立回收资源利用的供应链价格传导机制,商品加入环境足迹信息,其价格与真实的环境代价和回收处理费用挂钩。居民的垃圾分类回收的费用部分与收益部分分开。城市里对居民生活垃圾和企业产生的垃圾实行数字化溯源。社区和园区实行环保自组织数字化监督管理,为单位发行环保价值通证。环保价值通证以经济手段帮助人们养成环保的行为习惯。居民用环保价值通证兑换丢弃权、垃圾袋、工具耗材等,社区用价值通证采购环保服务和奖励对环保做出贡献的家庭,对违反环保规范的征收价值通证罚金。城市的环保平台应转型成为资源保护和开发企业,按服务类别收费,按资源价值付费。环保企业的收益实现资产证券化,有助于提高环保企业的融资能力。企业应当有环保供应链责任,政府对供应链上的逆向物流回收原材料企业予以增值税退减的优惠。这种方式将微观行为管理与宏观环境治理相结合,对环保的整体供应链进行优化和简化,可达到提升环境保护的效果。

在就业创业方面,超级资本市场的作用有:将人才资本、知识资本和金融资本联通,使人才市场更加高效,让人人皆能成才;实行全民终身学习的制度,将人才的才能和知识产权证券化;鼓励各行业的优秀专业人士将自己的知识产权和才能技术转化为数字产权;对这些数字产权和服务进行时间价值评价和信用评级,形成互学互教的知识资本市场。超级资本市场打通企业、学校和金融的边界,缩短人才从教育到创造价值的周期。超级资本市场将大学和职业学校的优秀人才的知识产权与服务才能证券化,每所学校甚至每位学生都以其原创知识产权与服务收益发行"人才金"价值通证,开放的人才资本市场得以形成。企业和聘用机构可提前购买"人才金"等资本证券,对学校的优秀学生进行人才资本投资。学校和学生可通过价值互联网提高教育效果,降低教育费用。政府相关部门应对创业中的企业注册、商业许可和税收申报流程实行数字化操作,从而让创业者摆脱烦琐低效的工作,促进更具企业家精神的营商环境的形成。

第 12 章　重构价值经济体系

○ 高效能价值聚变模式

价值互联网正在引起深层次的经济体系重构，引起经济发展历程中的巨大变革。经济体系是一个生命整体系统，每个人就如同这个生命系统的一个细胞，人与人形成的各类组织在生命系统中发挥相应的作用。经济体系如同生命系统一样，也会经历生老病死。经济体系之生命活力源于持续地创新，经济体系之衰败消亡始于保守和僵化。

当一个经济体系充分发展到成熟期，其生命活力开始下降，人浮于事和碌碌无为成为普遍现象。这就是我们在许多官僚机构和大型企业中经常看到的现象。在管理学中，早在七十年前就有学者提出了帕金森定律和彼得原理，以解释为什么组织总有人员冗余和效率退化的问题。诺斯古德·帕金森（C. N. Parkinson）仔细观察并发现了很多层级组织中冗员累积和普遍磨洋工的现象。其解释是层级组织中的高级主管采用分化和征服的策略，故意使组织效率降低，借以提升自己的权势。这种现象即帕金森所说的"爬升金字塔"。

彼得原理由劳伦斯·彼得（Laurence. J. Peter）提出，他认为帕金森定律的理论设计是有缺陷的，管理层并非刻意降低组织效率，事实上层级组织的高级主管是真诚追求效率的（虽然徒劳无功）。在一个等级制度中，每个职工趋向于上升到他所不能胜任的地位，于是每个岗位上的都不是合适的人。在层级组织中，大多数主管必已到达其不胜任的阶层。管理者无法改善现有的状况，因为所有的员工已经竭尽全力了。于是为了再提高效率，管理者只好雇用更多的员工。员工的增加或许可以使效率暂时提升，但是这些新进的人员最后也将因晋升而到达其不胜任的阶层，于是唯一改善状况的方法就是再次增雇员工，再次获得暂时的高效率，然后是另一次效率逐渐归于无。最终组织中的人数超过了工作的实际需要。

在官僚化层级组织中，人与人之间要么是监督管控关系，要么是同类竞争关系，人们每天大部分时间关注分配权利而不是创造价值。由于层级管理的决策是维稳导向而不是问题导向，因此自然就形成了报喜不报忧的信息传递方式。一线接触客户的基层员工，其创新的想法和增效的做法很难穿透层层的汇报体系而被决策者察觉。重大的创新往往来自于解决关键问题，而问题的暴露势必带来管理者意外责任的增加，这就形成了创新管理的悖论。尽管这样的教训非常多，但是总是被官僚化的管理者遗忘。2019年波音公司737MAX飞机的事故起源于一个小的技术改动，即使员工意识到改动可能带来巨大风险，也很难引起董事会层面的重视。最终导致这家美国工业第一巨头面临破产的危险。2020年蔓延全球的新冠肺炎疫情使层级管理体系的问题也暴露了出来。重大问题通常是一线专业人员最先发现的，然而官僚体系的习惯反应是置若罔闻，甚至对问题进行封锁控制。企业必须面对激烈的市场竞争，不能克服官僚化痼疾者，无论其规模多大，也难逃消亡的命运。

产业创新中运用的典型模式是价值裂变。高科技公司、大学和科研机构等，在风险资本的支持下，开展技术创新和知识产权转化。例如硅谷的Google、Cisco和Intel等公司的技术和专利都源自斯坦福大学和贝尔实验室。中国的方正、紫光和同方等企业是分别来自北京大学和清华大学的校办产业。在互联网产业中，阿里巴巴和腾讯系统也布局创新投资领域，积极构建生态，并分离出多家上市公司。价值裂变模式是支持内部人才依托独特技术、商业模式或者品牌等资源，开发新产品和服务，从而快速将创新价值扩散。

价值裂变模式要求核心的产品和业务分裂为新的产品和服务，进而占领更细分的市场。通过对新产品和服务的差异化定价，以及对新团队的奖金和股权激励，形成爆炸性热销品。这就如同核裂变需要铀重金属被中子激发原子核产生链式反应一样。价值裂变模式需要投入多方面的关键资源，包括：大量的潜在市场订单，优惠的价格策略，技术专利出让，人才供给，资本投入，等等。由于资本激发形成技术增殖，又吸引更多资本加入，因此价值裂变的效率远快于企业普通业务的发展速度。

价值裂变模式要成功，必须具备六个要素：大规模投入资金；拥有获取核心技术和知识的渠道；市场足够大；支持鼓励的制度环境；明确的竞争战略；具有相关配套产业的支撑。中国的高铁、日本的丰田和韩国的三星等，之所以能实现产业技术飞跃，都是因为具备以上这几个要素。5G 行业被中国列为国家重点产业，政府主导的资金大量注入，企业管理者和工程师都明白任务的紧迫性，因此能够高效调动资源，实现价值裂变，并且针对中国的网络运行环境开发解决方案，即将推动大规模部署。

领先企业凭借自身对核心技术的垄断和强大的资本投入，能够对竞争对手特别是小微企业产生毁灭性的打击。如果市场环境缺乏对反垄断法的严格执行，那么垄断企业频繁运用价值裂变模式势必会对产业生态产生不利影响。例如当互联网产业中的出行领域成为竞争热点时，腾讯系投资了滴滴打车，阿里系投资了快的打车，双方依靠大量资金补贴和广告流量占领市场，消灭了大部分的小微互联网同类企业。滴滴打车和快的打车合并，实现了对市场的绝对优势后开始涨价。然而，2018 年在发生了多起严重安全事件之后，国家交通部表态，滴滴涉嫌垄断。

价值裂变模式要能够取得成功，必须得到金融资本和技术资本的共同驱动。企业靠自主核心专利和技术形成一定时期的自然垄断地位是合理的，然而单靠金融资本买断和烧钱却有涉嫌垄断的法律风险。在美国市场，因为有较严格的知识产权法律，所以，创新者的核心专利和技术作为技术资本，其价值能够被承认。在中国市场，知识产权与技术资本的法律体系不够完善，且执法相对不严，加之许多技术人才和创业者缺乏知识产权保护意识，所以容易形成垄断企业作为赢家通吃的马太效应。

图 12-1　价值裂变模式与价值聚变模式对比

价值聚变模式能够发挥人才资本、技术资本和金融资本的协同效应，以实现更高效能的价值创造。价值聚变模式发现和激发人的创新能量，让平凡的人做不平凡的事。价值聚变如同太阳的核聚变反应，较轻的氕原子核融合而形成较重氦的原子核同时释放出中子。创新人才如同水分子中的重水分子，在思维和创意的自由碰撞中融合聚变，产生认知维度的迁移，新思想碰撞产生的主动信息如链式反应般激发更多人的认知阶跃，迸发出巨大的能量和价值。在价值互联网的赋能下，人才能展现出不同凡响的聚变效应——摆脱常规的管控、中层的束缚，解决关键问题。价值互联网平台打开组织边界与知识边界，通过自激励方式实现高效的创新协同，创造高价值的创新成果。

　　价值聚变模式以人才资本为中心，让创新者在一个公平的思想市场上表达自己的思维和想法，也让学习者如同在超市选择商品般自由选择要接受何种思想。创业型组织高速增长，走向发展壮大，就是价值聚变的过程。公司是一个持续学习的生命体，其创始人的认知维度定义了这个创业组织的 DNA。团队若想形成持久而强大的战斗力，仅凭领经济利益的激励是不够的，而更要有理想和信念。经济利益的分享靠合伙人机制，理想和信念要靠相互的正能量的激发。创业的过程就是从一个想法出发，经过反复不断地克难攻坚，产生了团队认知水平的升维。价值聚变让组织在竞争中进化，从松散分割聚合成为整体。

　　教育和医疗领域是人才和知识密集的行业，非常适合形成价值聚变。我在考察研究梅奥诊所的时候，发现它以价值聚变模式开展创新。梅奥诊所不以营利为目的，但是却创造了远超营利性企业的创新绩效。梅奥诊所不但拥有超一流水准的医疗环境，而且还有开放自由的创新氛围。梅奥诊所的传统是以病人的需求为第一原则，坚持在临床实践当中去发明解决医疗问题的技术。只要对病人的治疗有利，医生就被鼓励自主跟各个专业人才联合开展项目研究。

　　梅奥诊所的临床医生具有直接的实践经验，其目的是医治好病人的疾病，这不同于实验室研究人员的目标。研究人员在实验室里进行研究的目的，大多是为了科学发现，因此更理论、更专业化，其成果多为病理学或者生化科学的论文，而不是治疗的方法。科学发现的规则不同于技术专利的规则。科学发现的是人类公共知识，是不能直接成为专利的。梅奥的一位医生发明了由核磁共振技术改进的弹性核磁技术。他在临床中发现核磁共振仪器不够准确，于是创新采用超声波震荡技术，这项技术可以把病人组织的弹性显示出来。他自己最先在临床中使用这项技术改革，发现效果很好，之后就注册了专利。于是这位医生既是科学家,又是发明家和企业家。

采用价值聚变模式的梅奥诊所,其医生收入很高。医生的收入不仅来自治疗疾病的费用,更有专利授权收入和人才培训收入,在多方面实现了创新的价值。梅奥诊所的研发投入每年超过 10 亿美金,在自己投入研发资金的同时吸引风险投资机构投入。梅奥诊所自己建立创新中心,定期组织大学创新大赛,从中选出 30 多个项目进行孵化。创新中心指导和协调医生们研发解决重大健康问题和跨界医疗问题,同时重视知识产权的转化。

梅奥诊所的每百万美金科研投入产出的专利数和每个专利的引用率,在美国医疗界都是最高的。梅奥诊所在 2018 年的统计报告中总结,仅这一年就发明了 438 个专利,取得的专利授权收入超过 7 180 万美金。梅奥诊所已经申请了 7 500 多项专利,并且已经获得了 2 500 多项专利。每天约有两项新发明被披露给梅奥诊所风险投资公司。自 1986 年以来,梅奥诊所已经从发明授权中获得了近 6 亿美元的收入。2018 年,围绕梅奥诊所的发明成立了 6 家新的初创公司。2020 年有超过 950 名员工在围绕着梅奥诊所的发明而成立的公司工作,共有 103 家"初创公司"围绕"梅奥诊所发明"成立。梅奥诊所的创新和知识产权业务创造了更多的就业机会,践行了其非营利使命和持续的社会价值。

价值聚变模式能够实现开放的全民终身学习体系。从 2012 年开始,我在北京大学探索以价值互联网创新教育改革和以价值聚变的模式变革教育方法,培养了大批的创新人才。师生们用移动互联网相互激发创意,进行认知升级,并组合成跨学科的团队。学习者将创作的专利、商业计划和创意想法等知识产权发布到人才价值互联网平台。"同师"系统运用智能技术与时间价值评价算法,帮助同学们进行创新实践与互动学习。人机协同 AI 自动与同学们进行问答辅导,针对人才思维和学习行为进行分析。

价值互联网用价值通证激励师生们学习互动,系统对创意和知识产权进行证券化操作。价值聚变模式让有潜质和有创新力的人才脱颖而出。改革前,一所学校在校生有数千名;改革后,一名教授在互联网系统平台支持下一年能够精准指导超过万名学习者。智能系统从项目库中评选出优秀创新创意项目,风险投资的项目分析与尽职调查成本随之大幅降低。知识产权价值存证管理学者发表的论文和作品,对发表的原创性的思想成果进行保护,这既避免了一个专利重复拿几个公司的投资,也避免了市场里边的欺诈。创意才能、互动学习记录、创作作品和实践作业的质量持续提高。人们相互激发,相互交易,相互合作,源源不断地迸发出创新的活力。

价值聚变的产生需要健康的竞争环境、严格的产权保护制度以及社会对人才的尊重。这三个条件缺一不可，对需要成长空间的中小微企业来说更是如此，因为其创新活力取决于人才和生态。一方面，普遍的人才短板和产业生态破坏是限制和妨碍中国价值创新的重要因素。随着经济转型和产业升级加速，产业中的人才短板问题势必更加突出。另一方面，全球新冠肺炎疫情打击和重创了出口导向的产业链生态。所以，加快建设终身学习体系，大刀阔斧地改革教育，帮助企业形成价值聚变模式，这些工作已经刻不容缓。

○ 建设开放价值聚变创新组织

价值聚变创新模式为产业升级创造了世纪机遇。中国要能在加速的人口红利消失中创造实现价值，就必须突破保守的管理方式，从深层次变革创新体系。企业是市场中创新的主体，人才是企业中关键的资本。中国要想以最高效率实现经济体系从劳动力推动到创造力驱动的提升，就必须最大限度地发挥每家企业的经济活力和每个人的才智能量。中国的基本国情决定了整个经济应当发展以价值聚变为主的创新模式。中国在科技创新、医疗健康和文化教育等国家战略竞争的关键性产业领域，尤其应发展建设大批的价值聚变反应堆。价值聚变反应堆能点燃中小微企业的内在能量，形成产业加速创新转型的巨大爆发力。

价值聚变反应堆不是通常的商业企业，也不是传统的孵化器，而是服务经济向价值经济转变中自然演化出的开放价值创新型组织。工业化革命引发农业经济向商品经济演进，继而出现了大规模生产的工厂组织。信息化革命引发商品经济向服务经济演进，出现了互联网平台组织。智能数字化革命引发服务经济向价值经济演进，随之出现了价值反应堆组织（见图12-2）。

价值聚变反应堆是新型的数字化产业创新平台。价值聚变反应堆需要从价值主张、价值需求、价值实现、价值程序四个层面来构建。价值聚变反应堆的目的是聚合产业的人才资本、知识资本和金融资本，进而创造巨大的市场价值。要实现这一目标，我们需要满足三个基本需求：首先是人们之间要建立网络化的价值关系，然后是互动激发产生创新，最终在行动中让人们产生认知阶跃和时间价值。价值聚变反应堆要采取切实可行的举措来满足基本需求，在六个方面建立制度与程序系统来实现运营。

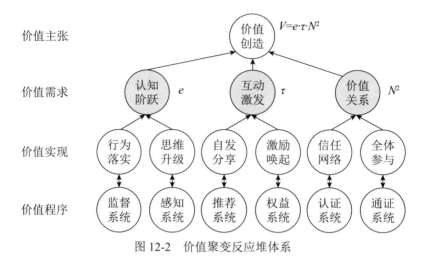

图 12-2　价值聚变反应堆体系

通证系统鼓励全体参与，以最大化其价值。价值聚变模式以人为本，价值互联网以包容性创新政策汇聚知识和技术，以形成资本，并进一步吸引知识和人才的流入。价值互联网能够为客户、员工、投资者和公众提供广泛的互动合作与自主创新的机会。人与人之间专业技能和需求的差异化意味着更多创新和合作的潜力。价值聚变应确保最广泛地包容人才，同时尊重才能与知识的多样性，避免因歧视和陈规陋俗而将底层群体拒之门外。价值聚变反应堆建立产业数字货币和价值通证系统，让参与者具有分享价值的机会。价值聚变反应堆努力消除新加入者面临的障碍，例如通过小额信贷或数字资产证券化帮助有需要的参与者获得融资，对个人提供量身定制的业务发展支持，以及通过提供教育培训等方式促进其融入价值互联网。

认证系统形成和强化人们的信任关系。互联网信任机制与技术促使人们相互成就、相互促进、相互启发。价值聚变反应堆的设计者和管理者要将平台中人与人的信任关系作为最重要的资本。价值反应堆一方面要采用实名认证系统对信息发布者与数字产权所有者的身份进行验证，另一方面要尊重和保护个人隐私。价值反应堆的参与者共同约定并授权反应堆，允许其对互动行为进行监督判断，对信任数据进行智能化的评判。在全球市场背景下，思想创意的流动性使信息流动跨越国界，数字产权无处不在。因此，价值聚变反应堆也需要建立跨越不同国家和地区法律体系的信任机制。

权益系统激励唤起人们的互动协作动力。价值互联网为价值创造者提供充分的支持和激励措施。权益系统确保每个价值贡献者获得经济贡献回报和社会价值回报。拥有价值通证发行权的价值反应堆,能以远高于传统企业薪酬奖金计算发放效率的水平发放奖金和奖励。为了激发和保持反应堆创新动机,权益系统按照价值证明(PoV)规则建立绩效反馈机制,系统的智能算法随时平衡各方面的绩效并对奖励分配进行校正。人们在互动协作中形成的流程和数据是重要的数字资产。权益系统建立数字产权保护机制,能够对数字资产实行证券化。

推荐系统促进人们自发分享知识和采纳解决方案。通过对互动数据进行 AI 智能分析,推荐系统能评价人们的认知水平状态以及在不同情境中的心理需求。系统通过对认知水平测定和数字产权价值评定,可以对每个人最适合的互动者进行精准推荐。这种方式避免了重复性的无效率劳动,大幅降低了人们的搜索时间和交易成本。由于有了信任机制和权益机制作为保障,人们之间的分享与合作的意愿大大加强,创造知识产权与形成解决方案的效果得到提升。

感知系统在互动中启发人们的思维升级。通过促成思想碰撞交锋和相互协同,启发人们的思维升级,价值聚变反应堆促使人们在相互学习和合作中发生认知阶跃。感知系统能够发现创新奇才,进而更早地帮助其创造价值。由于创新的活动充满不确定性和意外情形,因此,人们时而感觉灵感被激发,时而要面对障碍产生挫败感,时而会经历被拒绝或失败的失望。这就要求人们必须能管理或调节情绪,以克服创造性障碍并保持健康心态。通过对认知的考察和评价,感知系统能够识别高层级人才和活跃分子,也能够了解需要得到救治和帮助的失落者。

监督系统保障价值创造的行为落实。价值创造最终要落实到具体的行为当中,而现实中必然存在想法和做法有差距、策略和措施有差距、计划和执行有差距等情况。因此,监督系统不但要对人们的个体行为以及共同行动进行监督,而且要从更高维度提供主动信息,帮助执行者根据实际情况和主动信息调整其行为,保障将行之有效的策略落到实处。

○ 从商品经济到价值经济[①]

全球经济系统正在经历前所未有的深刻变革,原有的生产方式正在被新的

---

① 蔡剑,胡钰,李东. 从中国价格到中国价值. 北京:机械工业出版社,2008.

智能科技快速取代，原有的生产关系被新的价值关系彻底改造。在价值互联网的推动之下，世界范围内发生的科技创新将过去的商品经济体系重构为未来的价值经济。

从第一次产业革命开始，商品经济历经三百年的发展已经走到了历史的转折点。产业革命初期，人们刚开始城镇化步伐，生产生活的半径大多受限在市镇当中。如今，全球金融市场二十四小时不间断地轮换交易，社交媒体让各国的资讯对数十亿人实况转播。人们从来没有感觉信息距离是如此接近，而信任距离是如此遥远。

商品经济的存在和发展有三个前提条件：产品稀缺、消费需求和信息不对称。然而，这三个前提条件在价值互联网时代都出现了变化。商品物权和数字产权的属性有着本质的不同。在商品短缺时代，物以稀为贵，而数据可以被计算机海量复制和提供。商品在被消费后就消失了，而数字产权却因为用户越多而数量越多。在商品经济中，供应方和需求方信息不对称才能出现盈利机会，而数字产权内容和价格在互联网上常常是公开的。

尽管商品经济发展曾取得了巨大的成就，但是也显示出其固有的问题和缺陷。产品稀缺和供给过量造成商品价格的大幅波动，也造成资源能源的浪费。消费需求被商业过分诱导，产生了过度消费与个人信用风险。信息不对称更是有可能被违法者用来进行欺诈和盗窃活动。企业为了缓解经营压力和避免风险危害，不得不花费高额的交易成本，甚至设法将风险转移给他人。互联网和社交媒体又进一步将市场的虚假和混乱信息放大，加大了经济和金融危机风险，大量民众辛苦积累的财富被席卷而空。国家和社会不得不投入纳税人的巨额财富来进行市场监管和经济调控，这又进一步造成教育和医疗等公共资源严重不足。民众身心健康水平的下降，进一步抑制了创造力并加深了社会危机。当重大经济危机袭来时，为了支撑经济体系的运行，政府不得不大量注入货币信用以维系资本市场的货币幻觉。这不但加大了企业和居民的债务风险，而且加深了真实经济和货币经济之间的脱节程度。这就形成了以美元货币为主导的商品经济体系所面对的衰落困局。

全球经济体系正在经历一次深刻的变革，以避免衰落困局。以物质商品为中心的经济，正在向以生命价值为中心的经济转变。价值经济的根本目的是实现人的价值。人是创造、实现和分享价值的主体。人们掌握知识，创造智能，继而进化到智慧。互联网连接了信号、信息、信用、信任和信仰，进而形成了社会整体的价值体系。商品的生产制造和销售，货币的流通与存贷，这些都是经济流通手段，而不是经济体系的根本目的。**市场中产品稀缺、消费需求和信息不对称等情况都是局部的和暂时的，而不是经济和社会的本质规律。**一个社会要真正实现每个人的价值，就必须重新认识价值经济的体系，理解影响人们认知和行为的系统运动规律，解决经济发展的不均衡和不稳定问题。

价值经济体系建立在整体的资源系统、社会系统、金融系统和信息系统之上（见图12-3）。这些系统有着不同的空间属性和时间属性，相互作用，相互影响，并共同作用于经济活动。时间属性变动大的事物可以归于资本类，时间属性变动小的事物可以归于资源类。价值经济系统在时空中变化运行，需要能量。自然资源转化是动能，社会认知层级是势能。系统在动能和势能的相互转化中的最优管理模式是以最小管控作用实现每个人最大价值。价值支点是理想的价值经济体系中时空统一的科学规律。

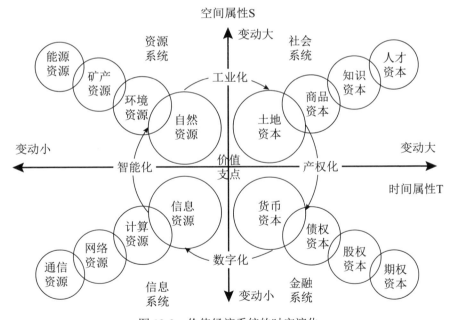

图12-3 价值经济系统的时空演化

资源系统主要包括自然资源、环境资源、矿产资源和能源资源。自然资源随地球运行与四季更迭而变化。阳光、空气和水，都是对人类有价值的资源。在商品经济中，由于大多数人觉得这些资源不稀缺，而不重视甚至不承认其价值。人类改造自然资源，因而形成了环境资源；开发自然资源，因而形成了矿产资源。自然资源转换为能源资源，从而得以在各个区域流动。资源的稀缺性受到自然变化的影响，更受到人们开发生产的影响。

社会系统主要包括土地资本、商品资本、知识资本和人才资本。资本是随着时间推移而能够产生更多价值的资源。社会分工和劳动开发了土地，制造了商品，创造了知识，教育了人才，这是一个不断循环往复的资本增值过程。社会系统的运行就是资本不断流转又创造新资本的过程。不同类型的资本是价值的表现形式。人们对资本的需求和创造资本的能力随着时间和空间的变化而变化，从而产生资本交换与合作的需求。

金融系统主要包括货币资本、债权资本、股权资本和期权资本。金融系统是经济的时间机器，帮助储蓄者将今天的资本价值转移到未来，或者让借款人现在就能获得未来的收益。金融系统支持社会系统中的价值分配和流转，也充当社会系统的安全网，以防止洪水、火灾或疾病等突发事件。金融系统提供的服务能够减低甚至消除人们生活中剧烈的价值波动，使不确定的世界变得可预测。人们将资本权益规则以契约方式约定并且进行流转交易，从而形成了不同层次的资本市场。

信息系统主要包括信息资源、通信资源、计算资源和网络资源。信息系统能够通过通信信号传输和处理信息联通不同类型的资本，并使人们的行为和思维行成协同。信息系统资源系统、社会系统和金融系统等连接成为整体。信息资源表达不同维度的系统运动。信息资源网络上存在各种传达和干扰，真实的信息资源能够减低系统的不确定性，作假的信息资源增加了系统的噪声和波动。

资源系统对社会系统的作用通过工业化实现。在社会系统中，各种生产要素和生活需求都要依靠自然资源和能源的供给。自然资源通过开发利用形成原材料，通过产品制造和组装形成商品。人的生活和成长也要依靠对资源和能源的消耗。

社会系统对金融系统的作用通过产权化实现。在社会经济中，商品市场、服务市场和资本市场的交易本质上是权利和义务转换的约定。产权化实现了对事物价值的认定以及权利交换。此外，随着投资者对具有创新的人才和公司的寻找，金融成为经济增长的引擎。

金融系统对信息系统的作用通过数字化实现。金融系统中流通的货币价值符号本身是信息，金融系统与信息系统密不可分。金融系统是最先实现信息化和数字化管理的。互联网技术和区块链技术与金融相结合，不断降低资产数字化成本。数字化又加速了企业股权上市交易和资产证券化的过程。

信息系统对资源系统的作用通过智能化实现。信息系统通过智能设备、机器人和物联网等智能化技术实现对资源的开发和对生产的控制。信息系统帮助提升能源系统的运行效率，提高资源利用率。智能化的设施和产品能够帮助人们节约资源和改善生活。

价值经济的实践使新的经济学理论得以产生，从而引起了社会思想观念的改变。工业时代的经济学理论认为，生产力决定生产关系，生产关系又反作用于生产力。价值经济理论认为，价值创造与价值关系是整体事物的两个方面。生产制造靠占有生产资料与劳动工具。价值创造靠认知和思维。生产制造必须依赖能源资源的驱动，因此工业化国家将垄断能源作为其最关键的战略。**价值创造必须有创新人才，因此创新型国家将人才作为最重要的资本。商品经济的市场上尽是理性人的零和博弈，而价值经济的社会中充满健康人的同生共享。**

结语 | 开创价值经济文明

> 千川奔流终入海，万众福祉始真心。

世界正处在从商业文明向价值文明转变的时代。[1] 中国经济走到了百年复兴的转折点。经济巨轮要在惊涛骇浪中找到航向，必须重新认识价值创造和价值关系的科学规律。

价值是如何被创造的？经济取决于行为，行为取决于思维，思维取决于精神，精神取决于生命。生命是价值的本源。[2] 人的思维是多元的，人都可以追求完美的思维，尽管每个人都不尽完美。马斯洛告诉我们，人类的性格的成长是"园艺"式的，而非"雕塑"式的。我们要努力把玫瑰培养成娇艳无比的玫瑰，而不是费尽心思去把它变成百合花。彼此接受真实的价值状态，即便处于这个自我实现状态中的人与你截然不同，你也能感到巨大的愉悦。任何人，其价值的独一无二性都是神圣的。

拥有健康心态的人是思维活跃而和谐的人，美好的社会是自然演化的社会；一个组织、一个家庭或一个人自身越健康和谐，其也越接近存在价值。一个健全的社会体制能使自私和不自私相融合，能把事理妥善安排，使人们在追求"自私的"满足时会自动地帮助他人，而当人们试图利他时也能自动地奖赏并满足自己。这时，自私和利他之间的二歧或两极对立已经解决并被超越。

解决真实问题和协调价值冲突是社会走向价值文明的必由之路。我们要着手解决矛盾，必先承认思维是整体的和多元的。在构建文明的价值系统中，我们受益于人类历史形成的两个伟

---

[1] （美）亚伯拉罕·马斯洛. 人性能达到的境界. 北京：世界图书出版公司，2019.
[2] （美）亚伯拉罕·马斯洛. 人性能达到的境界. 北京：世界图书出版公司，2019.

大理念：第一，世界的"可理解性"，人努力建立一个有条理的、逻辑的、关于普遍思想的必不可少的价值系统，使我们经验的每个要素都能得到解释；第二，人的生命价值，是建立在人的自由、创造性和责任感前提之上的民主思想。人以真诚对待世界，才能避免价值的矛盾和信任的缺失，实现社会普遍的价值提升。

价值冲突是推进社会文明的重要动力。由于人对事物相对价值的判断不同，所以价值互动中的"真理之争"和"思维矛盾"是普遍的。在讨论人类本性中的永久因素的冲突时，我们尽量远离自我的狭隘思想，使自己从面临的冲突中解脱出来。

价值冲突常来自思维的片面性。主观和客观是世界观的两面，偏于一隅的思维会让人失去在价值判断中的真实。我们不得不把价值解说的分歧同经济学家的宗教背景联系起来。唯物论肯定客观"真实性"为唯一真理，客观"知识"为独一可靠的知识。这是将精神世界勉强投入了物质世界。物质上测量不到的，只有次等的真实性，判断事物非用已发生的事实和已知的客观证据说话，才得真伪的认定。但是对于未发生的和未知的事物，此种方式只能根据物质世界的规律予以预测，而对精神世界和符号世界的运动难以判定。这种判定过分强调了批判思维，忽视了美学思维。这种判定达到极端，则将给一块石头或一颗钉子以较大的真实价值，而却认为思想、爱情、勇气、天才、美丽、人类之心灵和勇气是不实的。

由于思维存在差异、环境有区别、目标也不同，因此人与人价值互动中的冲突自然难免。价值判断是相对的，有价物的实际等次——不管道德判断和爱好将怎样支配——只不过是当人们不得不就两种可以享有的东西作出抉择时，通过他们的行动所承认的那种等次。在很多国家，当城市迅速发展，需要对新的物质环境的美学性质进行最精微和最迫切的研究时，认为这类观念没有考虑价值的说法达到最高潮。在工业化最发达的国家中，艺术和审美有时被看成是一种儿戏。

思维的幻象也会引发价值冲突。人所感知的客观的事物反映的是物质世界的现象，取自表象和片段，每一步都可能存在误差。辩证的思维是心动先于物动，而现实的经验是物动先于心动。① 至于对精神世界的思维运动，以客观事实的测量工具更是难以反映其实在。唯独相信货币金钱者，自然会怀疑或对抗与其认定的和自己的信念相背离者，或者强迫别人接受自己所接受的事实。声称货币霸权为一切事物的客观裁判者，其实质是自私的、虚幻的，其说法是一种心思

---

① 蔡剑. 协同创新论. 北京：北京大学出版社，2012.

的迷信，对于大众来说，这种说法是自负与粗陋的错误。

思维的僵化更会导致价值的冲突。在世界经济与文化快速变化的时期，新的知识一旦被广为接受就已经趋于过时了。社会中有的人思维活跃，主动活动；而有的人则思维迟滞，被动接受。价值互动的过程自然会因此而出现相互阻隔与妨碍。知识作为符号和记忆很快会陈旧，而作为知识发展基础的创新思维却保持着其恒久的活力。知识是价值之"形"，思维是价值之"神"。[①] 人失去了精神，自负地运用片面知识，就会得"意"忘"形"。凯恩斯说过："从事实际工作的人自信完全能够免受任何智者的影响，但他们却往往是某些已故经济学家的奴隶。"

人最难解决的价值冲突是与自己价值的冲突。创造价值必须要有自省精神。自省不仅要有理性批判的思维，更要有实事求是与谦虚包容的精神。价值创新文化的本质是自省的文化。东西文化先天的差别确实存在。欧美的文化源于希腊城邦，其文明的概念原具有"城市化"和"公民化"的含义，引申为"分工""合作"，即人们和睦地生活于"社会集团"中的状态，也就是一种先进的社会和文化发展状态，以及达到这一状态的过程。

科学假设的可证伪性这一伟大的思想，在欧美直到 20 世纪 60 年代才作为主体的科学哲学思想，由波普在《科学的新革命》中明确论证并提出。这一思想几乎成为现代科学界的新方法范式，进而在近六十年带来了欧美巨大的科技创新能量。

自省文化和思想市场对价值文明之所以重要，是因为开放的思想市场所创造出来的是对抗无知和偏执的无止境的斗争空间，在如此的斗争中，真理才有可能展现其真正面貌。再者，没有任何真理会获得永远的胜利，也没有任何权威可以扮演决定何谓真理的唯一决断者。由于犯错是人类的常态，而在追求真理的过程中也无从避免人类的无知，因此唯有开放的思想市场才是帮助人类尽量接近真理的最佳工具。此外，具备批判思维和愿意挑战权威、同时保持宽容与开放的胸襟的大众，才是"自由的思想观念市场"得以发展的关键因素。

经济学家科斯一直在提醒人们，所有的实证知识都不是颠扑不破的，更不是权威而不可挑战的。相反，人类的知识永远是不完整的，是暂时性的，也往往只是推测性的，随时都可以修正和补充。所以，除非思想市场的参与者能够真正认识到这个世界上没有绝对真理存在，否则无从维护开放的思想市场的正

[①] （英）J. M·凯恩斯. 劝说集. 上海：商务印书馆，2016.

常运作，遑论使此一市场长存。

建立在货币霸权之上的世界经济秩序不可能长久持续。**一个理想的世界经济体系应当建立在让每个人实现其价值的社会关系之上。经济秩序来自所有人对整体的信任**。"天网恢恢，疏而不漏"，没有人能够离开信任网络而单独从事经济活动。如果信任网络绑定在一个由少数人控制的特定国家货币之上，那么大部分人必须放弃选择信任网络才能实现其价值的自由。

所以，人们需要一个价值协议。在价值协议中，每个人都放弃对信任网络垄断的自由，而获得实现其价值的自由；在参与经济的过程中，只有每个人都承认他人创造价值的权力，并且不干涉他人在市场上选择信任网络的权力，人类才能得到平等的价值自由。

价值互联网的主体是人，每个人的思维和行动连接成整体价值。如果有人阻碍他人创造价值或拒绝他人连接整体价值，那么价值协议就遭到破坏。民众有权决定和变更信任网络和价值协议的监督者。

经济秩序为一切价值创造和分享活动得以开展的条件。经济秩序并非来源于人的本能意识。人们对货币的信任是社会教育的长期结果。一些经济学家认为不受政府干预的经济是效率最高的经济，市场这只"看不见的手"自然能够实现资源最优配置，但他们混淆了因果，如果没有每个孩子从儿时起对"看得见的钱"的信任，市场从何而来？

对货币的信任不可建立在强力的基础上，因为最强者无法在全世界所有地方一直保持强势霸权，除非将暂时的人为强力改变为持久的自然规律，把被迫的服从转化为自发的信任。在这种情况下，自然规律与人为强力就要互换位置，霸权统治必须服从于价值科学。如果一个经济体必须要用货币霸权使他人服从，那么这本身就是对人的价值的侵犯和对价值科学的违背，人们就不再信任其货币。因而，只要人们不信任其货币，经济体的货币也就失去了价值。这就是我们在此次全球经济危机中看到的现实。

价值互联网以普遍科学的信任替代地缘政治的威权。经济秩序来源于对价值的共识。价值互联网使每个人都把自己的价值与他人的价值连接。价值互联网是包括最多社会成员价值的共同体，价值协议对于每一个成员来说都是同等的。有了这个协议，人们就从货币使用者状态进入了价值所有者状态，从商品交易者状态进入了价值创造者状态。**人们因价值协议而丧失的是对货币的依附以及货币的幻觉，而他所获得的，乃是创造价值的自由以及对整个社会价值的**

享有权。

未来谁能够创造价值国民精神，谁就能够开创价值文明。国民精神靠价值文明力量来驱动发挥，社会文化靠价值文明来团结整合。国民精神、社会文化和价值文明，这三者本是融合一体的。未来，实现价值文明的国家并不是占有最多黄金的国家，而是培养最多人才的国家。实现价值文明，从根本上来讲，要靠人才。培养造就宏大的高素质人才队伍是一个国家和民族持续提高其竞争力的根本。全球范围的医疗危机、金融危机与环境危机，使中国转变经济发展方式的问题更加凸显，多重危机对中国的冲击，表面上是对经济增长速度的冲击，实质上是对社会发展方式的冲击。因此，加强创新人才的培养成为社会健康发展的关键，只有这样，才能将发展战略从依靠增加物质资源消耗向主要依靠科技进步、人口素质提高和协同创新的模式转变。

人才对价值文明成败具有决定性意义。人类的经济活动是整体社会演化发展的。未来的国家创新竞争中，每个国人都是参与者，科技创新企业与科研机构仅是其正面竞争的组织，其根本还是长期的整个国家的人才竞争。市场上的一次胜利或多次胜利并不足以决定整个竞争的结局，国家的创新竞争力取决于其全部能力、全部资源和全部信念。竞争要求聚集社会巨大的经济力量、文化力量和精神力量，而互联网影响力则可以直接获得文化与精神的认同与支持。

显然，价值互联网的出现有力地打破了传统的国家创新竞争形式，也就打断了竞争特性演变的连续性。价值互联网平台提供了新的人才服务模式，人才资本在各跨国经济体中自由流动，其结果是必然形成新的人才格局。正如以往资源竞争和市场竞争一样，在经济力量限度内争夺优势的竞赛也将在人才竞争领域中开始。而且这场竞争势必更加激烈。

人才竞争主导权能为一个国家带来一系列的优势：一是防止重点创新领域不受进攻，因为失去核心人才的竞争对手已无力开展创新活动；二是使竞争对手的重点产业领域暴露在我方的控制之下，因为对手已不能具有可持续的创新力；三是能保护本国重点领域与国民经济原动力，反而威胁对手的这些方面；四是阻止对手进行人才资本与金融资本的配置，使其动态调整难度大大增加。

人才资本被控制的国家必须忍受对手对己方重点产业与市场进攻，而己方却无法进行有效的反击。企业、大学和科研机构看到它们的人才流失，创新后劲不足，面对对手的进攻而无能为力。这种局面不光会带来经济损失，还将使我们丧失获得有利竞争局面的信心，精神上受到极大的影响。

历史经验证明，一个国家要取得长期、稳定、健康的发展，就一定要创新人才体系，建立一个良好的促进培养创新人才的机制。这种机制是一个国家持续提升自身竞争力的根本，是其文化能够不断与时俱进的源泉。在奔向未来的时间洪流中，人们要么保持陈旧的官僚方式而被淘汰，要么用新兴的合作交流和共同协作的方式实现价值。

我们要继续深入探索价值科学的本质，努力摒弃那些限制和阻碍人才发展的僵化制度，积极开拓建立更完善的创新人才培养机制，才能牢牢抓住国家价值提升的关键发展机遇。建立价值互联网创新人才体系是为天下得人，为未来育才，需要一代代人倍加努力。这一宏伟事业将发掘未来中国发展动力之源泉，夯实世界价值文明之基础。

我们要记住**每个人都是自己生命价值的创造者**。从出生到离开世间，**对自己生命资本的投资是每个人最重要的投资**。财富成长的目的是实现更美好的人生，人生成长的目的却不是为了占有更多财富，而是成就更多生命价值。所以，与其去争做一个富有的人，不如努力成为一个有价值的人。**价值互联网将每个人的价值连接成文明的整体价值。开创价值文明，就是实现每个人的价值。**